AF196025

Frau. Schwarz. Lesbisch. Prekär. Schriftstellerin. Vierzig Jahre lang waren das die Stigmata, mit denen Bernardine Evaristo konfrontiert wurde. Doch von Anfang an hat sie dagegen angekämpft, dagegen angeschrieben, sich eingesetzt. Für einen Raum der Vielfalt und Toleranz für alle. In »Manifesto« geht die Tochter einer englischen Mutter und eines nigerianischen Vaters, aufgewachsen im armen Süden Londons, erstmals die Stationen ihres Lebens durch, die Höhen und die Tiefen, und erzählt davon, wie sie schließlich die erste Schwarze Booker-Preisträgerin wurde – ein Manifest dafür, niemals aufzugeben. Ein augenöffnendes Buch und mitreißendes Leseerlebnis.

»Evaristo erzählt mit genauem, auch gnadenlosen Blick, pointiert und ironisch von den Dingen, die zu lange im Schatten standen und bis heute stehen.« ttt

BERNARDINE EVARISTO wurde 1959 als viertes von acht Kindern in London geboren. Sie ist Professorin für Kreatives Schreiben an der Brunel University London und stellvertretende Vorsitzende der Royal Society of Literature. Für ihren Roman »Mädchen, Frau etc.« wurde sie als erste schwarze Schriftstellerin 2019 mit dem Booker-Preis ausgezeichnet. Auch mit ihrem jüngsten Roman »Mr. Loverman« (2023) zeigt Bernardine Evaristo einmal mehr, warum sie zu den wichtigsten Stimmen der britischen Gegenwartsliteratur zählt.

BERNARDINE
EVARISTO

MANIFESTO
WARUM ICH NIEMALS AUFGEBE

AUS DEM ENGLISCHEN
VON TANJA HANDELS

btb

Die englische Originalausgabe erschien unter dem Titel
»Manifesto. On Never Giving Up«
im Verlag Hamish Hamilton, London.

Penguin Random House Verlagsgruppe FSC® N001967

1. Auflage
Genehmigte Taschenbuchausgabe August 2023
btb Verlag in der Penguin Random House Verlagsgruppe GmbH,
Neumarkter Straße 28, 81673 München
Copyright © 2021 by Bernardine Evaristo
Copyright © der deutschen Ausgabe 2022 by
J. G. Cotta'sche Buchhandlung Nachfolger GmbH, gegr. 1659, Stuttgart
Umschlaggestaltung: semper smile, München,
nach einer Vorlage von Zero-Media.net, München,
und unter Verwendung der Daten des Originalverlags
Foto Bernardine Evaristo: © Suki Dhanda
Druck und Einband: GGP Media GmbH, Pößneck
Klü · Herstellung: sc
Printed in Germany
ISBN 978-3-442-77259-9

www.btb-verlag.de
www.facebook.com/penguinbuecher

Für Simon Prosser, meinen Lektor und Verleger seit 1999, der nie weniger als das Allerbeste von mir akzeptiert und immer zu mir gehalten hat, auch, wenn es sich finanziell überhaupt nicht lohnte, der nie von mir verlangt hat, zurückzuschalten oder in meinem Schreiben konventioneller zu werden, und meinen riskanten Büchern immer eine Heimat geboten hat.
Mein Booker Prize gebührt auch ihm. Großen Dank.

»Ich hab mir nie etwas für den Rückweg aufgespart.«
aus dem Film Gattaca *von Andrew Niccol*

INHALTSVERZEICHNIS

EINLEITUNG

Als ich 2019 für meinen Roman *Mädchen, Frau etc.* den Booker Prize erhielt, war ich plötzlich »über Nacht berühmt« – nach vierzig Jahren künstlerischer Arbeit. Meine Karriere war auch bis dahin nicht ohne Erfolge und Anerkennung verlaufen, aber allgemein bekannt war ich nicht. Der Roman erreichte den ersten Platz der Bestsellerlisten, wurde in viele weitere Sprachen übersetzt und erhielt genau die Aufmerksamkeit, die ich mir schon so lange für meine Arbeit wünschte. In zahllosen Interviews durfte ich die Frage beantworten, wie mein Weg hin zu diesem Höhepunkt nach all dieser Zeit verlaufen war. Ich sagte, ich hätte mich unaufhaltsam gefühlt, denn genau das, wurde mir jetzt klar, bin ich immer gewesen, seit ich mit achtzehn bei meinen Eltern ausgezogen bin, um meinen eigenen Weg in der Welt zu machen.

Ich kam zu dem Schluss, dass sich meine Kreativität bis in meine Kindheit und Jugend, meinen kulturellen Hintergrund und die Einflüsse zurückverfolgen lässt, die meinem Leben seine Form gegeben haben. Fast alle Menschen, die im Kunstbereich arbeiten, können Vorbilder nennen – Schreibende, Kunstschaffende, Kreative –, die sie inspiriert haben, aber welche anderen Elemente bilden das Fundament unserer Kreativität und bestimmen den Verlauf unserer Karriere? Für mich ist dieses Buch meine Antwort auf genau diese Frage. Es gibt Einblicke in meine Herkunft und meine Kindheit, meine Lebensumstände und meine Beziehungen, die Ursprünge und das Wesen meiner Kreativität, meine Strategien zur Persönlichkeitsentwicklung und meinen Aktivismus.

Denen, die erst auf mein Schreiben gestoßen sind, nachdem ich diesen herausgehobenen Punkt erreicht hatte, verrät das Buch, was nötig war, um immer weiterzumachen und weiterzuwachsen; und denen, die selbst schon lange kämpfen und ihre eigene Geschichte vielleicht in meiner wiedererkennen, kann es hoffentlich als Inspiration dienen, während sie weiter ihren persönlichen Weg hin zur Verwirklichung ihrer Vorhaben verfolgen.

Hier ist es also – *Manifesto: Warum ich niemals aufgebe*: ein Memoir und eine Meditation über mein Leben.

EINS

Herkunft, Kindheit, Familie, Ursprünge

one (Englisch)
ān (Altenglisch)
ẹni (Yoruba)
a haon (Gälisch)
um (Portugiesisch)

Als Teile der Menschheit insgesamt, der *human race,* tragen wir die Geschichten unserer Abstammung allesamt in uns, und ich bin neugierig darauf, was meine dazu beigetragen hat, mich zu der Person, der Autorin zu machen, die ich geworden bin. Mir ist klar, dass mir viele Generationen von Menschen vorausgegangen sind, die von einem Land in ein anderes ausgewandert sind, um sich dort ein besseres Leben zu schaffen, Menschen, die über die künstlichen Konstrukte namens Grenzen und die menschengemachten Hürden aus Kultur und Race hinweg geheiratet haben.

Meine englische Mutter lernte meinen nigerianischen Vater 1954 bei einer Commonwealth-Tanzveranstaltung im Zentrum von London kennen. Sie studierte damals an einem von Nonnen geleiteten katholischen College in Kensington, um Lehrerin zu werden; er machte eine Ausbildung zum Schweißer. Sie heirateten und bekamen in den folgenden zehn Jahren acht Kinder. In meiner Kindheit und Jugend wurde ich als »Mischling« bezeichnet, wie Menschen mit Schwarzen und weißen Wurzeln damals genannt wurden. All diese Kategorisierungen – *negro,* »farbig«, bi- oder multiethnisch, Schwarz, *mixed-race, of colour* – dienen so lange als akzeptierte Bezeichnungen, bis sie ersetzt werden. Inzwischen wissen wir, dass

»menschliche Rassen« – im Sinn einer biologischen Tatsache – gar nicht existieren und wir als *human race* 99 Prozent unserer DNA teilen. Unsere Unterschiedlichkeiten sind nicht systematischer Natur, sondern anderen Faktoren wie beispielsweise Umwelteinflüssen geschuldet. Trotzdem ist »Race« aber gelebte Erfahrung, und ihre Auswirkungen sind daher enorm. Dass wir das Konzept als fiktiv durchschauen, heißt nicht, dass wir auch ohne die Kategorisierungen auskämen, zumindest *noch* nicht.

Als ich ein Kind war, galt das Konzept »Schwarz und britisch« gemeinhin als Widerspruch in sich. Wer in Großbritannien geboren war, erkannte People of Colour nicht als vollwertige Mitbürgerinnen und Mitbürger an, und diese wiederum orientierten sich häufig an ihren Herkunftsländern. Mir selbst blieb gar nichts anderes übrig, als mich als Britin zu betrachten. Ich war in diesem Land geboren, hatte mein ganzes Leben hier verbracht, auch wenn mir ständig vermittelt wurde, dass ich nicht so recht hierhergehörte, weil ich nicht weiß war. Aber Nigeria war für mich nur eine ferne Vorstellung, ein Land, aus dem mein Vater stammte, über das ich aber sonst nichts wusste.

Über die mütterliche Seite meiner Familie weiß ich sehr viel mehr als über die väterliche. Vor Kurzem erst habe ich herausgefunden, dass sich meine britischen Wurzeln über dreihundert Jahre bis 1703 zurückerstrecken. Es hätte sicher geholfen, das schon als Kind zu wissen, weil ich mich dann zugehöriger gefühlt und die nötige Munition gegen Menschen gehabt hätte, die mich und alle anderen People of Colour damals aufforderten, gefälligst dorthin zurückzugehen, woher wir gekommen waren.

Natürlich braucht man keine britischen Wurzeln, um hierherzugehören, und die Vorstellung, dass man es nur tut, wenn man welche hat, darf niemals unwidersprochen bleiben. Bürgerrechte beschränken sich nicht auf Geburtsrechte, und die Sache war schon immer kompliziert, weil viele zwar als »Untertanen« des British Empire galten, aber nie die Auszeichnung der »Staatsbürgerschaft« erhielten.

Mir ist klar, dass DNA-Tests nicht unumstritten sind, weil die verschiedenen Anbieter auf Basis unterschiedlicher Datenbanken zu durchaus unterschiedlichen Ergebnissen kommen, aber mich faszinieren sie trotzdem. Mein Testergebnis von AncestryDNA, das über acht Generationen zurückreicht, offenbart eine ethnische Einschätzung, die meine Wurzeln folgendermaßen beschreibt: »Nigeria: 38 Prozent, Togo: 12 Prozent, England, Nordwesteuropa: 25 Prozent, Schottland: 14 Prozent, Irland: 7 Prozent, Norwegen: 4 Prozent«. (Dabei sind Schottland und Norwegen die beiden Länder, mit denen ich keine bekannten Vorfahren verknüpfen kann.)

Obwohl ich also vom »Abstammungsmix« her zu gleichen Teilen Schwarz und weiß bin, sehen andere, wenn sie mich anschauen, nur meinen Vater in mir, nicht meine Mutter. Die Tatsache, dass ich keinen Anspruch auf eine Identität als Weiße erheben könnte, selbst wenn ich das wollte (was ich nicht tue), ist in sich vernunftwidrig und belegt nur einmal mehr, wie absurd das ganze Konzept von »Rassen« tatsächlich ist.

Ich bin 1959 in Eltham geboren und in Woolwich aufgewachsen, beides Bezirke im Süden Londons. Als nicht-weißer Person weiblichen Geschlechts aus der britischen Working Class standen die Grenzen, die mir gesetzt werden würden, bereits fest, bevor ich auch nur den Mund aufsperren und den Schock darüber hinausbrüllen konnte, aus der Fruchtwassergeborgenheit im Bauch meiner Mutter verstoßen zu werden, wo ich neun Monate in traumverlorenem Sinneseinklang mit meiner Schöpferin verbracht hatte. Meine Zukunft war wenig verheißungsvoll – ich war dazu bestimmt, als Mensch zweiter Klasse gesehen zu werden: unterwürfig, minderwertig, marginal, unerheblich. Eine waschechte Subalterne.

Zum Zeitpunkt meiner Geburt zählte das britische Parlament nur vierzehn weibliche Abgeordnete im Vergleich zu 630 Männern, das Land wurde also zu 97 Prozent von Männern regiert. Wir lebten in einer patriarchalen Gesellschaft. Das ist keine Meinung, sondern eine Tatsache. Die Stimmen von Frauen und ihre spezifischen Anliegen rund um Mutterschaft, Ehe, Beruf sowie Freiheit hinsichtlich Sex und Verhütung wurden auf politischer Ebene nur selten gehört, und auch sonst gab es im ganzen Land nur wenige Frauen in einflussreichen Führungs- oder Machtpositionen. Heute ist etwa ein Drittel der britischen Parlamentsabgeordneten weiblich.

Ein Jahr nach meiner Geburt verschaffte die Pille Frauen die Freiheit einer größeren Kontrolle über den eigenen Körper, aber es sollte weitere sechzehn Jahre dauern, bis 1975 neue Gesetze zur gleichen Entlohnung und zur Gleichbehandlung die Diskriminierung von Frauen untersagten.

Man kann also getrost davon ausgehen, dass ich eine Geschichte der zweitrangigen Stellung von Frauen in der Gesellschaft ererbt habe. Meine Mutter, Jahrgang 1933, war in der weiblichen Tradition ihrer Zeit dazu erzogen worden, sich dem Mann, den sie einmal heiraten würde, unterzuordnen und seine Bedürfnisse über ihre eigenen zu stellen. Tatsächlich gehorchte sie dem gesellschaftlichen Kodex, der von ihr verlangte, sich der Autorität meines Vaters zu beugen, bis in den Siebzigern die zweite Welle der Frauenbewegung diese gesellschaftlichen Überzeugungen anfocht und allmählich veränderte; da fing auch sie an, sich zu behaupten, inspiriert von ihren vier Teenager-Töchtern, die in sehr viel freieren Zeiten erwachsen wurden. Nach dreiunddreißig Ehejahren machte sie sich schließlich von meinem Vater unabhängig.

✳

Von meinem Vater, einem Einwanderer aus Nigeria, der 1949 an Bord des altgedienten Dampfers *Empire Windrush* ins Mutterland gekommen war, habe ich eine Hautfarbe geerbt, die festlegte, wie mich das Land, in das ich hineingeboren wurde, künftig wahrnahm: als Ausländerin, Außenseiterin, Fremde. Zum Zeitpunkt meiner Geburt war es noch nicht verboten, Menschen aufgrund ihrer Hautfarbe zu diskriminieren, und es sollte noch viele Jahre dauern, bis durch die Race Relations Acts antirassistische Grundsätze in vollem Umfang in der britischen Gesetzgebung verankert wurden, von der ersten Fassung 1965, die öffentlichen Rassismus zur Straftat erklärte, bis zu der von 1976, die das Gesetz schließlich umfassender machte.

Als mein Vater ins Land kam, herrschte dort noch ein weiterer Mythos – der von der Unterlegenheit der Wilden aus Afrika, der seit den Anfängen des imperialen Projekts und des transatlantischen Sklavenhandels kursierte. Mein Vater stammte aus einem Gebiet, das fast ein Jahrhundert lang kolonialen Übergriffen und Eroberungen ausgesetzt war. Das British Empire bemühte sich nach Kräften, den Mythos aufrechtzuerhalten, es würde barbarische Kulturen zivilisieren, dabei handelte es sich in Wahrheit nur um ein ungeheuer profitables kapitalistisches Unterfangen.

So gut dokumentiert und erforscht die Windrush-Generation der ersten Einwanderungen aus der Karibik nach dem Zweiten Weltkrieg ist, so wenig sind es die entsprechenden Erzählungen vom afrikanischen Kontinent. Dabei sind die Ähnlichkeiten zahlreich. Kaum war mein Vater als junger Mann in Großbritannien eingetroffen, wurde er seines individuellen Selbstbilds brutal beraubt und musste eine aufgezwungene Identität annehmen – als sichtbare Verkörperung einer jahrhundertealten negativen Falschdarstellung. Großbritannien warb damals Menschen aus den Kolonien an, um die Lücken zu füllen, die die Gefallenen des Zweiten Weltkriegs hinterlassen hatten. Mein Vater war pflichtschuldigst aus seinem Heimatland angereist, wo er ein ganz normaler Mensch gewesen war, aber anstatt als Sohn des Empire willkommen geheißen zu werden, sah er sich mit dem entfesselten Rassismus längst vergangener Zeiten konfrontiert.

Hinzu kam, dass ich in die Niederungen der britischen Klassenhierarchie hineingeboren wurde, ein System, das Lebensqualität und Chancen massiv beeinflusst – und sich bis heute hält, obwohl die soziale Mobilität im Land deutlich zugenommen hat. Meine Großmutter mütterlicherseits, die wir Nana nannten, war Schneiderin. Der Vater meiner Mutter, Leslie, war Milchmann oder Milchausfahrer, wie es damals noch hieß. Seine Familie hatte früher eine Molkerei besessen. Meine Mutter, das einzige Kind der beiden, besuchte eine katholische Grammar School. Nachdem sie das College abgeschlossen hatte und Lehrerin geworden war, einer der wenigen Berufe, die gebildeten Frauen Anfang der Fünfziger offenstanden, befand sie sich auf dem besten Weg in die Middle Class. Als sie dann aber einen Afrikaner heiratete, wurde sie umstandslos ans unterste Ende der gesellschaftlichen Leiter zurückversetzt. In gewisser Weise wurde meine Mutter aus ehelichen und, sobald sie Kinder hatte, auch aus biologischen Gründen zur Schwarzen gemacht; zur »Schwarzen ehrenhalber«, wenn man so will.

Meine Mutter erzählt immer, sie habe sich, als sie meinen Vater kennenlernte, in sein Wesen verliebt, seine Hautfarbe sei ihr gar nicht aufgefallen. Sie liebte ihn und ihre Kinder, wir waren ihr ganzes Leben. Etwas anderes zählte für sie nicht, erst recht nicht der rassistische Blödsinn Außenstehender, die manche Menschen als weniger menschlich betrachteten.

Mein Vater hatte nigerianische und afrobrasilianische Wurzeln. Seine Zwillingsschwester starb bei der Geburt ihres ersten Kindes, kurz bevor er nach England ging. Außer ihr hatte er noch drei sehr viel ältere Halbgeschwister: zwei Schwestern, über die ich nichts weiter weiß, und einen Bruder, der 1927 nach Großbritannien ging, sich in Liverpool niederließ, eine Irin heiratete (deren Familie daraufhin für immer mit ihr brach) und drei Töchter bekam.

Geboren in Französisch-Kamerun wuchs mein Vater in Lagos auf, der damaligen Hauptstadt Nigerias. Sein Vater, Gregorio Bankole Evaristo, gehörte zu denen, die nach dem dortigen, sehr späten Ende der Sklaverei 1888 aus Brasilien nach Westafrika zurückgekehrt waren. Dass er selbst noch versklavt wurde, halte ich für unwahrscheinlich. In Nigeria arbeitete Gregorio als Zollbeamter, was, wie ich mir vorstelle, ein gewisses Ansehen mit sich brachte, und besaß außerdem ein Haus im brasilianischen Viertel von Lagos. Als ich Anfang der Neunziger dort war, konnten die heutigen Besitzer mir gar nicht schnell genug den Kaufvertrag präsentieren, den sie mit meiner Großmutter Zenobia geschlossen hatten, weil sie fürchteten, ich wolle Ansprüche darauf anmelden – nach fünfzig Jahren.

Angeblich hat Gregorio Zenobia, seine zweite Frau, im Kloster kennengelernt. Es ist sehr klar, dass sie dort nicht zur Schule ging, weil sie Analphabetin war. Ich verfüge über ein offizielles Dokument, das sie per Daumenabdruck unterzeichnet hat, für mich ein sehr bewegender Anblick – diese körperliche Manifestation ihrer ganz persönlichen Kerben und Linien. Weil wir sie nicht in Nigeria besucht haben und sie auch nicht nach England gereist ist, habe ich sie nie kennengelernt. Bis heute weiß ich nur wenig über sie und meinen Großvater, der noch vor der Geburt meines Vaters starb. Mein Vater kam in der Beschreibung seiner Mutter nie über den Satz hinaus, sie sei sehr nett gewesen.

Umso kostbarer war mir immer das einzige Foto meiner Großmutter im Familienbesitz. Ich glaube, es wurde in den Zwanzigern aufgenommen, und sie ist darauf sehr herausgeputzt, vielleicht für ihre Hochzeit. Drall, lieb und hübsch sieht sie aus, würdevoll, aber auch sittsam. (Ich hingegen habe nie sittsam ausgesehen. Gott bewahre!) Kürzlich bekam ich ein weiteres Foto in die Hände, das meine Großmutter gegen Ende ihres Lebens zeigt, und die Veränderung hat mich verblüfft. Ihr hageres, gequältes, trauriges Altersgesicht zerschlug das verklärte Bild von ihr, das ich jahrzehntelang mit mir herumgetragen hatte. Zenobia hatte vor rund vierzig Jahren ihren Mann verloren, die Zwillingsschwester meines Vaters war tot, und mein Vater war nach England ausgewandert, ohne ihr etwas davon zu sagen, damit sie nicht versuchen würde, es ihm auszureden, und hatte ihr weder nach seiner Ankunft geschrieben noch überhaupt je. Vielleicht schämte er sich ja dafür, wie er fortgegangen war. Nachdem er meine Mutter geheiratet hatte, übernahm sie die Korrespondenz mit ihrer Schwiegermutter, die ihr mit Hilfe eines Schreibers antwortete. Leider offenbaren ihre Briefe nichts darüber, wer sie war und was sie für ein Leben führte.

Als meine Großmutter 1967 starb, erfuhr mein Vater das von jemandem aus dem Umfeld der Familie in Nigeria, der ihm einen Brief schrieb:

Ich bin ein Mensch, der seinen Eltern großen Respekt erweist, vor allem meiner Mutter, die mich so gut versorgt hat, als ich klein war, und Ihre verstorbene Mutter hat mir erzählt, Sie wären einfach weggegangen und hätten sich nicht mehr um sie gekümmert oder sich für sie interessiert, das ist wirklich schlimm, und jetzt ist das Ende da, und es tut mir sehr leid, Ihnen mitteilen zu müssen, dass Ihre Mutter am 5. verstorben ist und die Beerdigung am 11. stattfinden wird [...].

Wir Kinder haben unseren strengen, auf eiserne Disziplin bedachten Vater nur ein einziges Mal in Tränen gesehen, und das war der Moment, als er diesen Brief bekam. Wir wurden aus der Küche gescheucht, drängelten uns aber draußen im Garten vor dem Fenster und spähten ungläubig hinein, um es mit eigenen Augen zu sehen. Von unerschütterlich zu ungeschützt im Bruchteil einer Sekunde. Wir hatten geglaubt, unser Vater hätte keine Gefühle, und hier hatten wir den Gegenbeweis. Diesmal brachte er nicht uns zum Weinen, sondern litt selbst. Wenn ich jetzt darüber nachdenke, wird mir klar, dass mein Vater nicht der harte Mensch war, als den wir ihn erlebt haben, sondern einer, der seine Gefühle nicht ausdrücken konnte. Die Trauer um den Tod seiner Mutter hatte ihn überwältigt – der Verlust, vielleicht auch die Schuldgefühle und das Wissen, dass er sie nie wiedersehen würde.

Mit acht Kindern unter zehn konnte mein Vater es sich nicht leisten, zur Beisetzung nach Nigeria zu reisen. Danach gab es keinen weiteren Kontakt zu seiner Familie dort, bis ich ihn 1984 fragte, ob er noch irgendeine Anschrift habe, und er mit der Adresse einer Cousine herausrückte, die er nicht mehr gesehen hatte, seit er ausgewandert war. Ich schrieb ihr und habe eine Kopie des Briefes aufbewahrt, in dem ich sie regelrecht anflehte: »Ich muss unbedingt etwas über meine Verwandtschaft herausfinden, Tanten, Onkel, Cousinen und Cousins, was auch immer – Menschen, von denen ich nie gehört, die ich nie gesehen habe.«

Die Cousine war bereits hochbetagt, und ihre Tochter antwortete mir an ihrer Stelle, wie sehr es sie freue zu hören, dass mein Vater noch am Leben war. Ihre Mutter, schrieb sie, sei »in Tränen ausgebrochen, weil sie längst alle Hoffnung aufgegeben hatte, je wieder von Deinem Vater zu hören. [...] Getanzt und gesungen hat sie, und schließlich hat sie gebetet.«

Mein Vater reiste erst Anfang der Neunziger wieder nach Nigeria, vierundvierzig Jahre, nachdem er fortgegangen war. Zusammen mit meiner Mutter brachte ich ihn nach Hause, nachdem ich die Reise im Jahr zuvor selbst unternommen hatte. Meine Eltern waren geschieden und hatten das gemeinsame Haus verkauft, er konnte also als vermögender Mann auftreten. Von Nigerianern seiner Generation wurde erwartet, dass sie mit Geld zurückkehrten, wenn sie nach England ausgewandert waren. Taten sie das nicht, luden sie Schande auf die Familie und wurden als Versager betrachtet. Der Mythos, dass in Großbritannien das Geld quasi auf der Straße liege, hielt sich hartnäckig in den Kolonien, und diejenigen, die in der Heimat geblieben waren, ahnten nichts davon, wie schwer es die Menschen hatten, die es ins Herz des Weltreichs verschlug.

Das einzige Foto, das ich von Gregorio habe, zeigt einen elegant gekleideten Mann in königlicher Haltung, der Macht und Autorität ausstrahlt. Seine respekteinflößende Miene ähnelt der meines Vaters.

Es frustriert mich, dass von den Vorfahren meines Vaters jenseits seiner Eltern niemand bekannt ist. Als ich nach Nigeria kam, erklärte man mir, dass die Menschen hier nicht gern über Verstorbene sprechen, was die Nachforschungen durchaus erschwert. Egal, welches Ansehen mein Vater in seinem Herkunftsland hatte, in Großbritannien hatte er sich zum Schweißer ausbilden lassen und in Fabriken gearbeitet. Er gehörte zu der damaligen gesellschaftlichen Schicht, die ich als »Brown Immigrant Class« bezeichne. Selbst, wenn er ein Yoruba-Prinz gewesen wäre, wie es die Männer seiner Generation leichtgläubigen Engländerinnen beim ersten Anbandeln oft weismachen wollten, wäre seine Position innerhalb der Gesellschaft doch von seiner Hautfarbe und seiner Außenseiterrolle bestimmt worden, die in der allgemeinen Wahrnehmung noch unter der weißen Working Class rangierte. Die Brown Immigrant Class des 20. Jahrhunderts wurde als ganz eigene Schicht gesehen, in deren Beurteilung ökonomische Faktoren keine Rolle spielten. Auch heute noch wird die Working Class mit Weißsein assoziiert, so, als würden braune Haut und Working Class einander ausschließen.

Obwohl ich immer sage, ich käme aus der Working Class, war es, wie so oft, um einiges komplizierter. Mein Vater gehörte zur Brown Immigrant Class, aber meine Mutter zählte von Bildungsstand und Beruf her zur Middle Class, trotz ihrer Working-Class-Eltern. Unsere Familie hatte finanziell zu kämpfen. Weil meine Mutter ihren Beruf erst wieder aufnahm, als auch ihr jüngstes Kind in die Schule kam, zogen meine Eltern ihre acht Kinder mit dem Fabriklohn meines Vaters groß. Bildung stand für sie an erster Stelle, und so ermöglichten sie meinem ältesten Bruder ein paar Jahre auf einer privaten Grundschule. Er erinnert sich noch lebhaft daran, wie die ganze Klasse einmal nacheinander ein Stück aus dem beliebten rassistischen Kinderbuch *Der kleine schwarze Sambo* (1899) vorlesen musste, das von Sambo, seinem Vater Black Jumbo und seiner Mutter Black Mumbo handelte. »Sambo« war seit Langem eine gängige rassistische Beleidigung, sowohl in den USA als auch in

Großbritannien, und »*mumbo-jumbo*« – im Sinne von »Kauder-welsch« – wurde als abwertende Bezeichnung für Schwarze Sprachen verwendet. Als mein siebenjähriger Bruder, das einzige nicht-weiße Kind in der Klasse, gezwungenermaßen diesen rassistischen Text vorlas, brachen alle anderen in schallendes Gelächter aus. Er hat das nie vergessen.

Meine Eltern zahlten auch dafür, dass zumindest ein paar von uns die günstig gelegene katholische Grundschule gleich nebenan besuchen konnten, eine sogenannte »Voluntary Aided School«, die teilweise von der Kirche finanziert wurde, aber einen symbolischen Betrag von zehn Pfund im Jahr von den Eltern verlangte. Mein Vater, der in einer Tauschkultur aufgewachsen war, wo um den Preis von allem und jedem gefeilscht wurde, handelte einen Gruppen-rabatt mit den Nonnen aus, sodass sich die Jahresgebühr von zehn auf sechs Pfund pro Kind reduzierte. Nicht gerade Eton.

Als Kinder waren wir immer gut gekleidet, worauf meine Mutter heute noch stolz ist – dass es ihr gelungen ist, ihre acht Spröss-linge jederzeit bestmöglich zu präsentieren –, und unser Haus war immer sauber, wenn auch sonst recht verwohnt und exzentrisch. Meine Eltern waren Hausbesitzer – eine etwas irreführende Be-zeichnung, denn eine Hypothek ist ja im Grunde nichts anderes als eine Verschuldung über fünfundzwanzig Jahre. Das mag einen gewissen Einfluss auf meine eigene hypothekenfeindliche Haltung als junge Frau gehabt haben.

Sobald wir Kinder alt genug waren, wurden wir reihum zum Hausputz eingeteilt, mussten jeden Samstagmorgen, immer zu zweit, das Haus von oben bis unten schrubben; dazu kamen täg-liche Einsätze zum Geschirrspülen und Abtrocknen. Von klein auf machten wir uns unser Frühstück selbst, und ab dem elften Lebens-jahr waren wir auch dafür verantwortlich, unsere Kleider selbst zu waschen und zu bügeln. Da überrascht es nicht weiter, dass aus uns allen hochgradig eigenständige Erwachsene geworden sind.

✳

Als Kind mit Schwarzen und weißen Wurzeln und brauner Haut in einer überwiegend weißen Wohngegend fiel ich unweigerlich auf, weil ich anders aussah als die Mehrheit. Auffallen ist das eine, schlecht behandelt werden aber etwas ganz anderes.

Meine Familie ertrug die Hänseleien von Kindern, die dabei die Rassismen ihrer Eltern nachplapperten, ebenso wie die gewaltsamen Angriffe von Rowdys auf unser Haus, die uns so regelmäßig die Fenster einschmissen, dass wir schon beim Ersetzen der Scheiben wussten, sie würden bald wieder zertrümmert werden. Mein Vater jagte den Steinewerfern nach und zerrte sie buchstäblich zurück zu ihren Eltern, damit die für den Schaden aufkamen. (Heute dürfte er das gar nicht mehr.) Als Kind wird man von einem solchen Maß an Feindseligkeit tief getroffen, ohne dass man es reflektieren oder formulieren könnte. Man spürt Hass, obwohl man nichts getan hat, womit man ihn sich eingehandelt hätte, und so sucht man den Fehler bei sich selbst statt bei den anderen.

Ein Kind muss sich sicher fühlen können, es muss sich zugehörig fühlen, aber wenn es schon abgeurteilt wird, bevor es auch nur ein Wort sagen kann, stellt sich dieses Gefühl nicht ein. Es kam mir auch unfair vor, denn innen fühlte ich mich ja genauso wie meine kleinen weißen Spielgefährten. Wir mochten die gleiche Musik und die gleichen Fernsehsendungen, wir atmeten die gleiche Luft, aßen das gleiche Essen, hatten die gleichen Gefühle – menschliche Gefühle. Mit der Zeit legte ich mir ein Kraftfeld aus Selbstschutz zu, das mich bis heute umgibt.

Unter weiteren damals gängigen Übergriffen, wie sie andere nicht-weiße Familien erlebten, nachbarschaftlichen »Willkommensgrüßen« wie Brandbomben, kreativ eingesetzte Exkremente oder toten Ratten vor der Haustür, hatte meine Familie immerhin nicht zu leiden. Der Nachbar von gegenüber machte jedes Mal ein böses Gesicht, wenn er uns sah, und grüßte nie auch nur mit einem Wort. Viele andere Nachbarn waren aber ganz in Ordnung, auch wenn wir privat nicht viel mit ihnen zu tun hatten. Mein Vater hatte während der ganzen Zeit, die er in Großbritannien lebte, einen Hammer neben dem Bett liegen, selbst noch, als er ihn längst nicht mehr brauchte. Hätte das Gesetz es erlaubt, es wäre eine Pistole gewesen. Er hatte das Schiff, das ihn von Lagos nach Liverpool brachte, noch kaum verlassen, da sah er sich schon mit rassistischer Gewalt konfrontiert. Als ehemaliger Boxer und als Yoruba-Krieger, wie ich ihn gern sehe, stellte mein Vater sich den Angreifern. 1965 verklagte er einen Nachbarn, der regelmäßig seinen Hund in unseren Garten machen ließ. Als mein Vater ihn deswegen zur Rede stellte, beschimpfte der Mann ihn als »schwarzen Scheißkerl«, wollte sich mit ihm prügeln und hetzte den Hund auf ihn. Als mein Vater die Prügelei beenden wollte, folgte der Rassist ihm bis ins Haus, ging auf ihn los, und alles fing von vorne an.

Jetzt, beim Schreiben, habe ich die Zeugenaussage meines Vaters zu dem Vorfall vor mir, mit Schreibmaschine auf große Blätter dünnen Papiers getippt, die mit den Jahren einen Sepiaton angenommen haben. Trotz allem, was er aushalten musste, hat er sich nie als Leidtragenden, als Opfer gesehen, sondern immer als Kämpfer, der einsteckte, aber auch austeilte. Ich bin genauso, nur, dass ich meine Kämpfe mit Worten austrage. Ich kann es überhaupt nicht leiden, wenn mich jemand auszustechen versucht, in dieser Hinsicht ist mir mein Vater ein Vorbild. Ich fange selbst keinen Streit an und gehe Konflikten im Allgemeinen aus dem Weg, obwohl ich als junge Frau in den Zwanzigern regelmäßig explodiert bin. Aber wenn mir jemand blöd kommt, werde ich das letzte Wort haben.

Die angeblich frommen Priester unserer römisch-katholischen Gemeinde sprachen nie auch nur ein Wort mit meiner rechtschaffen katholischen Mutter und ihrer Schar braunhäutiger Kinder, wenn wir uns nach der Messe vor der Kirche einfanden, zum üblichen geselligen Beisammensein mit dem Priester als beliebtem und gefragtem Gastgeber, der umherschwirrte und seine Gemeindemitglieder charmierte, zumindest die besonderen Lieblinge, die Speichellecker, die ihn abends mit Wein und Essen bewirteten. Der Papst, der größte Superstar von allen, stand naturgemäß nicht zur Verfügung, also wurde mit den Priestern als Rock-Göttern vorliebgenommen. Es war ein einziges großes Partyhopping für diese gottlosen Männer, die häufig angetrunken waren, wenn wir zur Beichte kamen, um unsere »Sünden« zu gestehen. Dann rochen wir samstagvormittags um elf ihre Alkoholfahne durch das Holzgitter des Beichtstuhls, durch das sie zu uns sprachen.

Kein Priester reichte uns je die Hand, um der einzigen Schwarzen Familie unter seinen Schäfchen Unterstützung oder auch nur Interesse entgegenzubringen. Einmal suchte meine Mutter selbst einen Priester auf, um sich Rat zu holen, wie sie es anstellen sollte, keine weiteren Kinder zu bekommen, obwohl sich die Kirche gegen Empfängnisverhütung aussprach. Er erklärte ihr, da Verhütung nun einmal verboten sei, dürfe sie auch keine verwenden, obwohl die meisten Frauen in der Gemeinde zu der Zeit nur zwei oder drei Kinder hatten und also offensichtlich verhüteten.

Meine Mutter erinnert sich auch an einen Priester, einen Mönch, der im Krankenhaus die Runde machte, als sie dort mit ihrem achten und letzten Kind in den Wehen lag. Als sie ihm erzählte, wo sie lebte, wollte er wissen, ob das in der Nähe des Hauses sei, »wo die Schokos wohnen«, ohne auch nur zu ahnen, dass das Kind im Bauch meiner Mutter eins von ebendiesen »Schokos« war. Meine Mutter, die sich fest an die Gebote der Kirche hielt, war erschüttert von der offen rassistischen Ausdrucksweise dieses Geistlichen. Heute hat der Ruf katholischer Priester längst an mehreren Fronten irreparablen Schaden genommen, aber damals wurden sie in ihren Gemeinden wie Halbgötter behandelt, und so verhielten sie sich auch.

Ein anderes Mal hatte sich einer der zuständigen Priester doch zu einem seelsorgerischen Besuch bei uns durchgerungen. Meine Mutter, damals seit sechzehn Jahren treues Gemeindemitglied, war ganz aus dem Häuschen über dieses verspätete Zeichen der Anerkennung seitens ihrer religiösen Führung, aber dann stellte sich heraus, dass sein Besuch nur das Ziel hatte, sie zu überreden, unser Haus an die Kirche zu verkaufen. Ursprünglich sei es nämlich als Teil der benachbarten Schule erbaut worden. Und jetzt brauche die Schule mehr Platz, erklärte der Priester, während er gierig die Gurkensandwiches meiner Mutter in sich hineinstopfte.

In unserer Familie herrschte also kein Zweifel an der Scheinheiligkeit des katholischen Klerus, und ab unserem fünfzehnten Geburtstag wurde meinen Geschwistern und mir die Wahl gelassen, ob wir nach zehn Jahren Sonntagsmesse noch weiter hingehen wollten. Der Reihe nach traten wir aus der Kirche aus und kehrten nie zurück; und zu guter Letzt zog auch meine Mutter nach.

Mein Vater machte keine Anstalten, mich und meine Geschwister an den nigerianischen Teil unserer Herkunft heranzuführen, und ließ uns abblitzen, wenn wir neugierig nachfragten. Als wir erwachsen waren, erklärte er uns, er habe das gezielt gemacht, um uns die Integration in Großbritannien zu erleichtern. In Wirklichkeit hatte er einfach weder die Zeit, die Geduld noch die Veranlagung, um acht Kindern unterschiedlichen Alters bestimmte Aspekte seiner Kultur oder seine Sprache, Yoruba, nahezubringen. Wie auch, bei so vielen Kindern? Die Sprache selbst ist schwer zu erlernen, wenn man sie im Alltag nicht verwendet und hört. Sie verfügt über verschiedene Töne, von denen jeder die Bedeutung eines Wortes verändern kann, und manche lassen auch mehrere unterschiedliche Interpretationen offen. Das Wort *oro* zum Beispiel kann »Freund«, »Stadt«, »Gabe« und »Stock« bedeuten; das Wort *ogun* wiederum heißt »Besitz«, »Medizin«, »Krieg«, »Zauberspruch« und »zwanzig« und ist außerdem der Name eines Mitglieds der Yoruba-Götterwelt. Vor Jahren habe ich einmal versucht, in einem Abendkurs Yoruba zu lernen, es aber gerade mal geschafft, bis zehn zu zählen.

Mein Vater ließ uns nur selten draußen spielen, erst recht nicht auf der Straße – zu einer Zeit, als Kinder häufig ganz frei draußen herumstreunen durften, ohne die vielen Ängste und Einschränkungen, die es heute berechtigterweise gibt. Irgendwann bekamen wir doch ein Fahrrad, aber da wir es uns zu acht teilen mussten, war es eine recht nutzlose Errungenschaft. Mein Mann erinnert sich an seine Vorstadtkindheit, in der er morgens mit einem Lunchpaket aus dem Haus gehen und den ganzen Tag im Park mit seinen Freunden spielen durfte, bis es dunkel wurde. Das klingt paradiesisch, und für ihn war es das auch. Zum Glück hatten wir einen großen Garten, in dem wir uns austoben konnten.

Der unausweichliche Clash der Kulturen, der entsteht, wenn die Vorstellungen von Kindererziehung eines Einwanderers einer völlig anderen Kultur entstammen als der, in die seine Kinder hineingeboren werden, hat meine Kindheit in mancher Hinsicht beeinträchtigt. Ein Mann, der in den Zwanzigerjahren in Nigeria zur Welt gekommen ist, will Kinder allenfalls sehen, aber nicht hören, und neigt zur körperlichen Züchtigung, wann immer sie gegen sein militärisches Regiment verstoßen. Dummerweise lebten wir aber nicht in Nigeria, wo so etwas an der Tagesordnung war, sondern in Großbritannien, wo man zunehmend davon abkam, Kinder zu schlagen. Und er entschärfte die Angst, die er uns einimpfte, auch nicht mit zärtlicher Zuwendung in anderen Momenten. Als ich herausfand, dass meine Schulfreundinnen für ihre Missetaten bloß ausgeschimpft wurden, erschien mir das entsetzlich ungerecht. Ich lebte in Angst vor ihm, vor dem hölzernen Kochlöffel, den er für kleinere Vergehen verwendete, und vor dem Gürtel, der bei größeren zum Einsatz kam. Meine Mutter flehte immer um Nachsicht für uns, hatte aber wenig Glück mit ihren Versuchen, gegen die Autorität des *Oga*, des Ältesten, des Patriarchen im Haus, aufzubegehren.

Die britische Gesellschaft meiner Vorortkindheit konnte dem Konzept des Schwarzseins absolut nichts Positives abgewinnen, bis auf die Musik, die aus den USA herüberkam, die Supremes, die Jackson 5, Stevie Wonder und die Four Tops. Davon abgesehen war Schwarz gleichbedeutend mit böse, niederträchtig, hässlich, minderwertig, kriminell, dumm und gefährlich – und mein Vater war furchterregend. Einer meiner Brüder formulierte es damals so: »Wenn Daddy vorne zur Tür reinkommt, rennt die Freude hinten raus.« Er redete nur mit uns, um uns ellenlange Vorträge über unser angeblich so schlechtes Benehmen zu halten, die bis zu einer Stunde dauern konnten, und wir mussten währenddessen strammstehen und den Eindruck erwecken, dass wir wie brave Kinderlein aufmerksam zuhörten – kein Grinsen, kein Stirnrunzeln, kein Gähnen, kein Augenverdrehen, sonst waren wir geliefert. Wenn wir mit unseren Freunden irgendwo hinwollten, mussten wir das entsprechende Gesuch schon Wochen vorher einreichen und einen weiteren Vortrag über die Gefahren der Gesellschaft und unseren eigenen niederen Charakter über uns ergehen lassen, meistens, während er das Abendessen verzehrte, das er sich zuvor selbst gekocht hatte: Fleisch, Kartoffeln, Möhren und Kohl, alles mit Soße vermanscht. Er kochte sich immer sein eigenes Essen, wenn er von der Arbeit kam, und verzehrte es dann direkt aus dem Topf; mit seinem morgendlichen Porridge machte er es genauso, sehr pragmatisch im Grunde, weil es so weniger abzuspülen gab. War der endlose Vortrag dann vorbei, wurde die Erlaubnis in aller Regel verweigert. Es konnte auch sein, dass auf einen Vortrag noch eine Tracht Prügel folgte.

Wenn mein Vater von der Arbeit nach Hause kam, meistens erst, wenn wir schon gegessen hatten, setzte er sich mit meiner Mutter in die Küche, während wir Kinder oben im Wohnzimmer fernsahen. Seine Stimme klang immer zornig, und wir drückten das Ohr an den Fußboden, um mitzubekommen, was er sagte. Meistens war er aber überhaupt nicht zornig, und als ich das erste Mal nach Lagos kam, wurde mir klar, dass er einfach so redete, wie es seiner Kultur entsprach. Die Männer dort klangen alle, als würden sie zornig herumbrüllen, bis ich erkannte, dass sie einfach nur ausdrucksvoll und, ja, sehr laut redeten.

Nach dem Abendessen führten wir lebhafte Familiengespräche mit unserer Mutter, die uns immer ermunterte, das Wort zu ergreifen und unsere Ansichten zu äußern. Wir ließen den Tag Revue passieren, alberten herum und diskutierten über aktuelle Ereignisse, was hochtrabender klingt, als es war. Wenn mein Vater dabei war, saß er schweigend an seinem Platz am oberen Tischende, über seinen Topf gebeugt, oder aber er beteiligte sich auf seine Art, mit einem politischen Vortrag, der jedes Gespräch zum Erliegen brachte. Er schmatzte beim Essen, weshalb ich immer versuchte, mich so weit wie möglich von ihm wegzusetzen.

Mein erstes richtiges Gespräch mit ihm habe ich erst mit Mitte zwanzig geführt. Wenn ich ganz ehrlich bin, konnte ich ihn während der Pubertät nicht ausstehen. Mir war die drückende Leichenstarre verhasst, die er über unseren Haushalt legte, die Art, wie er uns mit seinen Verboten alle Freiheiten nahm. 1975 hatte ich ein Tagebuch, das für jeden Tag eine Seite vorsah; fast alle blieben leer, nur die nicht, auf die ich wiederholt kritzelte, wie sehr ich meinen Vater hasste.

Als ich nicht mehr zu Hause wohnte und mein eigenes, unabhängiges Leben führte, über das er keine Verfügungsgewalt mehr hatte, löste sich meine Feindseligkeit nach und nach auf, und mit der Zeit, ganz allmählich, lernte ich, meinen Vater zu lieben oder mir vielmehr einzugestehen, dass ich ihn immer schon lieb gehabt hatte. Ich hatte achtzehn Jahre meines Lebens mit ihm unter einem Dach verbracht, er war ein integraler Bestandteil meines Daseins. Als ich seiner Herrschaft entronnen war, konnte ich anfangen, ihm auf Augenhöhe zu begegnen.

Meine Mutter war das genaue Gegenteil von ihrem Mann. Die beiden waren das ultimative Yin-und-Yang-Paar. Sie zugänglich und kommunikativ, er überhaupt nicht; sie warm und mütterlich, er grimmig und unnahbar; sie ausgeglichen, er cholerisch. Meine Mutter erinnert sich, dass unser Vater sich in jeder Hinsicht an der Kinderpflege beteiligte, als wir noch sehr klein waren – am Morgen, bevor er zur Arbeit ging, und abends, wenn er wieder heimkam. Sie war also nicht auf sich allein gestellt, auch als sie wieder unterrichtete, sobald ihr jüngstes Kind in die Schule kam. Von da an hatte sie zwei Vollzeitstellen: Mutter und Lehrerin.

Meine Mutter ging ganz darin auf, ihre kleine Truppe großzuziehen, und kam auch mit den diversen Anforderungen zurecht, die das mit sich brachte. Sie konnte gut mit Geld umgehen, und wenn wir vom Gang zum Gemüsehändler oder zum örtlichen Supermarkt auch nur einen Penny zu wenig nach Hause brachten, schickte sie uns zurück, damit wir ihn uns holten. Einmal in der Woche machte mein Vater einen Großeinkauf in Woolwich und erledigte die männlichen Dinge, wie Fleisch beim Metzger kaufen – die klassische Jäger-und-Sammler-Nummer. Zu Hause breitete er dann alles auf dem Küchentisch aus und verglich es mit dem Kassenzettel. Auch ihm war der viertelstündige Marsch zurück in die Stadt egal, wenn er zu wenig herausbekommen hatte.

Bei aller Geldnot achtete unsere Mutter immer darauf, dass wir uns gesund ernährten, und zählte uns die Gurkenscheiben und Salatblätter auf den Teller. Wir mussten essen, was auf den Tisch kam, und Naschen zwischen den Mahlzeiten war nicht drin. Über das Essen zu mäkeln war genauso wenig gestattet wie Völlerei. Das abendliche büffethafte Überangebot von heute war in britischen Familien damals generell noch längst nicht üblich. Am Freitagabend gab es als besondere Leckerei manchmal ein oder zwei Bonbons. Wir waren alle kerngesund und buchstäblich nie krank, fingen uns höchstens mal eine Erkältung ein. Café- oder Restaurantbesuche konnten wir uns nicht leisten, und Urlaube gab es nur sehr vereinzelt. Ich kann mich an einen Schulausflug nach Stonehenge und

einen komplett verregneten Campingurlaub im überfüllten Wohn-
wagen erinnern, und an einen auf scheußliche Weise denkwürdigen Besuch bei einer Freundin unserer Mutter in Somerset, deren
Kinder kleine Rassisten waren und uns als »Affen« bezeichneten.
Man kann sich denken, wie verletzend das war. Ich war vielleicht
neun und hatte mich so auf den Urlaub gefreut, nur um dann ausgerechnet von den Kindern, die doch eigentlich nett zu uns hätten
sein müssen, so abscheulich behandelt zu werden. Meine Mutter
hätte ihre Kinder eigentlich gern auf dem Land aufwachsen lassen,
wusste aber, dass sie uns damit dem ländlichen Rassismus in seiner
ganzen brachialen Kraft ausgesetzt hätte.

Meine Mutter ist eine umwerfende, tapfere und ehrenwerte Frau,
aber weil sie zugleich ungeheuer bescheiden ist, wäre sie die Letzte,
die das so sehen würde. Sie hatte etwas von einer Erdenmutter an
sich, ein Gegengewicht zum autoritären Erziehungsstil unseres Vaters. Ihre eigene Mutter war sehr dominant gewesen, und sie rea-
gierte darauf, indem sie ihren Kindern Raum zum Atmen lassen
und sie dazu anhalten wollte, sich nicht vom Vater einschüchtern
zu lassen. Wir Kinder rangelten immer um das Privileg, uns auf
dem Gang zur Kirche bei ihr unterzuhaken oder ihr am Abend,
wenn sie mit der Hausarbeit fertig war und sich endlich zu uns vor
den Fernseher setzte, die Füße zu massieren.

Ihre Aufmerksamkeit war naturgemäß nie ungeteilt, denn wenn
man in zehn Jahren acht Kinder bekommt, wird das jeweils aktuelle Baby immer rasch vom nächsten Neuankömmling entthront.
Intime Mutter-Kind-Momente waren also, trotz ihrer Liebe zu uns,
begrenzt, und meine älteste Schwester musste ein paar Eltern-

pflichten mit übernehmen. Als mittleres Kind war ich für nichts und niemanden verantwortlich, nur dafür, mich selbst beschäftigt zu halten.

Ich war ein Wildfang, zwischen zwei Brüder gequetscht, die mich mitspielen ließen, bis sie es überhatten und mehr miteinander anzufangen wussten als mit dem Mädchen, das auch noch in der Gleichung enthalten war. Ich bin die Vierte in der Familie, und wir mittleren Kinder neigen aus naheliegenden Gründen zu großer Unabhängigkeit. Man macht einfach sein Ding. Ich hatte immer schon das Gefühl, über eine innere Stärke zu verfügen, womit ich sagen will, dass ich weder allzu bedürftig bin noch zum Klammern neige, keine ständige Bestätigung brauche und mir selbst als Gesellschaft vollauf genüge. Mit Blick auf mein Leben und meine Laufbahn bis hierher war ein unverwüstlicher innerer Kern unerlässlich für mein kreatives Überleben. Wahrscheinlich hat sich diese Zähigkeit schon in den allerersten Lebensjahren herausgebildet. Ich habe nie eine Therapie gemacht, weil ich ganz gern mit meinen Dämonen lebe. Womit ich gar nicht sagen will, dass ich ungelöste Traumata mit mir herumtrage, sondern nur, dass ich sehr gut darin geworden bin, mich selbst zu befragen, und nie den Drang hatte, mir Hilfe zu suchen. Ich arbeite die Dinge gern alleine durch; wahrscheinlich ist auch dieses Buch ein einziger großer Akt der Selbstbefragung.

Mein wenig liebevoller Vater verlangte von jedem seiner Kinder einen Gute-Nacht-Kuss, als obligatorisches Zeichen der Zuneigung. »Gute Nacht, Daddy«, mussten wir dann sagen. Es gab nichts, worauf ich vor dem Zubettgehen – oder zu jedem anderen Zeitpunkt – weniger Lust gehabt hätte, aber man kriegte Ärger, wenn man nicht in die Küche hinunterkam, wo er saß und Zeitung las oder Radio hörte, und dieses Ritual absolvierte.

Mein Vater hat mich nie als Individuum behandelt, und jenseits seiner Vorträge kann ich mich an kein Gespräch mit ihm erinnern. Seine Kinder wurden pauschal zu einer Einheit zusammengeworfen. Nie fragte er auch nur: »Wie war dein Tag, Bolaji?« (Mein Yoruba-Name lautet Mobolaji. Meine Eltern haben jedem ihrer Kinder einen englischen und einen Yoruba-Vornamen gegeben.) Man kann kein persönliches Verhältnis zu seinen Kindern aufbauen, wenn man sie immer nur links liegen lässt.

Im Gegenzug wünschte sich meine Mutter, dass wir alle Individuen wurden und uns nicht zu sehr anpassten. Sie hatte mitangesehen, wie Nanas Dasein von der Sorge zerfressen wurde, was wohl die Nachbarn von ihr denken könnten, denn sie führte ihr Leben ja in unmittelbarer Nähe dieser vorstädtischen »Vorhanggucker«, eingezwängt in deren konventionelle Sichtweise und immer bemüht, mit ihrem vorbildlichen Familienleben und ihren gepflegten Gärten die Fassade aufrechtzuerhalten.

Als wir uns dann tatsächlich zu lauter Individuen entwickelten, hat meine Mutter das wohl bereut, weil wir ihr mitunter über den Kopf wuchsen. Ich war schon über dreißig, da machte sie mir gegenüber einmal die etwas widersprüchliche Bemerkung, sie habe mich als Kind nicht sonderlich gemocht, weil ich »zu viel Charakter« gezeigt hätte. Aus Sicht der meisten nicht gerade ein Vergehen, entgegnete ich leicht gekränkt, wobei ich mich nicht entsinne, mich als Kind jemals ungeliebt gefühlt zu haben, es hat mir also offensichtlich nicht geschadet. Sie erläuterte, ich sei einfach viel zu übermütig gewesen und hätte ihr damit, bei so vielen Kindern, die Aufgabe ziemlich erschwert. Mir gefällt der Gedanke, dass ich ein lebhaftes Kind war, ich würde also sagen, Schwamm drüber. Und es stimmt ja auch, ich kann mich erinnern, dass ich ziemlich oft Ärger gemacht habe.

Mit der Zeit sah ich ein und lernte auch zu schätzen, dass unser Vater uns nur beschützen wollte, dass er gut für uns sorgte und verantwortungsvoll mit dem Geld umging. Meine Eltern sind dreiunddreißig Jahre zusammengeblieben, in einer Zeit, in der Ehen zwischen Schwarzen und Weißen nur selten lange hielten. Er war als Vater so gut, wie er es eben sein konnte, entwurzelt und abgetrennt von seiner nigerianischen Kultur, die ihm sehr viel mehr Unterstützung mit seiner großen Familie geboten hätte. Trotzdem fürchteten wir ihn, und er wiederum fürchtete um uns. Er wusste, wie gefahrvoll Großbritannien für uns war. Davor mussten seine vier Söhne und vier Töchter beschützt werden. Und als wir nach und nach in die Pubertät kamen, mussten wir vermutlich auch vor uns selbst beschützt werden.

Jenseits der Familie war mein Vater ein sehr geselliger Mensch, ein echter Partylöwe, der sich mit Menschen jeder Hautfarbe anfreundete, so wie auch ich es immer schon getan habe. Er tummelte sich hauptsächlich im Catholic Club im Zentrum von Woolwich, obwohl er selbst gar nicht katholisch war. Meist war er der einzige Schwarze im Raum, und obwohl er sich gern ein paar Gläser genehmigte, übertrieb er es nie damit. Ich kann mich nicht erinnern, dass er jemals sturzbetrunken nach Hause gekommen wäre.

In den Siebzigern begannen meine Eltern, sich politisch zu engagieren, und ich bin ungeheuer stolz auf sie, weil sie nicht nur selbst die Liebe über Hautfarbengrenzen hinweg verkörperten, sondern noch einen Schritt weiter gingen und die Fahne der Gleichstellung hochhielten. Mein Vater hatte sich auf der Arbeit mit einem Polen angefreundet, der Kommunist war und ihn in seinen Ansichten so stark beeinflusste, dass mein Vater in die Gewerkschaft eintrat und sich zum Vertrauensmann der Fabrikarbeiter ernennen ließ, der sich bei den Vorgesetzten für die Interessen seiner Kollegen einsetzte und entsprechend häufig seinen Job verlor. Bestimmt war es auch nicht zuträglich, dass er bei seiner letzten Arbeitsstelle dem Chef im Rahmen einer Auseinandersetzung über unzureichende Belüftung erklärte, er könne ihn mal kreuzweise. Anschließend bildete er sich in Eigenregie zum Klempner weiter und gründete seine eigene Firma, Kaduna Plumbing, die ihn allerdings durchaus auch Geld kostete, weil er seinem nicht gerade gut betuchten Kundenstamm nicht die marktüblichen Preise berechnen wollte. Außerdem ließ er sich von der Labour-Partei als Ratsmitglied aufstellen, eine ehrenamtliche Position, die die Aufgabe umfasste, den Benachteiligten seines Bezirks, vor allem den Geringverdienenden und Sozialhilfeempfängern, Unterstützung zu bieten und sie bei den Sitzungen des örtlichen Gemeinderats zu vertreten.

Als ein anderes Ratsmitglied immer wieder hartnäckig versuchte, meinen Vater als ersten Schwarzen, der diese Rolle in Greenwich bekleidete, zu sabotieren und dabei auch vor Anklängen an Rassismus nicht zurückschreckte, griff mein Vater, der die typisch britische Kunst des Passiv-Aggressiven, zu der ihm meine Mutter riet, nicht beherrschte, zu einer sehr viel archaischeren Form der Vergeltung. Als er dem Mann eines Tages vor dem Rathaus begegnete, streckte er, ein wahrer Yoruba-Krieger, ihn mit einem Faustschlag nieder. Der Vorfall hatte den Ausschluss meines Vaters aus der Labour-Partei zur Folge. Unbeirrt stellte er sich als parteiloser Kandidat erneut zur Wahl, gewann und setzte seine Arbeit als Ratsmitglied fort.

Mein Vater engagierte sich auch für die wachsende afro-karibische Bevölkerung in der Gegend, sorgte mit dafür, dass eine betreue Wohnanlage für ältere Menschen aus Afrika und der Karibik gebaut wurde, ohne zu ahnen, dass er einmal selbst das letzte Jahr seines Lebens dort verbringen würde.

Derweil arbeitete meine Mutter wieder als Lehrerin und widmete sich ihren Zöglingen hingebungsvoll. Bis heute wird sie in Woolwich auf der Straße von bulligen Kraftprotzen mittleren Alters angesprochen, die einmal ihre Schüler waren und ihr danken wollen, weil sie ihnen als Kindern so eine großartige Lehrerin war. Sie selbst hätte diese Männer natürlich nie wiedererkannt, aber ihnen hat sie sich für immer eingeprägt. An der weiterführenden Schule, an der sie unterrichtete, übernahm sie auch die Gewerkschaftsvertretung und setzte sich mit dem Direktorium auseinander, um sicherzustellen, dass die Lehrkräfte nicht ausgebeutet wurden.

Eine Zeit lang waren meine Eltern auch in der Socialist-Workers-Partei. Sie nahmen an Demonstrationen gegen Nationalismus und Rassismus in der Londoner Innenstadt teil, genau wie ich. Von einer solchen Demo kamen meine Mutter und eine meiner Schwestern einmal sehr verstört zurück, nachdem sie auf dem Protestzug die Whitehall entlang, vorbei an der Residenz des Premierministers in der Downing Street Nr. 10, wo es damals noch keine größeren Absperrungen gab, von berittener Polizei eingepfercht worden waren. Die Polizisten waren auf ihren Pferden auf die Menge zugeritten und hatten sie in eine Sackgasse gedrängt, sodass man Angst haben musste, erdrückt, verstümmelt, getötet zu werden. Einkesseln, wie das genannt wurde, war zu der Zeit eine gängige Polizeipraxis und ausnehmend gefährlich.

Jetzt, beim Schreiben, ist es für mich mehr als offensichtlich, dass meine kreative Karriere und mein Aktivismus auf diese Kindheit in einem politisierten Haushalt zurückzuführen sind, in dem unsere Individualität durch meine Mutter gefördert wurde und beide Eltern uns soziale Verantwortung und politisches Engagement vorlebten.

Vor zwanzig Jahren, als ich mitten in der Nacht am Telefon erfuhr, dass mein Vater nach mehreren Schlaganfällen gestorben war, verlor ich alle Beherrschung und brach schluchzend zusammen. Das schaurige Ungeheuer meiner Kindheit hatte sich damals längst in einen einsamen alten Mann verwandelt. Die glorreichen Zeiten, als er uns noch erzog, mit unserer Mutter verheiratet und Herr unseres Hauses war, lagen hinter ihm. Sein Weg nach unten, in den Alkohol und die Abkehr von der Selbstfürsorge, begann, als er aus unserem Haus in ein kleines renovierungsbedürftiges Häuschen zog, das – wie könnte es anders sein? – unrenoviert blieb. Sich selbst hielt er in Ordnung, das Haus nicht. Am Ende trank er nur noch, schlief nachts in seinem Sessel, weil es ihm zu viel war, nach oben ins Bett zu gehen, und rührte das Essen, das wir ihm kommen ließen, kaum an. Seine letzten Lebensjahre waren eine Tragödie. Es war sehr offensichtlich, dass Daddy nicht mehr leben wollte.

Ein paar Wochen nach seinem Tod bekam ich einen Anruf von einer Person, die sich als falsche Freundin entlarvte, eine Pseudo-Sozialistin, die kaum etwas anderes tat, als Nachmittagsfernsehen zu glotzen und auf alles und jeden zu schimpfen. Als ich ihr erzählte, mein Vater, den sie nie kennengelernt hatte, sei gestorben, entgegnete sie: »Ach ja, das war so ein Onkel Tom, hab ich gehört.« Ich habe seither kein Wort mehr mit ihr gesprochen.

Mein Vater war ein Mann von großer Furchtlosigkeit, Freigiebigkeit und innerer Stärke, der seine ganze Energie darauf verwendete, für die Rechte anderer zu kämpfen. Einigen Menschen ging er garantiert gegen den Strich, aber mich erfüllt sein Weg vom angefeindeten Einwanderer zum lokalpolitischen Fürsprecher der Working Class – und zwar jeglicher Hautfarbe – mit Ehrfurcht. Meine Einstellung zu ihm hat sich sehr verändert seit meiner Kindheit, als ich mich, wenn ich nur gekonnt hätte, sofort von ihm losgesagt hätte – keine Sekunde hätte ich gezögert. Seine sehr dunkle Haut war mir peinlich, und ich kann mich erinnern, manchmal die Straßenseite gewechselt zu haben, wenn ich ihn auf mich zukommen sah. Das war schlicht und einfach verinnerlichter Rassismus. Heutige Eltern haben gelernt, wie wichtig kulturelle Bestärkung ist, und fördern in ihren Kindern ein Selbstwertgefühl für ihre braune Haut in einer mehrheitlich weißen Gesellschaft. Damals zeichnete sich das nicht mal ansatzweise ab. Schwarz galt als schlecht und weiß als gut. Als Kind hätte ich sonst was darum gegeben, weiß zu sein und natürlich lange blonde Haare zu haben, gemäß dem herrschenden Schönheitsideal. Ich gehöre zu der Generation Schwarzer Mädchen, die sich langärmelige Strickjacken um den Kopf banden, um sich dann die »langen Haare« über die Schulter streichen zu können.

All die Unterstützung durch Netzwerke, Gespräche, Bücher, mediale Aufmerksamkeit und Bewusstsein für solche Fragen gab es in meiner Kindheit nicht, und zu dem wenigen, was es gab, hatte ich in Woolwich keinen Zugang. Man musste als Person of Colour selbst damit klarkommen. Wie wir wissen, identifizieren sich manche Menschen mit Schwarzen und weißen Wurzeln nicht als Schwarz, sondern ordnen sich selbst als *mixed-race* ein, wie es ihnen ja auch zusteht. Ist die eigene Haut aber hell genug, um als weiß rassifiziert beziehungsweise gelesen zu werden, wird auch das zur Option, und leider distanzieren sich manche dann komplett von ihrer Herkunft, um eine neue weiße Identität zu leben. In der Vergangenheit hat eine Reihe prominenter Persönlichkeiten diesen Weg gewählt, wie zum Beispiel die Hollywoodstars Carol Channing und Merle Oberon.

In meiner Kindheit zog es mich offenbar unbewusst zu Menschen, die anders waren, ohne dass mir das Muster aufgefallen wäre, das sich hier herauskristallisierte. Meine beste Kindheitsfreundin war Halbirakerin, was man ihr aber kaum ansah; das Gleiche galt für eine andere Freundin, die Halbgriechin war. Als Teenager war mein erster Freund ein ungarischer Jude mit dunklem Teint, der zweite ein weißer Engländer, der in Südafrika aufgewachsen war. Als ich 1979 auf die Schauspielschule kam, konnte ich endlich neben meinen Schwestern noch andere Schwarze Frauen kennenlernen, von denen wir rekordverdächtige fünf an der Schule waren. Jetzt, wo ich sie gefunden hatte, einte uns die Erfahrung, als Außenseiterinnen wahrgenommen zu werden und um das Gefühl zu kämpfen, doch dazuzugehören, obwohl unsere Gesellschaft uns in allem die gegenteilige Botschaft vermittelte. Schon bald beanspruchte ich eine politische Schwarze Identität für mich, und nichts war mir je natürlicher vorgekommen.

Indem ich mich Schwarzen Menschen über das Konzept der Hautfarbe anschloss, entdeckte ich auch Schwarze Kulturen und entwickelte eine ganz neue Neugier auf mein eigenes nigerianisches Erbe und auf Afrika in seiner Gesamtheit, seine uralten Zivilisationen und die Rolle des British Empire. Im britischen Bildungssystem war Schwarze Geschichte in meiner Kindheit nicht vorhanden, das ist größtenteils heute noch so, obwohl die Geschichte Großbritanniens seit mehreren hundert Jahren eng mit der Afrikas, Asiens und der Karibik verwoben ist. Die imperialistische

Geschichte lässt sich nicht von der nationalen Identität des Landes trennen, und doch hält sich diese eklatante, verzerrende Auslassung in unseren Lehrplänen nach wie vor.

Dass ich nicht nur Schwarze, sondern auch weiße Wurzeln habe, zog eine Reihe ganz eigener Erfahrungen, Beobachtungen und Herausforderungen nach sich. Als ich mit der Schauspielschule fertig war und anfing, mich in Schwarzen Umfeldern zu bewegen, war meine Selbstidentifizierung gar nicht mehr so leicht wie gedacht. Von meinen Schwarzen Mitstudentinnen hatte ich mich akzeptiert gefühlt, in anderen Kontexten aber stieß ich in meinem Übergang von einer Kindheit, in der ich meine Hautfarbe nie so recht akzeptieren konnte, zu einer politisch Schwarzen Identität nicht immer auf Gegenliebe. Bald schon sah ich mich mit Vorstellungen von Schwarzer Authentizität konfrontiert, denen ich nicht entsprach. Ich traf auf Menschen mit sehr klaren Ansichten dazu, was das genau umfasste, und sie wollten mir vorschreiben, was ich zu denken, wie ich zu reden, wie ich mich anzuziehen, wie ich zu tanzen, wen ich zu daten und was ich zu schreiben hatte. Ein reduktiver und lachhafter Versuch, die Essenz des Konzepts von Schwarzsein herauszufiltern. Sämtliche mehrere Milliarden Schwarzer Menschen weltweit haben also Reggae-Fans zu sein – ernsthaft? So wurden rassistische Klischees von innen heraus erschaffen, obwohl diejenigen, die diese »Anleitung zum Schwarzsein«-Ideologie befürworteten, genau das Gegenteil damit bezweckten. Ich fiel auf Anhieb durch, weil ich Standardenglisch sprach und nicht das Patois, das den karibischen Britinnen und Briten der zweiten Generation so leicht von den Lippen ging. Der Umstand, dass ich gar keine karibischen Wurzeln habe, fiel für manche, die mich kritisierten, nicht ins Gewicht.

In der Realität gibt es nicht *die* eine Schwarze Kultur oder

Community. Wir sind nicht homogen und lassen uns auch nicht auf ein paar wenige, einschränkende Symbole reduzieren.

Der Vorwurf, zu weiß zu sein, war in meiner neuen Welt die denkbar schlimmste Beleidigung, die besagte, dass man an den Ansprüchen der vorgeschriebenen Schwarzen Authentizität gescheitert war. Und ich musste mich diesbezüglich tatsächlich »schuldig« bekennen, sowohl in rassifizierter als auch in kultureller Hinsicht. In der ersten Zeit nach meinem »Coming-Out« als Schwarze gab es Momente, in denen ich mich für meine weißen Wurzeln schämte, und andere, in denen ich sie verteidigen musste.

In der Realität wird eine Frau aus der Middle Class mit hellerer Haut in Großbritannien ganz anders behandelt als eine Schwarze Frau aus der Working Class mit dunklerer Haut, die wiederum ganz anders behandelt wird als ein Schwarzer Mann jeder beliebigen gesellschaftlichen, beruflichen oder charakterlichen Ausprägung, wenn er einfach nur seinem Alltag nachgeht; ihm droht das höchste Risiko, beispielsweise von der Polizei angehalten zu werden, weil er das Verbrechen begeht, als Schwarzer über die Straße zu laufen, am Steuer zu sitzen oder auch nur zu atmen.

»Colourism« oder »Shadism«, wie das Phänomen auch genannt wird, ist historisch allgegenwärtig, von der Hierarchie unter versklavten Menschen auf den Plantagen bis hin zum verinnerlichten Rassismus heutiger Schwarzer Bevölkerungsgruppen.

Als ich in den Achtzigerjahren das erste Mal nach Ägypten reiste, sah ich mit Entsetzen, dass auf öffentlichen Werbeplakaten die meisten Models blond waren – in einem Land, in dem blonde Haare nur schwer zu finden sind. In Nigeria kam ich erstmals mit dem

Phänomen hautaufhellender Cremes in Berührung und mit den dauerhaften Schäden, die sie der Haut zufügen. Ein Zeugnis davon, wie sich Shadism auf das Selbstwertgefühl auswirkt, zu was für Selbsthass er führen kann, wenn man dem hellhäutigen »Ideal« nicht entspricht. Vor langer Zeit war ich einmal mit einem sehr dunkelhäutigen Nigerianer zusammen, der mir erklärte, er treffe sich nur mit Frauen, die weiße und Schwarze Wurzeln hätten, und dunkler als ich gehe für ihn gar nicht. Er sagte das in einem Ton, als müsste ich ihm für dieses Kompliment noch dankbar sein. Als »woke sister« konnte ich seinem halbgaren Shadism aber so gar nichts abgewinnen und kam zu dem Schluss, dass auch er nichts für mich war. Im Rückblick muss ich ihm allerdings zumindest seine Ehrlichkeit zugutehalten. Bei einer Umfrage im Rahmen der britischen Bevölkerungserhebung von 2011 zeigte sich, dass 40 Prozent aller Schwarzen Männer sich für weiße Partnerinnen entscheiden und dabei selbst die Helleren übersehen, die im Colourism-Spiel den Inbegriff Schwarzer Schönheit und Attraktivität verkörpern. Kein Wunder, dass daraus Groll und Spaltung entstanden sind.

Es brachte zweifellos auch Vorteile mit sich, in England mit einer weißen englischen Mutter aufzuwachsen. Sie konnte uns zwar nicht dabei unterstützen, unser nigerianisches Erbe zu erforschen, vermittelte uns dafür aber englische Sitten und gesellschaftliche Codes aus der Perspektive und mit den Erkenntnissen einer Einheimischen. Was wiederum mir das nötige Rüstzeug verschaffte, um mich in der britischen Kultur besser zu bewegen. Ganz im Gegensatz zu meinem Vater, der seine Wahlheimat als Einwanderer erlebte. Er sprach gebrochen Englisch, mit einem nigerianischen Akzent, der mir überhaupt erst auffiel, nachdem ich ihn interviewt hatte und mir hinterher die Aufnahme anhörte. Da war ich schon über dreißig. Wie seltsam, dass es mir bis dahin nie aufgefallen war;

seine Stimme war mir wohl einfach so vertraut, dass ich zwar mein Leben lang hörte, was er sagte, aber nie auf seine Aussprache geachtet hatte.

Englisch war für meinen Vater die zweite Sprache nach seiner Muttersprache Yoruba, und meine Mutter half ihm immer, wenn es darum ging, offizielle Briefe zu schreiben oder Formulare auszufüllen. Sie las viele Bücher, er nur Zeitungen. Er war ein kritischer Geist im öffentlichen Raum, sie die größere Denkerin im Privaten. Er hielt uns Kindern Vorträge, anstatt mit uns zu sprechen, sie erzählte uns Geschichten aus ihrer Kindheit.

Als meine Mutter sich mit meinem Vater verlobte, setzte ihre Familie sich geschlossen dafür ein, diese aus ihrer Sicht abscheuliche Verbindung zu verhindern – damit meine Mutter sich nicht zugrunde richtete und den Namen der Familie nicht in den Dreck zog. Sogenannte »Mischehen« waren damals äußerst selten und rangierten ganz weit oben auf der Skala gesellschaftlicher Tabus.

Aber meine Eltern waren unaufhaltsam in ihrer Liebe und Entschlossenheit, ihr Leben miteinander zu verbringen. Sie heirateten im kleinen Kreis ihrer nigerianischen und englischen Freundinnen und Freunde und meiner Großmutter als einziger Abgesandten der Familie der Braut – auf dem Hochzeitsfoto blickt sie eisern sauertöpfisch drein, während um sie herum alle strahlen.

Allgemein galt es als das Schlimmste, was der Familie meiner Mutter passieren konnte, und Nana und mein Vater kamen nie über die Feindseligkeit hinweg, die aus ihrer Abneigung gegen ihn entstanden war. Die zur Hälfte deutsche Großmutter meiner Mutter sprach nie wieder ein Wort mit ihr, und ihre Lieblingstante, die während des Zweiten Weltkriegs, als meine Mutter aufs Land evakuiert wurde, eine Art Ersatzmutter für sie gewesen war, brach umgehend jeden Kontakt zu ihr ab, wie auch etliche weitere Verwandte. Der wenig lustige Witz dabei ist, dass ausgerechnet diese Tante ihrerseits einen emigrierten Juden geheiratet hatte, der aus Deutschland geflohen war, als 1933 die Nazis an die Macht kamen. Bei Ausbruch des Zweiten Weltkriegs war er in Kanada als feindlicher Ausländer aus Deutschland interniert, wurde dann aber aufgrund eines erfolgreichen Bittgesuchs entlassen. Er war Arzt, und so kam es, dass aus Sicht dieser ehrgeizigen Familie, die gerade einmal eine Generation von der Armut der Working Class trennte, in seinem Fall die Vorteile überwogen.

Für mich als Kind war das eine frühe Lektion darin, wie Menschen, die Opfer von Unterdrückung waren, selbst zu Unterdrückern werden können. Ich bin dieser Großtante nur ein einziges Mal begegnet, 1986, bei der Beisetzung meiner Großmutter. Sie kam zu uns und begrüßte ihre junge, braunhäutige Verwandtschaft einzeln, so gnädig und lächelnd in all ihrer Güte. Ich glaube, sie ahnte nicht einmal, wie schwer ihr Verrat meine Mutter getroffen hat. Womöglich hat sie sich sogar eingeredet, meine Mutter habe *sie* verraten, indem sie einen Schwarzen heiratete.

Nach dem Tod meiner Großtante mit über achtzig freundete ich mich mit ihrem deutschen Mann an. Er schob den Rassismus allein ihr in die Schuhe, dabei hatte doch er meiner Mutter damals Vorträge gehalten, sie laufe Gefahr, lauter minderwertige »Mischlinge« in die Welt zu setzen, wenn sie meinen Vater heirate. (Für die Verbreitung solchen Blödsinns hätte man ihm eigentlich die Approbation entziehen müssen.) Ich war neugierig auf diesen Mann, der in meiner Familienerzählung so viel Raum einnahm, obwohl wir ihn überhaupt nicht kannten. Seine Version der Ereignisse kaufte ich ihm zwar nicht ab, aber immerhin war er ein halbes Jahrhundert, nachdem er meine Mutter verstoßen hatte, mit der Zeit gegangen und sogar für eine Weile mit einer Marokkanerin zusammen. Es war eine weitere Lektion für mich, dass Menschen sich ändern und wir uns gestatten dürfen, ihnen ihr früheres Fehlverhalten zu vergeben.

Nana, die selbst aus einer großen Familie mit sieben Kindern stammte, sah es auch nicht gern, dass meine Mutter so viele Kinder bekam, weil sie wusste, was für Entbehrungen und Kämpfe das bedeutete. Sie half, so gut sie konnte: nähte uns Kleider, häkelte jedem Enkelkind eine kunterbunte Decke (ich habe meine immer noch) und sammelte Rabattmarken, um uns Schuhe für die Schule zu kaufen.

Es ist bezeichnend, dass wir zwar Nanas einzige Enkelkinder waren, sie aber keine Bilder von uns neben den anderen Familienfotos bei sich im Haus stehen hatte, bis auf eines von meiner ältesten Schwester, der Erstgeborenen, als noch sehr kleinem und bildhübschem Baby. Zur Erleichterung meiner Großmutter war es längst nicht so dunkel wie mein Vater. Als einer meiner Brüder eine weiße Frau heiratete, schaffte es ein Foto der beiden ebenfalls auf ihre Fensterbank. Das machte also zwei von acht Enkelkindern, die man bei ihr besichtigen konnte.

Und doch war uns Nana eine wunderbare Großmutter, obwohl wir ihr den Stammbaum verunreinigten. Sie unterdrückte ihre Engstirnigkeit und brachte stattdessen ihr besseres Ich zum Vorschein, aber weg war die Engstirnigkeit natürlich nicht, sie lauerte weiter in den Tiefen ihres schlechteren Ichs. Nana hatte immer Vorbehalte gegen unsere Haare, und als ich ihr mit Mitte zwanzig erzählte, ich wolle nach Nigeria, fragte sie mich, wieso, nachher käme ich noch zurück und sähe aus »wie ein Nigger«.

Von der Zukunft ihres einzigen Kindes hatte sie immer sehr klare Vorstellungen gehabt. Sie hatte meine Mutter zur Welt gebracht, sie großgezogen und alles für sie bezahlt, und damit gehörte meine Mutter im Grunde ihr und schuldete ihr absoluten Gehorsam. Dummerweise – aus ihrer Sicht – stellte sich heraus, dass meine Mutter eigene Vorstellungen hatte – sie wollte sich von niemandem daran hindern lassen, den Mann zu heiraten, den sie liebte. Das kam einer rebellischen Handgranate gleich, die die Träume meiner Großmutter in Stücke riss.

Meine Mutter hatte nie echte Entbehrungen erfahren müssen, meine Großmutter aber schon. Mit dreizehn musste Nana von der Schule abgehen, um zum finanziellen Unterhalt ihrer großen Familie beizutragen, die in einer viel zu kleinen Mietwohnung in Islington lebte. Ihre erste Stelle hatte sie in einem Betrieb, wo sie für einen Hungerlohn samtene Kleider für reiche Damen nähte. Fleißig und strebsam blieb sie sieben Jahre lang mit meinem Großvater verlobt, bis sie 1932, als Hypotheken auch für die Working Class möglich und erschwinglich wurden, die 300 Pfund für ein eigenes Haus aufbringen konnten. In ihrem Beruf als Schneiderin würde sie heute wohl mit dem Titel »Modedesignerin« geadelt werden, denn genau das war sie. Sie arbeitete von zu Hause aus und entwarf Frauenkleider, einschließlich Brautkleidern, die sie ohne Schnittmuster von Hand nähte.

Mit ihren knapp einsfünfzig war Nana zierlich, hübsch und erhielt sich noch mit über achtzig ihre schmale Taille. Sie war sparsam, lebte nie über ihre Verhältnisse und legte immer etwas zurück. Sie aß maßvoll und naschte so gut wie nie zwischendurch, nur hier und da einmal einen Keks oder ein Bonbon. Die Flasche Sherry in ihrer Speisekammer hielt jahrelang, weil sie, die ihr Leben lang kaum Alkohol trank, sich nur an Weihnachten ein Schlückchen gönnte. Sie war immer wunderschön hergerichtet, die Haare frisiert, das Gesicht gepudert, im selbstgenähten Kleid, nie in Hosen. Wenn sie aus dem Haus ging, trug sie farbenfrohe Hüte, Handschuhe und elegante Pumps, ganz ähnlich wie Queen Elizabeth II., die ihr vermutlich als Vorbild diente.

Eine ihrer Schwestern arbeitete ihr ganzes Berufsleben lang als Vorsteherin in einer Fabrik, heiratete nie, hatte aber etliche Affären. Ziemlich gewagt für die damalige Zeit. Eine weitere Schwester, zehn Jahre jünger als meine Großmutter, ließ sich zur Grundschullehrerin ausbilden, sah sich dann aber gezwungen, den Beruf wegen des »Lehrerinnenzölibats« wieder aufzugeben, der verheiratete Frauen aufgrund der hohen Arbeitslosigkeit unter Männern vom Unterrichten ausschloss.

Meine Mutter wuchs als Einzelkind in einem vornehm-spießigen, ehrgeizigen Working-Class-Haushalt auf – das größte Verbrechen bestand darin, als »vulgär« zu gelten. Das gesamte Viertel Abbey Wood, eine der »neuen Städte«, die zur Beseitigung der Wohnungsnot im ländlichen Bereich rund um London entstanden, setzte sich aus Menschen zusammen, die sich vermutlich alle wie Hochstapler vorkamen und den rußigen Elendsvierteln im Zentrum entronnen waren, um sich hier, in den neu errichteten Siedlungen am grüneren Stadtrand, mit ihrer allerersten Hypothek ein neues Leben aufzubauen.

Mir gefällt die Vorstellung, dass meine Großmutter Feministin war, ohne zu wissen, was Feminismus eigentlich bedeutete. Sie wollte, dass meine Mutter sich in der Berufswelt behauptete, und betrachtete Leistungsfähigkeit als genderunabhängig. Ihre eigene

Welt spielte sich innerhalb ihres Hauses ab, dem sie als Matriarchin vorstand.

Voller Ehrgeiz für meine Mutter, vorausschauend und gewieft, wie sie war, nähte sie bildschöne Vorhänge und spendete sie der örtlichen Klosterschule, denn sie wollte, dass meine Mutter auf diese Schule kam, und hoffte, dass man sie dort ein Schuljahr früher aufnehmen würde, für den Fall, dass sie die für den Übertritt an eine Grammar School unerlässliche 11+-Prüfung am Ende der sechsten Klasse nicht bestehen sollte. Die Bestechung erfüllte ihren Zweck, und die Nonnen mogelten meine Mutter verfrüht hinein, obwohl sie die Prüfung dann sogar bestand. Eine Generation später handelte meine Mutter ganz ähnlich und setzte ihre Schulkontakte ein, um mich auf einer anderen Grammar School unterzubringen, nachdem meine erste Wahl am gefürchteten Auswahlgespräch gescheitert war, bei dem, wie ich nur vermuten kann, Rassismus im Spiel gewesen sein muss, denn ich hatte meine 11+-Prüfung bestanden und mich damit für die Schule qualifiziert. An der ersten Schule gab es keine Schwarzen Kinder, genauso wenig wie an der, in die ich dann hineingemogelt wurde. Was immer man von Grammar Schools und ihrem elitären Auswahlverfahren halten mag, diese kleine Dosis Privileg sorgte doch dafür, dass ich sieben Jahre innerhalb der Backsteinmauern einer solchen Einrichtung verbringen durfte.

Die Wurzeln der Familie meiner Mutter reichen väterlicherseits in meinem Heimatort Woolwich weit zurück, gleich mehrere Ahnen hatten in Gehdistanz des Hauses gelebt, in dem ich aufgewachsen bin. Und etliche Vorfahren waren einfache Arbeiter. Eine Ururgroßmutter namens Jane, die 1838 in Sussex geboren wurde und unzweifelhaft Teil der Landflucht im 19. Jahrhundert war, hatte den Arbeiter William Brinkworth geheiratet, der im Royal Arsenal in Woolwich tätig war. Sie brachte acht Kinder zur Welt, von denen nur zwei über ihren zweiten Geburtstag hinaus am Leben blieben. Das war damals gar nicht selten. Beim Lohn eines einfachen Arbeiters kann man von einem Mangel an Nährstoffen, Hygiene und fließendem Wasser ebenso ausgehen wie von schlechtem Zugang zu medizinischer Versorgung.

Christopher Heinrich Louis Wilkening, genannt Louis, ein weiterer Ururgroßvater, wanderte in den 1860er-Jahren von Deutschland nach Woolwich aus, wo er eine Engländerin heiratete, neun Kinder bekam und an der Werft zwei Bäckereien führte. Etwa zehn Jahre nach seiner Ankunft setzte sich eine deutschenfeindliche Stimmung in Großbritannien durch, die sich bis in den Ersten Weltkrieg hinein und auch noch darüber hinaus hielt. Menschen mit deutsch klingenden Namen waren Verfolgungen ausgesetzt, das ging so weit, dass King George V. den deutschen Nachnamen seiner Familie von »Saxe-Coburg and Gotha« in »Windsor« änderte. Louis, der vor dem Krieg bereits seit über fünfzig Jahren britischer Staatsbürger war, wurden während des Krieges die Fenster seiner Bäckerei eingeworfen, so wie rund fünfzig Jahre später auch uns – mehr oder weniger aus den gleichen Gründen.

Zum Zeitpunkt der Angriffe auf die Ladenräume seines Großvaters war Leslie, der Vater meiner Mutter, gerade auf die weiterführende Schule gekommen. Er muss die Anfeindungen gegen seinen Großvater mitbekommen haben, und man muss ihm zugutehalten, dass er als Einziger keine Einwände gegen die Ehe seiner Tochter mit einem Afrikaner hatte. Er sagte zu meinem Vater: »Mich interessiert nicht, wo du herkommst, kümmer dich bloß gut um meine Tochter.« Leider starb er noch vor der Geburt seines ersten Enkelkinds.

Nanas Mutter Mary-Jane, 1880 geboren, war als Zwölfjährige mit ihren Eltern, Emma und Henry Robbins, aus Irland nach London gekommen. Emma war Irin und arbeitete in der Kaserne der britischen Armee in Birr, County Offaly, wo Henry als englischer Soldat stationiert war. Ob er seinerseits katholisch war, spielte keine Rolle, es blieb doch eine englisch-irische »Mischehe«, und als solche war sie höchstwahrscheinlich öffentlichen Anfeindungen seitens der irischen Ortsgemeinschaft ausgesetzt, die Emma fortan als Verräterin betrachtet haben muss. In England wiederum grassierte die jahrhundertealte Feindseligkeit gegen Irland, eine Borniertheit, die sich noch bis in die Fünfziger- und Sechzigerjahre hielt. Menschen aus Irland galten als Barbaren, als Affen, als eigene »Rasse«; sie wurden von den Medien lächerlich gemacht, in Karikaturen verspottet und mussten sämtliche Verunglimpfungen ertragen, die ihnen die Briten entgegenschleuderten.

Emma und ihre Tochter Mary-Jane müssen das mit voller Wucht zu spüren bekommen haben, als sie 1892 mit Henry in London eintrafen. Als Nana geboren wurde, ging Mary-Jane vermutlich längst als Engländerin durch. Es assimiliert sich deutlich leichter, wenn man dem Farbschema der Bevölkerungsmehrheit entspricht, sich seinen Akzent abgewöhnt und sich an die kulturellen Werte der Wahlheimat hält. Eine Zeit lang war Mary-Jane als Sortiererin im örtlichen Postamt beschäftigt. Meine Mutter, inzwischen siebenundachtzig, erinnert sich noch, sie als Kind dort besucht zu haben – diese lebendige Erinnerung verbindet sie im Jetzt mit einer Person, die noch im 19. Jahrhundert geboren wurde.

Nanas Vater, Sebastian Burt, war Glasbläser (Thermometermacher) und starb mit dreiunddreißig an berufsbedingten Ursachen. Glasbläserei ist auch heute noch riskant und war es erst recht vor mehr als hundert Jahren. Er war 1877 in St. Giles in Covent

Garden zur Welt gekommen, einem der verrufensten und gefährlichsten Elendsviertel im ganzen Land und heute eine der beliebtesten Shoppingmeilen von London.

Nana ihrerseits wurde ein paar Jahre nach dem Ende des viktorianischen Zeitalters geboren, als die Angehörigen der Working Class, die 80 Prozent der Bevölkerung ausmachten, noch arm und besitzlos waren. Wurde man in diese Gesellschaftsschicht hineingeboren, umfassten die Aussichten damals einen niedrigen Lebens- und Hygienestandard, kaum Bildung und soziale Aufstiegsmöglichkeiten und höchstwahrscheinlich einen frühen Tod. Nana zog ihren Antrieb aus der Hoffnung auf sozialen Aufstieg und interessierte sich kein bisschen für das intellektuelle Streben nach der idealen, klassenfreien Utopie. Politisch konservativ, lebte sie ihren Vorstadttraum, auch wenn ihr der ironischerweise erst durch die sozialistischen Ideale, die sie ablehnte, ermöglicht worden war. Mich erinnert das an manche erfolgreichen People of Colour im heutigen Großbritannien, die über antirassistische Bemühungen und Kampagnen zetern, ohne anzuerkennen, dass sie die Nutznießenden der Anstrengungen ganzer Generationen von Menschen sind, die für ihr Recht auf Erfolg gekämpft haben.

Ich stelle mir vor, dass meine Urgroßmutter Mary-Jane ihrer Tochter dieses Selbstverbesserungsgen vererbt hat. Auf den noch erhaltenen Fotos ist Mary-Jane tatsächlich eine hochattraktive Erscheinung, selbstbewusst, strahlend. Sie sieht nach einer Person aus, die es noch weit bringen will. Nana ihrerseits wollte, dass meine Mutter ein Leben in größerem Wohlstand führte als das, dem sie selbst entkommen war. Und meine Mutter wiederum hat Werte an mich weitergegeben, die es mir ermöglicht haben, ein kreatives Leben zu führen.

Uns allen in Großbritannien werden die subtilen Nuancen und Abstufungen des landesweiten Klassensystems von Geburt an unbewusst eingeimpft, und ich legte schon von klein auf Tendenzen an den Tag, von der Working in die Middle Class zu wechseln. Ich merkte schnell, dass die Letztere auch die bessere war, vor allem als Person of Colour. Wenn die Leute auf Grundlage meines Hauttons negative Vermutungen über mich anstellten, bekamen sie, sobald ich den Mund aufmachte, eine andere Botschaft vermittelt, und die war für mich nur von Vorteil. Schon Nana hatte begriffen, dass es besser war, sich sämtliche Working-Class-Vokale, die sie während ihrer Kindheit im frühen 20. Jahrhundert zu Hause in Islington gehört hatte, wieder abzugewöhnen. Beide durchliefen wir ein ungerechtes, diskriminierendes System mit dem Ziel, »voranzukommen«.

Sprachliches Aufrüsten ist bis heute eine realistische Option für alle, die in unserer nach wie vor klar durchgeschichteten Gesellschaft einem sozialen Rang oberhalb ihrer tatsächlichen Herkunft zugeordnet werden wollen. Sprachliches Abrüsten bleibt denen vorbehalten, die aus den unterschiedlichsten Gründen weniger privilegiert wirken wollen. Das war in den Neunzigern mal kurz in Mode.

Meine Mutter und Nana haben, ihrer vornehmen Haltung gemäß, immer »korrekt« gesprochen, und wir Kinder haben das übernommen. Ich ging sogar noch einen Schritt weiter und fing mit vierzehn an, auch an meiner Ausdrucksweise zu feilen. Dazu kam ich, als ich in einem Theater in Woolwich einen Job als Programmverkäuferin hatte und neben einem Middle-Class-Mädchen in meinem Alter stand, das das Publikum auf dem Weg in den Saal höflich fragte: »Möchten Sie gern ein Programm?« Ich meinerseits fragte immer recht schroff: »Wollen Sie ein Programm?« Mir ging in diesem Moment ein Licht auf. Zum ersten Mal hörte ich den Unterschied.

Die Familie meiner Großmutter bestand aus Menschen, die ihre Platzierung in der Klassenhierarchie verbessern wollten. Sie wollten innerhalb des Systems vorankommen, aber nicht versuchen, seine Mauern einzureißen. Meine Mutter unterschied sich insofern davon, dass sie sich mit meinem Vater in dem Versuch zusammentat, ein diskriminierendes, Ungleichheit förderndes System zu verändern, in dem sie selbst privilegiert gewesen wäre, wenn sie bloß einen weißen Mann aus der Middle Class mit guter Anstellung geheiratet hätte, wie es von ihr erwartet worden war.

Ich weiß, woher mein Vater als Nigerianer seinen Kriegergeist hatte, denn die Nigerianer sind kraftvolle Kämpfer, den Ursprung seiner Großherzigkeit gegenüber seinem Umfeld kenne ich aber nicht. Er hätte auch die Füße stillhalten und sich einfach nur auf sich und seine Familie konzentrieren können, aber das hat er nicht getan. Vielleicht gab es auch in seiner Kindheit und Jugend etwas, das ihn in diese Richtung geführt hat, so wie meine mich darauf vorbereitet hat, einen kreativen Beruf zu ergreifen.

ZWEI

Häuser, Wohnungen, Zimmer, Zuhause

two (Englisch)
tpeġen (Altenglisch)
eji (Yoruba)
a dó (Irisch)
dois (Brasilianisch)

Als Kind missbilligte ich Nanas Missbilligung der Ehe meiner Eltern, in einer Hinsicht aber hat sie sich als prophetisch erwiesen. Als Einzelkind war es meiner Mutter ein Anliegen, selbst eine große Familie zu haben, und am Ende zog sie acht Kinder mit nur sehr wenig Geld groß. Und als wäre es noch nicht genug, dass wir als *Mixed-Race*-Familie in einer fast ausschließlich weißen Gegend lebten, war unser viktorianisches Haus auch noch das größte und ungewöhnlichste der ganzen Straße, wir fielen also gleich doppelt auf. Als Kind hätte ich zu gern in einem kuschligen kleinen Reihenhaus gewohnt, so wie die Doppelhaushälfte meiner Großmutter. Behaglich mit Teppichboden und Tapete entsprach sie ganz dem Vorortideal. Das erste Jahr meines Lebens hatte ich sogar in einem solchen Haus in Eltham verbracht, aber dann wurde es zu klein für die Familie, und 1960 kauften meine Eltern das freistehende Haus in Woolwich für die fürstliche Summe von 1900 Pfund. Es hatte vier Stockwerke, riesige Fenster, in der Mitte eine breite Treppe (mit einem langen Geländer, das es gut aushielt, von acht Kindern als Rutsche und Flugschanze benutzt zu werden), zwölf Zimmer, einen Balkon und drei Eingangstüren, war aber trotzdem sehr heruntergekommen und wurde zum ewigen Renovierungsprojekt.

In den Fluren war irgendwann die Tapete abgekratzt worden, sie hätten dringend einen Anstrich gebraucht, aber bei teilweise sechs Meter hohen Räumen war das schlicht weder mach- noch bezahlbar, und leider sollte es auch noch Jahrzehnte dauern, bis auf alt gemachte Wände in Mode kamen; das Gleiche galt für naturbelassene Bodendielen, wie wir sie im Flur und auf der Treppe hatten, ganz zu schweigen vom Betonboden und den Betonwänden in der Küche, die man heute als Design-Feature in hippen urbanen Lokalen findet. So gesehen waren meine Eltern im Grunde Trendsetter im Interior-Design.

Die Küche lag im Souterrain, auf einer Ebene mit dem Garten und unweit des ehemaligen Kohlenkellers, in dem die vielen, täglich vom Milchmann mit dem Pferdewagen angelieferten Milchflaschen gelagert und die Geburtstagskuchen kühl gehalten wurden, solange meine Eltern sich noch keinen richtigen Kühlschrank leisten konnten. Gegenüber lag das Zimmer, das zum Bad ernannt worden war. Mein Vater hatte irgendwann in den Sechzigern eine Badewanne erstanden, mit dem festen Vorsatz, sie auch einzubauen, aber von diesem Tag an bis zu dem Moment, als er das Haus in den Neunzigern verkaufte, lehnte sie hochkant an der Zimmerwand. Es war uns allen ein Rätsel, warum er sich so sehr davor drückte, sie in Betrieb zu nehmen, erst recht bei dieser großen Familie. Duschen waren damals in Privathaushalten noch nicht üblich, aber wir hatten etliche Waschbecken in verschiedenen Zimmern des Hauses, die wir stattdessen nutzten. Was im Grunde ja auch viel hygienischer war, als sich in einer Badewanne im eigenen Dreck zu suhlen. So was Unzivilisiertes!

Mit der Zeit kam ich zu dem Schluss, dass mein Vater einfach an den Waschgewohnheiten seiner Kindheit festhielt. Da in den ersten Jahren des 20. Jahrhunderts nur wenige Privathäuser in Lagos mit fließendem Wasser versorgt wurden, füllten die Menschen ihre Eimer an der Wasserpumpe oben an der Straße und schleppten sie dann nach Hause zurück, um sich zu waschen. Wir hatten zwei Toiletten, eine draußen, die nicht funktionierte, was aber nicht weiter schlimm war, da wir Kinder sie ohnehin nie benutzt hätten, und eine funktionierende drinnen. Schlange stehen war ein integraler Bestandteil meiner Kindheit, was vielleicht erklärt, warum ich als Erwachsene zur unverbesserlichen Vordränglerin wurde. Bis heute wird kommentiert, wie schnell ich pinkeln kann. Eine Minute, schon bin ich wieder draußen.

Trotz aller Bitten meiner Mutter misstraute mein Vater Handwerkern und Bauarbeitern, wenn es um Reparaturen und Verschönerungen am Haus ging, und brachte sich lieber selbst bei, wie man das machte. Unser Haus ging auf eine schmale Seitengasse hinaus, ein Zaun schützte unsere Privatsphäre. Einmal wachten meine Eltern am Sonntagmorgen auf und erwischten ein paar Jungs dabei, wie sie die Zaunlatten abmontierten. Sie erklärten ungerührt, Feuerholz für die Bonfire Night am 5. November zu brauchen. Mein Vater hielt sie fest und rief die Polizei, die die Eltern der Jungen zwang, den Zaun noch am selben Tag zu ersetzen. Nach dem Vorfall beschloss mein Vater, eine dauerhaftere Grenze zu ziehen und eine Mauer zu bauen, obwohl er kein Maurer war. Er arbeitete so schlecht, dass die Mauer schnell zerfiel und nie wiedererrichtet wurde. Er baute auch eine Garage neben das Haus, bei der er aber das Dach vergaß. 1975 entfernte er mit der Lötlampe den grünen Lack von der Haustür, die groß und verschnörkelt war, mit Rundbogenfenstern. Als er das Haus zwanzig Jahre später verkaufte, hatte er sie immer noch nicht neu gestrichen. Wozu hatte er die Farbe überhaupt entfernt? Irgendwann brach mein Vater zwischen den nackten Dachsparren des Speichers hindurch und landete ein

Stockwerk tiefer. Die vaterförmige Platzwunde in der Decke über dem Treppenansatz wurde zum dauerhaften »Design-Feature«.

Außerdem vertrat er eine gewisse »Nach mir die Sintflut«-Mentalität. Mitsamt dem Haus hatten wir zwei alte Klaviere bekommen, diese ganz speziellen mit angebrachten Kerzenständern aus Messing. Als wir Kinder es leid waren, mit einem Finger »Frère Jacques« darauf zu spielen, beschloss unser Vater, sie zu zerhacken und im Garten zu verbrennen. Und dann natürlich die Bäume, ein regelrechter Obstgarten: jeweils zwei Apfel-, Kirsch- und Pflaumenbäume, dazu Ahornbäume und Eichen, die er alle fällte und ebenfalls verbrannte, als wir zu groß waren, um noch draußen zu spielen. Jeden Sommer wurden wir Geschwister in den wild wuchernden Garten hinausgeschickt, um das kindshohe Gras zu mähen. Dafür benutzten wir Macheten, was heute gar nicht mehr erlaubt wäre. Wir fanden diese Arbeit schrecklich, und als die Fernsehserie *Roots* die Realitäten der Sklaverei in den USA in alle Welt ausstrahlte, beklagten wir uns, wir würden hier behandelt wie die versklavten Menschen damals auf den Plantagen.

Unser Vater hatte offensichtlich vor, das Land irgendwie zu nutzen. Wie, erfuhren wir nie.

Nana fühlte sich vom trauten Heim ihrer einzigen Tochter an all das erinnert, was sie glaubte, längst hinter sich gelassen zu haben. Aber meine Mutter lebte das Leben, für das sie sich selbst entschieden hatte. Und Nana musste die harte Lektion lernen, dass man das spätere Leben seiner Kinder vom Tag ihrer Geburt an planen kann, so viel man will, am Ende werden und müssen sie doch ihr eigenes Leben führen, und man selbst muss alle Kontrolle darüber abgeben. Versucht man, auch das Erwachsenenleben der eigenen Sprösslinge noch zu steuern, bevormundet man sie und schürt nur unnötige Konflikte.

Als Jugendliche war ich häufig bei einer Freundin aus dem Jugendtheater, die in einem wunderschönen Haus in Blackheath wohnte, mit Einfahrt, großer grüner Rasenfläche, nicht einem, sondern gleich zwei Bädern für eine fünfköpfige Familie, kostspieligen Möbeln, Antiquitäten, schimmernden Parkettböden und einem chromglänzenden Kombi vor der Tür. Die anderen Jugendlichen, mit denen ich in der Zeit befreundet war, warteten mit ganz ähnlichen Versionen dieses Lebensstils auf, sie hatten Eltern mit typischen Middle-Class-Berufen wie Arzt oder Architekt. Ich bekam Einblicke in das Leben der anderen – und mit was für anderen Augen ich da plötzlich mein eigenes Elternhaus sah!

Zumindest ein Auto hatten wir, fällt mir jetzt wieder ein: einen gebrauchten Vauxhall Victor, den mein Vater in den Sechzigern gekauft hatte. Weder die fehlenden Zulassungspapiere noch der Umstand, dass er keinen Führerschein besaß und nie auch nur eine Fahrstunde genommen hatte, hielten ihn davon ab, eine Zeit lang damit herumzukurven, bis der Wagen dauerhaft vor der untauglichen Garage zu stehen kam, wo er rostete und auseinanderfiel, um schließlich sein Ende auf dem Schrottplatz zu finden.

In den Sechzigern hatten meine Eltern eine Zeit lang Untermieter, an die ich mich aber kaum erinnern kann. Ein Mann wurde vor die Tür gesetzt, nachdem er sich mit meinem Vater angelegt hatte. Eine Frau musste wieder ausziehen, weil sie ihren Säugling mit Whisky ruhiggestellt hatte, um ihrerseits mit den Soldaten zu saufen, die in Woolwich, einem Armeestützpunkt, stationiert waren. Dann war da noch die fünfzehnköpfige Familie, die bei uns wohnte, weil sie, frisch aus Goa eingetroffen, dringend eine Unterkunft brauchte. Jemand, der wusste, dass meine Eltern Zimmer vermieteten, hatte sie an uns weitervermittelt, und sie standen mitten in der Nacht vor unserer Tür. Meine Mutter wollte ihren

Augen nicht trauen, als diese Prozession aus zwei Eltern und dreizehn Kindern komplett übernächtigt hereinwankte. Das Haus muss unter dem Gewicht so vieler Bewohnerinnen und Bewohner geächzt haben. Die älteren Kinder zogen schon bald aus, aber sieben von ihnen blieben zwei Jahre bei uns und erweiterten unsere zehnköpfige Familie.

Als Kind musste ich mir ein Zimmer teilen, erst mit gleich mehreren Geschwistern in verschiedenen Frühstadien des Empfindungs- und Denkvermögens, der Bewegungsfähigkeit und der Kontrolle über die eigenen Körperfunktionen, und später, als wir größer waren, mit meiner jüngeren Schwester. Als Teenager war ich es leid, mein Reich mit einem anderen Menschen zu teilen – das ließ sich nur ertragen, indem ich eine Art Mini-Diktatur einführte, wie es mir als der Älteren eben zustand. Meine Raumgestaltung, meine Regeln, mein Zimmer. Jedes Anzeichen von Auflehnung seitens meiner Schwester wurde ignoriert. Wieso sollte ich nicht bis spät in die Nacht laut lesen, nur weil sie schlafen wollte? Ich wollte schließlich Schauspielerin werden und genoss es, meine volltönende Theaterstimme die Worte Tennysons, Shakespeares oder Dylan Thomas' deklamieren zu hören. Meine Schwester sah sich veranlasst, regelmäßig die vielen Treppen hinunter zu hasten und sich unter Tränen bei unserer Mutter zu beklagen, sie werde unterdrückt. Sie, unterdrückt? Was war denn dann mit mir, die ich mein Zimmer teilen musste, bis ich achtzehn war?

Dennoch erfüllt mich die Geschichte meines Elternhauses und erst recht die der unbeholfenen Versuche meines Vaters, es aufzumöbeln, schon lange mit Stolz. Es war ein großes, trubeliges, völlig verrücktes Haus, das uns alle sicher in seinen vier Wänden barg. Ich bin froh, dass ich nicht in einem Haus oder einer Familie aufgewachsen bin, wo sich alles allein nach den Regeln der Gesellschaft richtete. Ja, mein Vater war ein strenger Mann von eiserner Disziplin, der nicht wusste, wie er mit seinen Kindern umgehen sollte, aber er war auch ein rebellischer Geist, weil es ihn eben nicht interessierte, was andere von ihm dachten, und meine Mutter war mit Leib und Seele unkonventionell. Nie wurde ich unter Druck gesetzt, einen bestimmten Beruf zu ergreifen, jemanden zu heiraten, der ihren Vorstellungen entsprach, oder auch nur auf die Nachbarn Rücksicht zu nehmen. Und ich wurde auch nie animiert, Kinder zu bekommen und sie pflichtschuldigst zu Großeltern zu machen. Damit wären sie auch nicht weit gekommen.

Nur als ich im Teenageralter unbedingt Schauspielerin werden wollte, regte meine Mutter an, ich solle doch Schreibmaschine lernen, damit ich zur Not als Sekretärin arbeiten könne, falls das andere nichts werden sollte. Man kann sich unschwer vorstellen, was ich davon hielt. Sie sollte allerdings recht behalten, wenn auch nicht ganz so, wie sie damals dachte. Tippen können ist immer sinnvoll, vor allem, seit es überall Computer gibt. Ich beherrsche es bis heute nicht richtig.

Im Wesentlichen bin ich also dankbar, dass ich nicht in einer Familie groß geworden bin, in der ich die unerfüllten Ziele und Wünsche meiner Eltern verwirklichen musste, sondern stattdessen dazu ermuntert wurde, Architektin meines eigenen Erwachsenenlebens zu werden.

Mit achtzehn zog ich von zu Hause aus und zu meinem Freund in ein weiteres großes viktorianisches Haus, das sich allerdings im Norden von London befand. Es handelte sich um eine sogenannte *short-life property*. Solche Immobilien, meist in städtischem Besitz, waren zur Sanierung oder zum Abriss vorgesehen und wurden in der Zwischenzeit billig vermietet, ein Angebot, das in der Regel von jungen Alternativen aufgegriffen wurde. Wir bewohnten das Haus zu fünft, ich kam im Zimmer meines Freundes unter.

Natürlich musste ich mich jetzt selbst finanzieren, aber ich verdiente bereits eigenes Geld, seit ich dreizehn war und Zeitungen austrug, um mir das Taschengeld zu verschaffen, das meine Eltern sich für ihre Kinder nicht leisten konnten. Das hieß, dass ich jeden Morgen eine riesige Tasche voller Papier, die mir quer über dem Oberkörper hing, durch die Gegend wuchten musste. Sonntags, wenn die Zeitungen noch dicker waren, war es eine echte Qual, mich damit ansteigende Straßen hinauf- und hinunterschleppen zu müssen, halsbrecherisch hohe Haustreppen oder die vielen Etagen von Mietshäusern zu erklimmen. Man stelle sich vor, dass die Arbeitsgesetze der Siebziger Kindern erlaubten, Tätigkeiten zu übernehmen, bei denen sie Rückenschäden erleiden konnten, so, wie es mir passiert ist. Dass es sich hier nicht um die Vorstadtversion von Kinderarbeit im Kohlebergbau handelt, ist mir schon klar, aber dennoch!

Seit damals und bis heute bestreite ich meinen Lebensunterhalt selbst und könnte den Gedanken nicht ertragen, von jemand anderem abhängig zu sein oder um Geld bitten zu müssen. Als Schülerin suchte ich nach einem Samstagsjob, indem ich einfach in ein Geschäft oder Kaufhaus ging und fragte, ob ich den Geschäftsführer sprechen könne; damals wurde man noch vom Fleck weg eingestellt, ohne Lebenslauf. Aber obwohl ich sämtliche Einkaufsstraßen in der Umgebung und dazu noch das ganze West End abklapperte, fand ich immer nur Arbeit in der Gastronomie oder in Lagerräumen, wo man mich nicht sah. Anscheinend mein natürlicher Lebensraum. Damals wurden Schwarze oder Menschen mit asiatischen Wurzeln nur selten als Verkaufspersonal im Supermarkt, in Boutiquen oder Kaufhäusern eingesetzt. Wir machten uns einfach nicht gut. Man vergisst so leicht, wie weit wir als Gesellschaft eigentlich schon gekommen sind.

Auch meine Erfahrung als »Fabrikarbeiterin« darf nicht unerwähnt bleiben; ich hatte die Aufgabe, am Fließband Lippenstifte in ihre Hülsen zu stecken. Die Fabrik lag in einem Industriegebiet irgendwo außerhalb von London, ein Minibus sammelte ein Grüppchen von uns vor der Arbeitsvermittlung ein und setzte uns dort auch wieder ab. Das Fließband bewegte sich so schnell, dass es all meine Aufmerksamkeit erforderte, trotzdem war die Arbeit selbst völlig stupide. Ich fand es unerträglich, und nach zwei Stunden trat ich in den Streik, verließ die Fabrik und wartete den halben Tag, bis uns am späten Nachmittag der Bus holen kam. Wie soll ich mein Leben als leidvoll und entbehrungsreich schildern, wenn ich schon an einer Arbeit gescheitert bin, die andere Leute ihr ganzes Berufsleben lang ausüben?

Dann fand ich aber doch noch spannendere Arbeit als Platzanweiserin in einem Theater im West End, was toll war, weil ich jeden Abend die Vorstellung sehen durfte. Am meisten ist mir die Inszenierung *An Evening with Quentin Crisp* in Erinnerung geblieben – ein Abend mit dem legendären schwulen Flaneur, Raconteur und Schriftsteller, dessen geistreiche, hochmanierierte Performance einfach unvergesslich war.

Kaum wohnte ich mit meinem Freund zusammen, zog ich eine Vollzeitstelle in der News Distribution Unit im Bush House an Land, wo der BBC World Service residierte. Ich fühlte mich regelrecht reich, als ich in der Zahlstelle meine erste Lohntüte abholte, prall gefüllt mit Scheinen und Münzen, bis hin zum letzten Penny.

Die Arbeit bestand aus Zwölf-Stunden-Schichten, drei Tage Dienst, drei Tage frei. Mein Arbeitsplatz war ein verqualmtes Büro, in dem ein paar kampferprobte Matriarchinnen das Sagen hatten, die ihren Kaffee mit Wodka und Whisky verlängerten und dauerhaft dort arbeiteten; dazu kamen junge Leute wie ich, die auf ein Studium hinarbeiteten. Wir saßen alle zusammen an einem langen Tisch, plauderten, tranken, lasen Bücher und Zeitungen und warteten darauf, dass die Stenotypistinnen aus der Nachrichtenabteilung nebenan herüber geeilt kamen und uns die abgetippten Meldungen auf langen Bögen Durchschlagpapier brachten. Die vervielfältigten wir dann auf unseren Gestetner-Druckmaschinen und verteilten sie in den zahllosen Etagen und Trakten des Gebäudes, entweder per Rohrpost oder von uns, dem Jungvolk, per Hand ausgeliefert. Ich weiß noch heute, mit welcher Freude ich in diesem weitläufigen, herrschaftlichen Gebäude treppauf und treppab flitzte, immer in meinen geliebten Espadrilles und Latzhosen. Und ich genoss es, zum ersten Mal im Leben von Menschen, hauptsächlich Journalistinnen und Journalisten, aus aller Welt umgeben zu sein – Menschen jeder Schattierung, Kultur, Religion und Hautfarbe, und die Betriebskantine servierte auf Staatskosten internationale Gerichte, die man sonst nirgendwo bekam. Das Bush House war vermutlich der multikulturellste Arbeitsplatz im ganzen Land, womöglich sogar in der ganzen Welt, mit Ausnahme der Vereinten Nationen.

Am Ende jeder Schicht fanden wir uns dann im Mitarbeiterclub im Keller des Gebäudes zusammen und betranken uns, soweit wir nicht eh längst betrunken waren.

Wenn ich jetzt daran zurückdenke, hatte ich es als Achtzehnjährige wirklich leicht. Ich wollte einen Freund und legte mir einen zu; ich brauchte ein Zuhause und konnte gleich einziehen; ich brauchte einen Job und fand ihn. Blieb das Problem, dass mein Freund und ich noch nicht recht in der Nestbauphase waren, aber was kümmerte mich das? Er war der einfachste Weg raus aus meinem Elternhaus. Eine Zeit lang teilten wir uns sein Zimmer in dem Gemeinschaftshaus, bis das Zimmer nebenan frei wurde und ich es mir unter den Nagel riss. Jetzt hatte ich endlich ein Zimmer für mich allein. Mein erstes. Bis dahin hatte ich nicht eine Nacht allein in einem Raum verbracht.

Ich weiß noch gut, wie viel Spaß es mir machte, das Zimmer einzurichten, meine Persönlichkeit in einen Raum hinein zu erweitern, ohne dass gleich jemand nach unten rannte und sich über mich beklagte. Die Wände pflasterte ich mit den typischen Artdéco-Postern zu, wie man sie damals in den Athena-Shops im West End fand, und ich kaufte mir ein Saxofon, das ich auch zu spielen versuchte, das aber insgesamt eher dekorative als andere Zwecke erfüllte, weil es die Bohème-Atmosphäre meines Zimmers verstärkte. Ich machte mir auch eine »Installation« aus leeren Marlboro-Red-Päckchen, die ich vor dem alten Kamin zu Türmen stapelte. Rauchen galt damals noch als cool, und als erwachsene Herrscherin über mein eigenes Königinnenreich hatte ich jetzt auch die Freiheit, mich zu Tode zu qualmen.

Das Tür-an-Tür-Zusammenleben mit dem Freund ging etwa ein Jahr gut, dann verkrachten wir uns, weil ich festgestellt hatte, dass ich auf Frauen stand, und diese These untermauerte, indem ich sie mir nachts aufs Zimmer holte, was ihn sehr verstörte. Ich war übrigens beileibe keine lesbische Verführungskünstlerin. Ich landete einfach nur mit anderen, in meinem Fall eben Frauen, im Bett, wie das so passiert, wenn man jung ist und die Freiheit liebt.

Blieb das Problem, dass ich die Beziehung zum Freund nie offiziell beendet hatte und wir, glaube ich, aus seiner Sicht immer noch zusammen waren. Ich fand das ausgesprochen unvernünftig von ihm. Schließlich war er doch ein Mann, und als frischgebackene Feministin voller Zorn auf das Patriarchat interessierten mich seine Gefühle kein bisschen. Also machte ich einfach Schluss mit ihm, falls man das so nennen kann, indem ich nebenan die Parade meiner Liebhaberinnen aufmarschieren ließ, mich aber weigerte, mit ihm darüber zu reden. Der arme Mann war vermutlich kurz vorm Durchdrehen, so wie ich, wenn ich wieder einmal sein Auge am Schlüsselloch der Verbindungstür zwischen unseren Zimmern entdeckte, während ich gerade Besuch hatte. Wenn ich das Schlüsselloch verklebte, entfernte er umgehend das Klebeband. Als er schließlich fuchsteufelswild die Tür aufriss, während ich gerade zugange war, wurde mir klar, dass es wohl Zeit zum Umziehen war.

Am Tag meines Auszugs, während wir uns gegenseitig ätzendes Gift entgegengeiferten, entschloss er sich, mir die Hände um den Hals zu legen und zuzudrücken. Als er feststellte, dass er zu einem kaltblütigen Mord doch nicht fähig war, half er mir stattdessen beim Gehen, indem er mich samt den Plastiktüten mit meiner irdischen Habe die steile Betontreppe zur Straße hinunterstieß.

Zur körperlichen Gewalt hatte er, sonst ein ruhiger, sanfter und beherrschter Mensch, gegriffen, weil ich ihn nicht nur abgewiesen, sondern auch noch verhöhnt hatte, indem ich meine Liebhaberinnen im Zimmer gleich neben seinem empfing. Lange Zeit habe ich ihn deshalb immer wieder in Schutz genommen, dabei sollten wir häusliche Gewalt niemals verharmlosen. Hätte er mich umgebracht oder mir das Rückgrat gebrochen, bestünde kein Zweifel an seiner Tat. Nur, weil ich glimpflich davongekommen war, konnte ich es hinterher auf die leichte Schulter nehmen. Aber so unverzeihlich sein Verhalten auch gewesen sein mag, meines war es ebenfalls.

In den Jahren seither sind wir uns ein paarmal über den Weg gelaufen und tragen einander nichts nach; 1981 liegt lange zurück.

Ich hatte bereits ein neues Zimmer am anderen Ende der Straße gefunden, das von derselben Wohnungsgenossenschaft betreut wurde, und strich dort alle Wände einschließlich der Decke mit grellroter Lackfarbe – denn hey, warum nicht? Das Haus war eine etwas schäbigere Version meiner bisherigen Unterkunft. Einer meiner Nachbarn verprügelte, wenn er getrunken hatte, immer seine Freundin, die sich dann zu mir ins Zimmer flüchtete und bei abgeschlossener Tür wartete, bis er sich wieder beruhigt hatte, bevor sie zögernd zurück zu ihm nach unten schlich. Ich würde gern glauben, dass ich sie überreden wollte, den Übeltäter zu verlassen, könnte aber nicht beschwören, dass ich das wirklich versucht habe. Damals herrschten eine gewisse Akzeptanz und Resignation gewalttätigen Männern gegenüber.

Frauen und Mädchen wurde Schlimmes angetan, aber gleichzeitig wurde von ihnen erwartet, dass sie sich schweigend damit abfanden. Damals wie heute. Erst später traf ich auf Frauen, die mir anvertrauten, sie seien als Kinder von Familienmitgliedern sexuell missbraucht worden. Für mich war es unvorstellbar, dass Menschen, mit denen man zusammenlebt und die einen doch eigentlich beschützen sollten, so etwas tun können.

Mit siebzehn traf ich eine junge Frau, die eine Gruppenvergewaltigung erlebt hatte, aber nicht fähig war, sie als solche zu benennen. Sie erzählte mir, ihr Freund sei mit ihr aufs Land gefahren, dort seien noch andere Männer gewesen und hätten sie zum Sex genötigt. Sie hatte das Gefühl, das, was ihr angetan worden war, irgendwie selbst mit herbeigeführt zu haben, und war sich unsicher, ob sie wirklich vergewaltigt worden war. Sexuelle Gewalt war damals kaum Thema, und wenn sie es doch einmal in die Medien schaffte, wurde den Leidtragenden häufig vorgeworfen, sich provokant gekleidet zu haben oder betrunken gewesen zu sein. Mit dem Ergebnis, dass viele Frauen sich selbst die Schuld gaben. Ehrlich gesagt bin ich mir gar nicht sicher, ob sich da in den Jahren seither so viel verändert hat.

Als junge, allein lebende Frau war die rein körperliche Sicherheit natürlich ein Thema für mich. Zu einer Zeit, als im Norden Englands der Yorkshire Ripper sein Unwesen trieb und Frauen ermordete, wurde die Bedrohung durch Männergewalt noch sehr viel greifbarer, sobald man aus dem Nachtbus gestiegen war, allein durch die dunkle Straße nach Hause ging oder nach dem Schlüssel kramte, um die Haustür aufzuschließen, und dabei immer wieder über die Schulter schaute, um sicherzugehen, dass niemand hinter einem stand. Eine Bekannte von mir schloss einmal spätabends ihre Haustür auf, als plötzlich ein Mann hinter ihr erschien, sie in den Hausflur schubste und vergewaltigte. Solche Geschichten waren mir eine Warnung, besonders wachsam zu sein.

Ich war immer allein im Dunkeln nach Hause gelaufen, seit ich mit zwölf Jahren beim örtlichen Jugendtheater angefangen hatte, kann mich aber nicht erinnern, dass ich damals Angst gehabt hätte. Vermutlich war ich einfach zu naiv. Das Schlimmste, was mir je passiert ist, war ein Exhibitionist, den ich mit vielleicht vierzehn auf der anderen Straßenseite sah. Ich weiß noch, dass ich mir dachte, wie lächerlich er aussah, war aber doch froh, als ich wieder sicher zurück in meinem Elternhaus war, das mein Vater wie eine Festung bewachte. Dreißig Jahre später ist mir so etwas noch einmal passiert, als ich im Urlaub auf Zypern einen wunderbar verlassenen Küstenweg entdeckt hatte. Ich empfand es als gemeinen Betrug, meine Pläne ändern und auf den belebteren Wegen weitergehen zu müssen.

Ich bin eine große, turnschuhbewehrte Person mit energischem Gang, den ich jedes Mal noch betone, wenn ich mich nachts im Dunkeln angreifbar fühle: wenn mir auf menschenleeren Straßen ein einzelner Mann oder eine Gruppe Männer entgegenkommt oder ich plötzlich jemanden hinter mir höre. Dann ändere ich meine Körpersprache, um Kraft und Stärke zu signalisieren. Oft drehe ich mich auch abrupt um und blicke finster. Manchmal wechselt der Mann hinter mir dann netterweise die Straßenseite. Vielleicht ja aus Angst. Mit Anfang zwanzig half mir mein androgynes Äußeres. Der Vater einer Freundin meinte einmal zu mir, er würde es mit der Angst kriegen, wenn ich ihm nachts im Dunkeln entgegenkäme. Es war nicht als Kompliment gemeint, und ich verstand es auch nicht so. Manchmal kriege ich ja selbst Angst vor mir, wenn ich an einem Schaufenster vorbeikomme und zufällig meine Miene sehe. Mannomann, schaue ich grimmig! Ich weiß noch, wie ich einmal im Flugzeug ein Baby anlächelte, worauf der Vater mir erklärte, ich mache seinem Kind Angst. Schönen Dank auch.

In all den Jahren, die ich alleine lebte, war ich immer hyperwachsam bei jedem Geräusch im Rest des Hauses oder draußen auf der Straße. Eigentlich müsste jede Frau die Freiheit haben, alleine zu leben und sich dabei sicher zu fühlen, aber das ist nicht der Fall. Und doch war das langjährige Alleinleben für die Weiterentwicklung meines Schreibens von unschätzbarem Wert; ich genoss die Freiheit, in meinem ganz eigenen Rhythmus zu schreiben, zu jeder Tages- und Nachtzeit.

Als ich mit meinem Mann zusammenzog, staunte ich, dass er sich über Sicherheitsfragen noch nie Gedanken gemacht hatte. In seinem früheren Haus hatte er nie die Hintertür abgeschlossen, reichlich gewagt für London, wo der nächste Einbruch bestenfalls zehn Meter weiter stattfindet. Ich legte ihm nahe, etwas sicherheitsbewusster zu denken, und sei es nur um meinetwillen. Männer und Frauen bewohnen zwar dieselbe Welt, erleben sie aber ganz unterschiedlich.

Dem Würger entronnen, war mein blutrotes Zimmer wie eine Zuflucht für mich. Ich musste mich vor niemandem mehr rechtfertigen und genoss das ungemein. Ich war in einem Haus aufgewachsen, wo immer andere Menschen um mich herum waren: Sie kamen mir auf der Treppe entgegen, waren schon im Zimmer, wenn ich eintrat, knallten Türen, ließen irgendwo Musik laufen, besetzten das Klo. Obwohl ich nicht völlig alleine lebte – es war ja immer noch ein Gemeinschaftshaus –, kam es mir doch so vor. Zum ersten Mal in meinem Leben machte ich die Erfahrung, einsam zu sein, aber mein Elternhaus vermisste ich trotzdem nicht. Die Unabhängigkeit entsprach mir. Am allerwenigsten vermisste ich meine vier Brüder, die sich am Samstagnachmittag immer im Wohnzimmer fläzten und taktisch um die Wette furzten, wenn ich einen alten Hollywoodfilm schauen wollte und sie das Fußballspiel. Es stank dermaßen, dass man eine Gasmaske gebraucht hätte, um es auszuhalten. So blieben sie immer die Sieger.

1979 fing ich an der Schauspielschule an, aber meine alten Freunde wohnten ebenso weit weg wie die neuen von der Schauspielschule. Ich kam gerade über die Runden und hatte kaum Geld fürs Reisen übrig, nicht einmal quer durch London. Von Handys, SMS oder Posts über das eigene Leben in den Sozialen Medien konnte man nur träumen: Wenn ich mit jemandem sprechen wollte, musste ich die nächste Telefonzelle aufsuchen, und die lag mitunter mehrere Straßen entfernt.

Da ich jetzt, als Vollzeitstudentin, meine Vollzeitstelle bei der

BBC nicht mehr halten konnte, besserte ich den kümmerlichen Zuschuss der Inner London Education Authority, unserer kommunalen Bildungsbehörde, auf, indem ich an den Wochenenden und während der Ferien in einem Burger-Imbiss arbeitete. Als Studentin ernährte ich mich zu Hause hauptsächlich von Bohneneintopf mit geriebenem Käse, in den ich dicke Scheiben dunkles Brot tunkte. So ein Eintopf hielt sich lange, bis er irgendwann in seinem großen Topf auf dem Herd zu gären begann, Blasen warf und giftige Gase absonderte. Der Bohneneintopf explodierte davon zwar nicht, mein Innenleben aber umso mehr.

Seit frühester Kindheit las ich gierig, in der Abgeschiedenheit meines Zimmers aber fing ich an, Gedichte zu schreiben, und entdeckte ein Verhältnis zwischen meinen Gefühlen und der Kraft der Worte, mit denen ich sie poetisch äußerte. Etwa fünf Jahre zuvor hatte ich zwei Gedichte in unserer Schülerzeitung veröffentlicht und kann mit Stolz berichten, dass eins davon sich um die Suffragetten drehte, ich muss also schon früh feministische Vorlieben entwickelt haben. Erst in dieser Phase aber fand ich geistige Nahrung im Lesen von Gedichten und meine persönliche Ausdrucksform darin, sie zu schreiben. Ich gab diese frühen Gedichte niemandem zu lesen, denn ich schrieb sie ja für niemanden als mich, und die Vorstellung, mein Innerstes mit anderen zu teilen, erschreckte mich. Ich öffnete mich nicht leicht in meiner Gefühlswelt, und meine Gedichte waren persönlich, privat.

Fast drei Jahre lang fuhr ich, außer in den Ferien, unter der Woche täglich per Tube und Zug zum Rose Bruford College of Speech and Drama (dem heutigen Rose Bruford College of Theatre and Performance) nach Sidcup, an der Grenze zwischen London und Kent. Die Fahrt dauerte zwei Stunden, aber ich war nicht bereit, näher ans College zu ziehen, weil ich auf keinen Fall in das Vorstadtleben zurückkehren wollte, dem ich doch eben erst entronnen war. Einen Monat nach meinem Abschluss allerdings hielt ich es plötzlich für eine Spitzenidee, zusammen mit einer Freundin nach New Cross zu ziehen, nur zwanzig Zugminuten vom College entfernt. Das Haus gehörte einem älteren Mann, der außerhalb von London lebte und es unter der Bedingung vermietete, dass er selbst ein Zimmer zur gelegentlichen Nutzung behalten konnte. Er tauchte grundsätzlich unangekündigt auf, wann immer ihm danach war. Und wehe uns sexy jungen Dingern, wenn wir dann gerade halbnackt durchs Haus liefen. Als er sich schließlich an meine Freundin ranmachte, die nicht das leiseste Interesse hatte, wurde die Atmosphäre im Haus zunehmend unbehaglich. Wir waren uns beide einig, dass sich ein solches Verhalten für einen anständigen Vermieter nicht gehörte.

Als ich sein widerliches Kommen und Gehen mehr als überhatte, bezog ich im Norden Londons mehrere Wohnungen in Folge zur Zwischenmiete. Inzwischen war ich Mitinhaberin des Theatre of Black Women, schrieb Stücke für die Truppe und spielte auch selbst. Die Zeit zwischen den Inszenierungszuschüssen verschiedener Kunstförderorganisationen überbrückte ich mit Arbeitslosengeld und forderte meinen Unterhalt vom Staat ein. Damals musste man noch wöchentlich beim Arbeitsamt, dem Unemployment Benefit Office, antreten und sich »eintragen«, um so seine grundsätzliche Verfügbarkeit für Arbeitsangebote unter Beweis zu stellen, obwohl man natürlich nichts weniger wollte, als irgendeine grässliche Stelle vom Arbeitsamt angeboten zu kriegen.

Trotz der unsteten Einkommenssituation spielte ich nie auch nur mit dem Gedanken, die Theaterarbeit aufzugeben; das war meine Leidenschaft, und ihr musste ich nachgehen. Die Vorstellung, mich mit einer Hypothek zu belasten, stieß mich ab. Ich stellte mir vor, wie ich einen Bürojob annehmen müsste, um sie abzubezahlen, eine Arbeit, die mir unerträglich war. Nach allen Regeln der melodramatischen Kunst malte ich mir aus, wie ich durch die Routine emotional abstumpfen würde, wie meine Fantasie gemeuchelt, mein freier Geist gefangen gesetzt, mein Traum unerfüllt bleiben würde. Da wollte ich doch lieber arm sein, was sich bestens traf, denn das war ich ja.

Und so zog ich umher, jedes Jahr ein neues Umfeld, ich wurde zur regelrechten Wechselwohnerin, teils freiwillig, teils aus der Not heraus. Irgendwann machte es mich geradezu unruhig, wenn ich zu lang am selben Ort blieb. Das Abenteuer immer neuer Wohnungen gefiel mir. Hätte ich eine schöne Wohnung in Notting Hill geerbt, wie sie eine Freundin von mir zum Studienabschluss geschenkt bekam, dann hätte ich dort vielleicht bleiben wollen. Andererseits wäre ich dann womöglich nie Autorin geworden oder nicht die Autorin, die ich geworden bin, ich hätte wohl nicht denselben Drive gehabt, wäre nicht so produktiv gewesen. Nie schrieb ich aus einem Gefühl der finanziellen Sicherheit oder emotionalen Zufriedenheit heraus und auch nicht von einem festen Wohnsitz aus. Wenn man ständig umzieht, muss man geistig beweglich sein und sich rasch mit neuen Lebensumständen arrangieren. Durch meine häufigen Wohnungswechsel war ich gezwungen, mich von meinen geistigen Fähigkeiten leiten zu lassen, und das, sagte ich mir, konnte meiner Kreativität nicht schaden.

In Islington hauste ich in schäbigen alten Gebäuden, die kurz vor dem Abriss standen – in Wohnungen oder einzelnen Zimmern. Für unser Theater mussten wir oft Transporter mieten, mit denen wir dann auch mich in meine häufig wechselnden Domizile verfrachteten, obwohl ich kaum Möbel besaß. Oft zog ich freitags in ein verlottertes neues Zwischenquartier und hatte es am Montag schon neu gestrichen. Ein Futon fungierte als Bett und Sofa zugleich. Die Kleider kamen in Kisten. Bretter und Backsteine wurden zu Bücherregalen. An die Wände kamen ein paar Poster, ein aufgebockter alter Tisch, den ich beim Trödler gekauft hatte, diente mir als Schreibtisch und ließ sich gut genug zusammenklappen, um leicht transportiert zu werden. Ich bildete mir einiges darauf ein, dass ich den Rest meiner bescheidenen Habe – Kleidung, Bücher, Bettzeug, Küchenutensilien – in wenigen schwarzen Mülltüten verstaut bekam.

Dumm nur, dass ich mir die Mitbewohner an vielen dieser Orte nicht aussuchen konnte: Fremde, größtenteils Männer und manche davon aggressiv, bedrohlich, übergriffig.

Einmal musste ich mir das Haus mit einem Mann teilen, der die ganze Nacht laut Musik hörte und sich weigerte, sie leiser zu drehen. Die Bodendielen vibrierten ebenso wie mein Brustkorb, während ich irgendwie Schlaf zu finden versuchte und dabei sein Ableben mittels einer Guillotine plante. Er bewohnte die beiden Zimmer unter mir und hatte es irgendwie gedeichselt, dass er auch noch das Dachzimmer über mir nutzen konnte. Damals kam man mit allem Möglichen durch. Manchmal drehte er die laute Musik in allen Zimmern gleichzeitig auf. Ich kam zu dem Schluss, dass er mich wohl loswerden wollte, um die beiden oberen Etagen des Hauses ganz zu übernehmen – sein eigenes Privatreich. Am Tag meines Auszugs hinterließen meine Freundinnen und ich ihm als Abschiedsgeschenk Graffiti-Kunst mit dickem schwarzem Filzstift an allen Wänden der beiden Zimmer, die ich bewohnt hatte.

Und wieder in einer anderen Wohnung, diese im ersten Stock, hatte der Nachbar unter mir, ein Mann mittleren Alters, die Angewohnheit, lauthals im gemeinsamen Hausflur herumzupöbeln, wenn er betrunken war. Manchmal erklomm er dann auch die Stufen zu meiner Wohnung, hämmerte an den Glaseinsatz meiner Tür und drohte, ihn einzuschlagen. Tagsüber, wenn er nüchtern war, wirkte er einsam und verloren, nachts wurde er zum Nachtmahr, und ich fürchtete mich genauso sehr davor, zur Haustür hereinzukommen, während er dort randalierte, wie davor, in meiner Wohnung zu hocken und zu hoffen, dass die Scheibe standhielt. Meine Freundinnen besuchten mich erst gar nicht mehr, um ihm nicht bei seinen besoffenen Patrouillen durch den Hausflur zu begegnen, wenn sie zu mir wollten oder wieder gingen.

Als ich in eine Dachwohnung zog, zu der man mehrere Treppen hinauf musste, wähnte ich mich in Sicherheit, bis ich eines Tages zu dem offenen Fenster schaute, durch das ich so gern ein Viereck des nie gleichen Londoner Himmels betrachtete, und einen halbwüchsigen Jungen auf dem Dachsims sah. Erst war er erschrocken, dann wurde er wütend und starrte mich an, als wäre *ich* der Eindringling. Vermutlich jemand aus der Nachbarschaft, der wendig wie eine Katze übers Dach bis zu meiner Wohnung geklettert war, wohl in der Absicht, sie zu plündern.

Ab Anfang dreißig, als meine Theaterzeit hinter mir lag und ich mich ganz aufs Schreiben konzentrierte, suchte ich mir anspruchslose Teilzeitstellen, in der Regel an zwei Tagen die Woche, denn freie Zeit zum Schreiben war meine erste Priorität. Damals war ich ganz besessen davon, mein Buch *Lara* zu schreiben, und es fiel mir wirklich schwer, mich davon loszueisen. Ich arbeitete für ein Fotografinnen-Festival, ein Bereich, von dem ich nicht die geringste Ahnung hatte, aber ich hatte mich eingearbeitet, um beim

Bewerbungsgespräch glänzen zu können. Das übrige Team ließ mich gewähren, obwohl ich offensichtlich völlig überfordert war. Außerdem arbeitete ich, obwohl ich so schlecht tippen konnte, als Bürokraft für eine kleine Unternehmensberatung und für eine Theaterproduktion.

Tatsächlich waren solche Nebenjobs, bei denen ich an meinen Schreibprojekten arbeiten konnte, perfekt für mich. In einer dieser Firmen arbeitete ich, sobald ich allein im Büro war, an *Lara*, anstatt meinen Admin-Aufgaben nachzugehen. Computer konnten damals noch nicht viel, aber ich lernte schnell, wie ich vom Manuskript zur Arbeit schalten konnte, wenn mein Chef hereinkam. Und wenn er doch einmal richtig sauer wurde, weil ich ihm die gewünschten Daten wieder nicht rechtzeitig geliefert hatte, zog ich am nächsten Tag einen kurzen Rock zur Arbeit an und konnte zusehen, wie die Wut ihn verließ. Es war nicht einmal ein richtiger Minirock, er endete bloß drei Zentimeter über dem Knie, ganz subtil. Wenn mein Chef dann ins Büro kam, um mich zu tadeln, weil ich meine Pflichten vernachlässigte, brauchte er bloß meine Beine zu sehen, schon war er von ihnen überwältigt, und sein Ärger verflüchtigte sich.

Wir Frauen merken immer, worauf Männer ihre Aufmerksamkeit richten, selbst wenn sie nicht ahnen, dass wir alles längst gecheckt haben. Und als gute Feministin war es schließlich meine Pflicht, seine patriarchale Faszination für bestimmte Teile des weiblichen Körpers zu entlarven, indem ich sie zu meinem Vorteil nutzte und damit das Kräfteverhältnis wieder ausglich. Oder?

Als ich 1996 nach Notting Hill zog, ein Viertel, das ich liebte, seit ich noch als Teenager in die damals heruntergekommene, bohèmehafte Portobello Road pilgerte, um Räucherstäbchen, Pampasgras und Patchwork-Latzhosen zu kaufen, glaubte ich, angekommen zu sein. Natürlich wohnte ich auch dort nur zur Untermiete, in einer Wohnung, deren offizielle Mieterin ins Ausland gezogen war. Und nach sechs Jahren wurde mein kleines Paradies zerstört, weil der Sohn, der als Kind in der Wohnung gelebt hatte, nach Großbritannien zurückkam und fand, es sei sein Recht, sie auch jetzt wieder zu bewohnen. Seine Mutter hatte ihm zwar erklärt, dass ich ihre Untermieterin und die Wohnung folglich nicht frei sei, aber er und sein bekloppter Vater, der gleich um die Ecke wohnte, sahen das anders. Sie verfolgten mich abends, klopften an die Fenster, brüllten mich an, ich solle verschwinden. Und ignorierten dabei die Tatsache, dass meine Miete einen Teil zum Lebensunterhalt seiner Mutter und seiner jüngeren Geschwister im Ausland beitrug, derselben Mutter, die ihn anflehte, mich endlich in Ruhe zu lassen.

Eines Tages kam ich nach Hause, fand das Schloss aufgebrochen und sah ihn gerade noch hinten aus dem Fenster verschwinden. Ich rief die Polizei und forderte zwei furchtlose Freundinnen als Bodyguards an. Auf keinen Fall würde er mich aus meinem Zuhause vertreiben. Ich blieb, und die Dinge beruhigten sich wieder, allerdings nur kurz. Der zweite Einbruch war deutlich waghalsiger. Während ich zwei Wochen auf Lesereise war, zog er mitsamt seinen Möbeln in mein Wohnzimmer und verfrachtete all meine Habseligkeiten in die beiden hinteren Zimmer. Von ihm selbst fehlte jede Spur. Meine Freundinnen blieben bei mir, bis ich mir eine andere Unterkunft organisiert hatte; ich war dieser rücksichtslosen Hartnäckigkeit einfach nicht gewachsen. Er blieb der Sieger. Ich war damals zweiundvierzig, er ein neunzehnjähriger kleiner Scheißkerl. Als gute Christin, die ich nicht bin, wünschte ich ihm noch lange danach nur das Beste – beim Schmoren in der Hölle.

In den Jahren, die ich mit Mitte zwanzig mit der Durchgeknallten Domina verbrachte, hatte ich keinen Ärger mit Männern, aber unterm Strich war sie das größere Arschloch als alle Männer zusammen. (Immer mit der Ruhe, zu ihr kommen wir noch.)

Mein letzter Bürojob im eigentlichen Sinn war der bei Spread the Word, der Londoner Agentur zur Förderung angehender Autorinnen und Autoren, die ich 1995 zusammen mit Ruth Borthwick gegründet habe. Nachdem ich vier Jahre lang in einem Büro Literaturprojekte entwickelt und verwaltet hatte, stand ich vor dem Dilemma, mich weiterhin mit Teilzeit-Verwaltungsjobs durchzuschlagen und mich mit einer halbgaren Schreibkarriere zu begnügen oder als Vollzeitautorin unaufhaltsam zu werden. Ich beschloss, dass es Zeit war zu gehen, und reichte, ohne Ersparnisse oder ein finanzielles Sicherheitsnetz, zum Ende des nächsten Halbjahrs meine Kündigung ein. Es war ein riskanter Schritt, aber mir war klar, dass ich ihn machen musste. Ich fühlte mich ausgesprochen wagemutig, bekam aber bald schon stechende Schmerzen in der Brust und hatte solche Angst, herzkrank zu sein, dass ich mich nicht zum Arzt traute, der das womöglich bestätigt hätte.

Trotzdem vertraute ich fest auf den Spruch »Spring und die Engel werden dich tragen«, und so kam es auch – Verträge wurden mir angeboten, ich bekam meinen ersten Vorschuss von Penguin. Die »Herzkrankheit« verschwand wie von Zauberhand und zeigte sich nie wieder. Mit über vierzig hatte ich auf einmal das, was man so hochtrabend als »Portfoliokarriere« bezeichnet und was letztlich nur heißt, verschiedene Verdienstquellen unter einen Hut zu bringen. Hin und wieder flossen auch Stipendien und dotierte Preise in die Rechnung ein. Ich fühlte mich freischwebend und bereute es nie, meine einzige zuverlässige Einkommensquelle aufgegeben zu haben, auch nicht, wenn das Geld einmal knapp war. Ich war es gewöhnt, am Jahresanfang nicht zu wissen, womit ich mein Geld verdienen sollte, aber darauf zu vertrauen, dass es schon gutgehen würde. So lebte ich, bis ich Dozentin an der Londoner Brunel University wurde. Irgendwie tauchte im Lauf des Jahres immer Arbeit auf, die mir das finanzielle Überleben sicherte.

Bis heute fehlt mir das Leben in Notting Hill, mit dem Hyde Park und lauter tollen Bars und Restaurants um die Ecke. Alle besuchten mich liebend gern dort; ich war selten so gefragt. Ich hielt das Viertel für meine Seelenheimat – ja, so anmaßend war ich damals. Dabei hatte ich einfach Glück gehabt, über so viele Jahre so zentral in London zu wohnen. Heutige Kreative müssen, sofern sie nicht richtig gut bezahlt werden, in die Randbezirke ausweichen oder ganz aus der Hauptstadt wegziehen. Ich verdiente nicht viel, fand aber immer billige Alternativen zum gängigen Wohnungsmarkt, die besagten *short-life*-Immobilien, Wohnungsgenossenschaften und Untermietverhältnisse. Und wenn ich doch einmal offiziell mieten musste, war das gerade noch erschwinglich, obwohl die Miete oft drei Viertel meines Einkommens verschlang. Viel schlimmer fand ich, dass zur üblichen Ausstattung herkömmlicher Mietwohnungen magnolienfarbene Wände und beigefarbener Teppichboden gehörten, das genaue Gegenteil meines eigenen Geschmacks, und man als nichtswürdige Mieterin keine Nägel in die Wand schlagen darf, was es doch sehr erschwert, das eigene Heim mit Kunstwerken persönlich zu gestalten, obwohl wir hier, wie inzwischen klar geworden sein dürfte, keineswegs von Damien Hirst, Tracey Emin oder Chris Ofili reden. An solchen Orten, von denen ich einige bewohnt habe, wird man ständig daran erinnert, dass man zwar dort lebt, es aber ganz sicher kein Zuhause ist.

Auch Brixton, wo ich in den Neunzigern wohnte, fehlt mir nach wie vor in all seiner Verrücktheit und Gesetzlosigkeit. Wegen der hohen Kriminalitätsrate war es sehr verrufen, aber ich habe mich dort immer völlig sicher gefühlt, weil ich den Eindruck hatte, dass die Straßengangs sich vor allem aufeinander konzentrierten. Islington, wo ich in den Achtzigern verschiedene Unterkünfte hatte, war deutlich heruntergekommener, bevor es im Zuge der Gentrifizierung mit Straßencafés und edlen kleinen Boutiquen aufgehübscht wurde. In Kilburn, wo ich an insgesamt drei Orten lebte, war die Wandlung nicht ganz so radikal; die High Street dort sieht im Grunde noch genauso aus wie in den Siebzigern, als ich das erste Mal dort hinzog.

Als Autorin ist London für mich eine Muse, meine Verbindung zu dieser Stadt geht tief und wurde dadurch, dass ich in so vielen Bezirken gelebt habe, nur noch gefördert. Mein ganzes Erwachsenenleben habe ich damit verbracht, mit jedem denkbaren Transportmittel, inklusive der eigenen zwei Beine, durch London zu sausen und alles in mich aufzunehmen. Schon ein flüchtiger Blick in meine Bücher offenbart die Präsenz von London in vielfältiger Form: heutig, historisch, neu gedacht als Paralleluniversum. Meine Beziehung zur Hauptstadt hat mich durch die vielen Wohnungen, die ich in ihr bewohnt habe, gewaltig inspiriert. Und obwohl sich mein Schreiben weit über die Stadt hinaus gedehnt hat, purzeln meine Gedanken doch jedes Mal, wenn eine Figur dort leben soll, zurück an all die Orte, an denen ich gelebt habe, in all die Gegenden, die ich so gut kenne, und machen sie zum Ausgangspunkt für die Wohnungen meiner Figuren.

Aber wie es eben ist, nutzte sich auch das nomadische Leben allmählich ab. Die Unbeständigkeit ermüdete mich genauso, wie ständig damit zu rechnen, dass ein Brief, ein Anruf oder eine Mail mich anwies, die Räumlichkeiten wieder zu verlassen. Ich war zwar nicht mit einer Hypothek belastet, dafür aber Vermietern ausgeliefert. Kein Bürojob schränkte mich ein, also hatte ich die Freiheit, arm zu sein, trotz meines reichen kreativen Lebens.

Mit Mitte dreißig entstand in mir die Sehnsucht nach einem Ort, der mir gehörte, ich kaufte mir Lifestyle-Magazine, um dem nachzuschmachten, was ich selbst nicht besaß. Nicht die bodenständigen Wohnungen in den reizlosesten Londoner Bezirken bevölkerten meine Träume, auch nicht die kleinen Vorstadthäuser, die ich mir sowieso nicht im Ansatz leisten konnte; stattdessen waren es die geräumigen umgebauten Scheunen, die New Yorker Lofts in alten Lagerhäusern mit hohen Decken, die weitläufigen Küstenvillen irgendwo in den Tropen.

Mit Anfang vierzig fiel mir auf, dass ich, wenn ich mit anderen Menschen meines Alters zusammensaß, häufig die Einzige ohne Wohneigentum war; ich war zwar die Autorin in ihren Reihen, die Bücher veröffentlichte, hatte aber sonst bei sämtlichen gesellschaftlichen Initiationsriten versagt, die sie allesamt erfüllt hatten: feste Partnerschaft, Kinder, ordentliches Gehalt, Wohnbesitz, Rentenversicherung – in unterschiedlicher Reihenfolge, je nach persönlicher Priorität. Das meiste davon war auch nie mein Ziel gewesen, aber umgeben von Menschen, die ein behagliches Leben führten und eifrig an der Sicherung ihrer Zukunft arbeiteten, fiel es schwer, keine Vergleiche anzustellen, ungeachtet der Tatsache, dass ich alles Konventionelle immer hartnäckig abgelehnt hatte und mich folglich nicht beklagen durfte. In meinem Fall hatten die kreativen Lebensentscheidungen zu Peripetie und Prekariat geführt, was natürlich für manch andere nicht so ist. Jetzt war ich plötzlich nicht mehr jung, und der Gedanke an ein Haus, eine Rente und eine

Hypothek schien mir auf einmal reizvoll, genau wie der an eine feste Partnerschaft.

Es gab sogar eine Phase, in der ich Kinder wollte, allerdings fiel sie in die Zeit meines Lebens, als sich meine arg dezimierten Eizellen schon durch die letzten Zuckungen ihres Fruchtbarkeitstanzes quälten. Wenn ich auf Open-Air-Festivals bezaubernde Knirpse mit wilden Haaren und verrückten Klamotten herumrennen sah, spürte ich den ein oder anderen leichten Kinderwunschstich. Ich fragte mich, ob ich wohl etwas verpasste, aber letztlich fühlte es sich doch eher an wie die Sehnsucht nach einem Lifestyle-Accessoire und nicht wie der ernsthafte Wunsch, eigene Kinder großzuziehen.

Bis dahin hatte ich nie auch nur im Entferntesten an Kinder gedacht. Als Teenager grauste mir schon bei der Vorstellung des körperlichen Aktes des Gebärens. Mein Becken sei viel zu schmal, sagte ich mir, und ein Baby, das versuchte, sich seinen Weg hindurch zu bahnen, würde es garantiert sprengen. Ganz zu schweigen von den Schmerzen, die Frauen brüllen ließen, als würden sie von tausend Messern durchbohrt.

Außerdem hatte ich erlebt, wie meine Mutter sich um ihre Kinder sorgte, als wir allmählich in die Pubertät kamen. Ich kann mich lebhaft daran erinnern, wie sie abends am vorderen Fenster stand und wartete, dass der- oder diejenige von uns, die diesmal spät dran war, um die Ecke bog: eine einsame Gestalt im Licht der Straßenlaternen, auf dem Weg nach Hause – heil und unversehrt.

Durch meine große Familie hatte ich die Verantwortung und das Unvorhersehbare am Elternsein hautnah mitbekommen und konnte mir schlichtweg nicht vorstellen, meine Freiheit der Verpflichtung zu opfern, die es bedeutet, ein Kind großzuziehen, denn das hätte ja geheißen, mich und mein Ich in der Hierarchie meines

Lebens hintanzustellen und meine Kunst auf den zweiten Platz zu verbannen, denn an erster Stelle hätte sicherlich immer das Kind zu kommen.

Viele Frauen aus meinem Umfeld hatten den Beruf gewechselt, um sich um die Kinder zu kümmern, das kreative Leben gegen eine solidere Tätigkeit und eine Hypothek eingetauscht. Bei manchen gingen die Männer arbeiten, und sie blieben zu Hause. Bei anderen arbeiteten beide Elternteile, aber die Frauen schulterten dazu noch sämtliche unbezahlten Haushalts- und Kindererziehungspflichten. Solche Geschichten kennen wir alle.

Statt Mutter zu werden, wurde ich Tante und Patin, zwei Rollen, die ich sehr liebe. Und ich bezeichne mich selbst als kinder-*frei*, nicht als kinder*los*, denn dieses Wort impliziert ein Scheitern daran, meine Rolle als Frau zu erfüllen, und nicht die aktive Entscheidung gegen Kinder.

Zwischen vierzig und fünfzig zog ich noch fünfmal um, nach meinem fünfzigsten Geburtstag noch zweimal, und mit fünfundfünfzig halste ich mir schließlich doch und mit großer Freude eine Hypothek auf, fast vierzig Jahre, nachdem ich bei meinen Eltern ausgezogen war.

Derweil konnte durch all die Umzüge meine Kreativität immer weiter und weiter fließen, und ich schrieb und schrieb und schrieb. Ich war unaufhaltsam in meinem künstlerischen Schaffen geworden. Meine Lebensgrundlagen und -bedingungen waren, ebenso wie meine Entscheidungen rund ums Geld, eine Verpflichtung an meine Kreativität, die ich über alles stellte – und es hat funktioniert.

Das Schreiben wurde mein Zimmer für mich allein; es wurde mein ewiges Zuhause.

DREI

*Frauen und Männer,
die kamen und gingen*

three (Englisch)
þrēo (Altenglisch)
mẹta (Yoruba)
a trí (Irisch)
três (Brasilianisch)

Mein künstlerisches Leben ist unentwirrbar mit meinen romantischen Verbindungen mit anderen Menschen verstrickt, Menschen, für die ich ganze Gefühlsreservoire eingelagert und literweise Tränen vergossen habe. Früher hat mich das Verlangen nach der Person, die gerade das Objekt meiner romantischen Begierde war, regelmäßig in meinem ganzen Sein aufgezehrt. Meine tieferen Gefühle wurden erst dadurch geweckt, dass ich mich zu anderen Menschen hingezogen fühlte. Bis dahin glitt ich, scheint mir, einfach auf der Oberfläche meiner Gefühle dahin und hatte keine Ahnung, wie tief ich empfinden konnte, oder wurde mir dessen zumindest erst bewusst, wenn ich mich verliebte. War es eine Liebe auf Entfernung oder eine unerwiderte Liebe, stürzte mich das noch tiefer hinab in die unterirdischen Abgründe der Sehnsucht. Diese Leidenschaft, dieser Zustand hypersensibler Überspanntheit, wurde insofern zum Antrieb meines Schreibens, als ich nie eine kopflastige Autorin werden wollte, deren Werk zwar intellektuell fruchtbar, emotional aber eine Wüste ist. Ich wollte eine Autorin sein, die ihr Publikum auf einer tiefen Ebene erreicht – die die Kraft zu berühren hat, zu bewegen –, und nie empfand ich selber mehr, als wenn ich in einer Beziehung war oder in einer sein wollte.

Romantische Liebe. Beiläufiger Sex. Hoffnungsloses Verliebtsein. Flüchtige Affären. Echte Beziehungen. All diese Erfahrungen haben dazu beigetragen, mich zu der Person und Autorin zu machen, die ich geworden bin und für die das Entscheidende immer das Streben nach Freiheit war: Freiheit, ständig umzuziehen, Freiheit von einem konventionellen Beruf, Freiheit, den Launen meiner Sexualität zu folgen, Freiheit, von einer Begegnung zur nächsten zu wechseln, Freiheit, experimentelle Romane zu schreiben. Selbst wenn meine Freiheit einmal ernsthaft beschnitten wurde, so geschehen in einer Beziehung, in die ich zwischen Mitte zwanzig und Anfang dreißig geriet, befreite ich mich daraus und gestaltete mein Leben wieder so, wie ich es haben wollte.

Als Teenager stand ich auf Jungs, aber die Jungs standen nicht sonderlich auf mich, was bei einer jungen Schwarzen respektive *mixed-race* Frau, die in den Siebzigern in einem weißen Umfeld aufwächst und nicht einmal hübsch ist, kaum wundert. Damals fühlte es sich an, als hätte ich ganze Äonen mit der hoffnungslosen Sehnsucht nach einem Freund verbracht, im Rückblick waren es aber bloß ein paar Jahre, was in Kinderjahren natürlich trotzdem Jahrhunderten gleichkommt. Alle Mädchen, die ich kannte, waren kulturell darauf konditioniert, sich einen Freund zu wünschen, das stand für Reife und Ansehen, es machte uns begehrenswert, und unser Teenagerleben war folglich erst komplett, wenn wir einen erbeutet hatten. Diejenigen, die sich diesem Ziel nicht verschrieben, weil sie vielleicht kein Interesse hatten oder lesbische Sehnsüchte hegten, behielten das für sich.

Ich kann mich erinnern, mit dreizehn, bei der Geburtstagsparty einer Schulfreundin, auf dem Sofa mit einem Jungen geknutscht zu haben, einem Wildfremden, was mir, dankenswerterweise nur kurz, den Ruf einbrachte, »leicht zu haben« zu sein, sich aber nicht bis zur »Schlampe« steigerte – die Bezeichnung blieb einer Mitschülerin vorbehalten, die im selben Alter ihre Unschuld an einen Sechsundzwanzigjährigen verlor, obwohl wir sie zugleich für diese Leistung bewunderten. Wir hatten keine Vorstellung davon, wie jung wir im größeren Lebenszusammenhang noch waren und wie leicht das jemand ausnutzen konnte. In meiner Jugendtheaterzeit war ich einmal in einen der Schauspieler verknallt, die uns Unterricht gaben, und ich weiß noch, wie ich, damals vierzehn, bei einer Premierenparty auf der Tanzfläche zu ihm ging und ihn fragte: »*Voulez-vous coucher avec moi ce soir?*« Zum Glück war er nicht pädophil veranlagt, und wäre er es doch gewesen, ich hätte ganz sicher nicht damit umgehen können. Bis heute ist mir das entsetzlich peinlich. Als ich ihn vor ein paar Jahren einmal zufällig traf, überlegte ich die ganze Zeit fieberhaft, ob er sich wohl noch an meine Anmache von 1974 erinnerte.

In dem Jahr, als ich sechzehn wurde, bekam ich auf einer Party »einen ab«, und beim Rummachen fragte er mich, ob er weitergehen dürfe, was ich abschlägig beantwortete. Ich war zu diesem Zeitpunkt noch ein verhältnismäßig braves katholisches Mädchen. Dann war da noch der attraktive Schauspieler Mitte zwanzig, der mich zu einem Date ausführte, für mich quasi das große Los, und während ich in einem Pub an der Charing Cross Road an meinem Bier mit Limo nippte und ihn anhimmelte, wie man das als Mädchen aus den Frauenzeitschriften lernte, erkundigte er sich ganz höflich, ob ich mit ihm schlafen würde. Die Antwort lautete nein; ich hörte nie wieder etwas von ihm.

Schließlich, noch mit sechzehn, erreichte ich das erwünschte Ziel – einen Freund, der ein Jahr älter war als ich und in den ich mich anfangs vor allem wegen seines verführerischen »Schlafzimmerblicks« verknallt hatte. Wir zogen ein gutes Jahr zusammen herum, dann trennte er sich von mir, weil ich erneut die Zustimmung zum Geschlechtsverkehr verweigert hatte. Ich war eindeutig auf dem besten Weg ins Kloster. Zum Glück waren alle Vorstöße, mich meiner Unschuld zu entledigen, respektvolle Fragen, bei denen meine Entscheidung akzeptiert wurde, und keine brutalen Forderungen, bei denen das nicht der Fall gewesen wäre. Mir graut, wenn ich mir vorstelle, unter welchem Druck Mädchen diesen Alters heute stehen, in einem kulturellen Umfeld, in dem die zugänglichste Sexualkunde aus Online-Pornografie besteht.

Heutzutage müssen junge Frauen sich die Schamhaare entfernen, die ihnen gerade erst gewachsen sind, und diesen Bereich damit in einen Zustand zurückversetzen, der auf verstörende Weise an vorpubertäre Kinder erinnert. Nicht ganz meine Vorstellung von weiblicher Emanzipation. Vom Landing Strip zum Kahlschlag in nur einer Generation, dazu die ganzen Scherereien mit der Haarentfernung an der empfindlichsten Stelle des Körpers. Ich habe großes Mitgefühl mit den heutigen jungen Frauen, die glauben, diesen schwer zumutbaren neuen ästhetischen Ansprüchen genügen zu müssen. Zum Glück gab es in meiner Generation nicht einmal den Landing Strip, und natürlicher Wildwuchs war ganz normal.

In Fragen der Körperhygiene waren die jugendlichen Männer, die ich damals kannte, das Gegenprogramm zu den parfümierten und frisierten, geschniegelten und gestriegelten Augenbrauenzupfern von heute. Ein Freund weigerte sich aus Prinzip, sich morgens die Zähne zu putzen, was ich mir nur mit infantiler Teenagerrebellion erklären kann. Wenn wir uns dann nachmittags oder abends trafen, roch er aus dem Mund, und beim Küssen fühlte es sich an, als wären seine Zähne von einer Schimmelschicht bedeckt. Damit war er keineswegs allein. Ich habe höchst unschöne Erinnerungen daran, Jungs geküsst zu haben, die an Urviecher erinnerten, weil sie noch nach dem abgestandenen Bier vom Vortag stanken und ihre Zunge entweder pelzig war oder schleimig von klebriger Galle.

Meine persönlichen Zwanziger verbrachte ich in lesbischen Beziehungen, bis ich die Dreißiger wieder als Heterosexuelle einläutete. Zum ersten Mal stellte ich meine Sexualität in Frage, als ich in der News Distribution Unit der BBC anfing und mitbekam, dass manche der älteren Journalistinnen mit mir flirteten, was ich, nachdem mir klar geworden war, dass es sich um mehr als bloße Freundlichkeit handelte, erregend fand. Ich überlegte, ob ich vielleicht bisexuell sein könnte; darüber hatte ich vorher nie nachgedacht. Ich hätte es auch dabei belassen können, aber jetzt war ich angestachelt und gestattete meinen Gefühlen, sich zu entfalten, ohne mich um gesellschaftliche Ächtung zu scheren. Mit neunzehn war ich bereits fest entschlossen, ein alternatives Leben zu führen. In dem unkonventionellen Haushalt, in dem ich aufgewachsen war, hatte ich gelernt, meine Außenseiterinnenrolle mit Stolz zu tragen. Das Gefühl, von der weißen Mehrheitskultur meines Landes an den Rand gedrängt zu werden, führte mich dazu, sie meinerseits abzulehnen. Wenn ihr nicht mit mir spielen wollt, dann spiel ich eben auch nicht mit euch.

Ein lesbisches Paar mittleren Alters nahm sich der leicht verwirrten Neunzehnjährigen an, die sich über ihre Sexualität im Unklaren war: hetero eindeutig nicht, aber war ich nun lesbisch oder bi? Damals in der Steinzeit war das tendenziell noch eine Frage von Entweder-oder. Jede junge Lesbe sollte so ein älteres Paar haben, das sich um sie kümmert, während sie versucht, sich in einer heteronormativen Gesellschaft, in deren Öffentlichkeit praktisch keine lesbischen Vorbilder zu finden sind, über die eigene Sexualität klar zu werden. Ich verbrachte viele Wochenenden in ihrem gemütlichen Heim, wo ich mich umsorgt fühlte und bestens verköstigt wurde, zu einer Zeit, als ich selbst kaum genug Geld für Essen und Heizkosten hatte, und ihren kleinkriminellen Heldinnentaten lauschte.

Damals, in den Achtzigern, waren Lesben und Feministinnen in den rechtsgerichteten Medien offenem Spott und Zorn ausgesetzt. In diesem Grundklima galten Frauen und Lesben of Colour als die verachtenswerteste Personengruppe der ganzen Welt. Die Gesellschaft als Ganzes war ohnehin ein höchst ungastlicher Ort für Homosexuelle, ungeachtet ihrer Herkunft, denn das von Margaret Thatcher eingeführte »Clause 28«-Gesetz untersagte die »Förderung« von Homosexualität durch offizielle Stellen und warf die Bewegung damit um Längen zurück, indem es sämtliche Unterstützungsnetzwerke für homosexuelle Menschen vernichtete. Diese wiederum waren zugleich der kompletten Bandbreite von Verfolgungen ausgesetzt, von der beiläufigen Mikroaggression bis hin zu ausgewachsener körperlicher Gewalt und Mord.

Aber natürlich befeuert nichts die innere Amazone so sehr wie das Gefühl, ausgestoßen zu sein. Manche der jungen Lesben, die ich kannte, hielten sich aus lauter Gründen, die wir uns unschwer denken können, mit ihrem Coming-Out zurück, schlichen sich nur nachts heimlich hinaus, um in schummrig beleuchteten Clubs mit anderen Frauen zu tanzen. Zu ihnen zählte ich nicht. Ich war die ultimative Lesbe. Ich trug alle Abzeichen. Ich trug den androgynen Look, der damals fast etwas von einer Uniform hatte. Ich ging zu jeder Demo. Ich rockte die ganze lesbische Identität und war fest überzeugt, dass meine sexuelle Orientierung in Stein gemeißelt war. Meine innere Hellseherin prophezeite mir, ich würde bis an mein Lebensende lesbisch sein, und wenn es jemand wagte, mir gegenüber anzudeuten, das sei doch nur eine Phase, wurde ich fuchsteufelswild. Was erlaubten die sich? Was wussten die schon? Ein offen lesbisches Leben war nicht die leichteste Option, aber die einzige, die ich vertreten konnte, ohne mich zu verraten. Homosexualität galt in vielen Köpfen als Krankheit, als Sünde, als Persönlichkeitsstörung, aufs Scheußlichste wider die Natur, eine moralische Straftat, und tatsächlich war sie vor den Augen des Gesetzes bis 1967 bei Männern auch noch eine echte Straftat. Wenn mich jemand fragt, ob die Zeiten besser geworden seien, gebe ich immer dieselbe Antwort: aber sicher!

Als junge Frau, die ihren Spaß haben wollte, lief ich nicht Gefahr, schwanger zu werden, und es war auch recht unwahrscheinlich, mir eine Geschlechtskrankheit einzuhandeln oder von der Tragödie AIDS heimgesucht zu werden, die sich damals gerade in der Frühphase ihres tödlichen Feldzugs befand. Heute könnte ich mir keinen One-Night-Stand mehr vorstellen: mich nackt vor einer wildfremden Person zeigen, nur um des flüchtigen Genusses willen? Zwangsläufig verknallte ich mich, manchmal in ältere Frauen, die nicht weiter interessiert waren, und so brach ich sicher ein paar Herzen, kam aber auch selbst nicht ungeschoren davon. Manchmal ließ mich ein Schwarm am langen Arm verhungern, was ich rückblickend durchaus verdient hatte, es bildet in der Gesamtschau ein gutes Gegengewicht zu meiner etwas sehr lässigen Haltung manchen Frauen gegenüber, mit denen ich schlief und die in unsere Vereinigung oft mehr hineininterpretierten als ich. Und dann war da natürlich noch die Frau, die ich eines Nachts nach dem Tanzen mit auf mein Zimmer nahm, nur war ich leider so betrunken, dass ich sie buchstäblich vollkotzte, während wir gerade zugange waren. Ich habe das nie vergessen und sie bestimmt auch nicht. Sie war erst achtzehn, ich war ihre Erste und womöglich auch die Letzte. Zu meiner Verteidigung muss ich sagen, dass ich selbst erst zwanzig war.

✳

Die große Liebe meiner lesbischen Jahre war zugleich meine erste große Liebe überhaupt. X war Holländerin und neun Jahre älter als ich. Beide hatten wir Frauentheatertruppen gegründet, ich in London, sie in Amsterdam, wo wir uns auch kennenlernten, auf der Abschlussfeier eines Frauentheaterfestivals, bei dem ich wenige Monate nach Abschluss der Schauspielschule einen Auftritt hatte. Am Tag zuvor war ich in Amsterdam auf einem Flohmarkt gewesen und hatte mir eine schwarze Kellnerjacke, eine schwarze Reithose, schwarze Stiefel, ein rundes Brillengestell ohne Gläser und eine antike silberne Zigarettenspitze gekauft. Ich war groß und schmal, mit kurzen Haaren, die ich blau und rosa gefärbt hatte, und ich trug Lippenstift, was ich sonst nie tat. »Lesbisch, *camp* und heiß« oder »albern kostümiert«, je nachdem. In diesem Fall offenbar Ersteres, denn X schob sich neben mich und flüsterte mir ins Ohr, ich sei wunderschön. Mehr brauchte es nicht.

Daraus entwickelte sich eine Fernbeziehung, bei der wir abwechselnd in die Stadt der anderen reisten und die Zeit dazwischen überbrückten, indem wir einander die romantischsten Briefe schrieben. Diese Briefe, die wir beide aufgehoben haben, bergen den Beweis für die Intensität unserer Gefühle. Das Gedächtnis ist ein wankelmütiger Geselle, aber die Korrespondenz zwischen X und mir spricht die Wahrheit über unsere Liebe. Die Briefe nach so langer Zeit wieder zu lesen bringt mir in Erinnerung, wie wichtig diese Beziehung für mich war. Es ist das eine, die Liebe zu einem anderen Menschen mündlich zu bekunden, aber etwas völlig anderes, mehrere tausend Wörter niederzuschreiben, die ausdrücken, was man einander bedeutet, und so entstand ein schriftliches Zeugnis der Beziehung.

X offenbarte sich in ihren Briefen ebenso wie im persönlichen Kontakt, und ihre Offenheit weckte den Wunsch in mir, meine eigenen fest verriegelten Bollwerke abzubauen, auch wenn mir das nicht vollständig gelang. Ich war eine verhärtete Schwarze Londonerin, aufgewachsen in einer Gesellschaft, die mich als Außenseiterin betrachtete, während sie sich als weiße Niederländerin optisch in das mehrheitlich weiße Umfeld ihres Herkunftslandes einfügte. In einem Brief schrieb sie mir: »Verletzlich sein ist etwas Gutes, Bernie. Bitte hab keine Angst vor Deinen eigenen Gefühlen, sei einfach stolz auf Dich, Du bist es nämlich absolut wert!«

Sie war immer empfänglich dafür, sich meine Erfahrungen und Sichtweisen als Schwarze Frau anzuhören und offene, konstruktive Gespräche auf Augenhöhe über Rassismus mit mir zu führen, worüber sie nur wenig wusste, weil sie sonst kaum andere Schwarze Menschen kannte und keinen Einblick in Schwarze Kulturen hatte. Aber solche Gespräche nahmen längst nicht den Großteil unserer gemeinsamen Zeit ein. Ich hatte mit meinen weißen Partnerinnen und Partnern nie Probleme, im Gegensatz zu anderen befreundeten Schwarzen, deren Beziehungen zu Weißen voller Missverständnisse und kultureller Konflikte steckten. Und ich empfand auch die Niederlande in keinster Weise als beklemmend. Ich kann mich nur an einen rassistischen Vorfall erinnern, der sich ereignete, als wir auf der niederländischen Nordseeinsel Texel Urlaub machten. Als X und ich aus einem Café kamen, hielt ein Mann ihr die Tür auf und ließ sie dann demonstrativ zufallen, bevor ich hindurchgehen konnte. Das habe ich nicht vergessen, auch wenn es auf der Rassismusskala zu den eher gemäßigten Ereignissen gehört.

X war reifer als ich, das gefiel mir. Ich hatte das Gefühl, von ihr etwas über das Leben lernen zu können. Sie war sanft, sensibel, voll tiefgründiger Gedanken und Mitgefühl. Wir teilten die Liebe zum Theater und zur Literatur und verbrachten viele Stunden mit Lesen und Herumgammeln in ihrer schicken Loftwohnung mit weißen Wänden und weißem Boden, die erstaunlicherweise Teil einer genehmigten Hausbesetzung war und nur eine kurze Fahrradstrecke vom Zentrum entfernt lag.

Amsterdam war eine romantische Stadt, liberal und Homosexuellen gegenüber aufgeschlossen. Ich genoss es sehr, in den atmosphärischen, typisch europäischen Cafés mit ihren holzverkleideten Wänden und Buntglasfenstern zu sitzen; dort konnte man sich einen Kaffee bestellen, der frisch gemahlen wurde, während man zusah, und draußen auf dem Gehweg sitzen, ganz nah an den Grachten. Sehr anders als London, dessen Cafékultur sich damals noch auf Instantkaffee und enge Lokale mit fettverklebten Wänden, Resopaltischen und löchrigen Gardinen beschränkte.

Auch von den lesbischen Frauen in der Stadt war ich schwer beeindruckt, aus meiner Sicht lauter glorreiche Göttinnen, genau wie X: Groß, mit wikingerhaft-nordischem Äußeren, trugen sie Biker-Lederjacken und -hosen oder stylten sich mehr auf *camp* – in Frisur und Smokingjacke ganz nach dem Vorbild von Radclyffe Hall. Sie hatten sich die perfekte coole Lesben-Szene geschaffen, allerdings war diese Szene komplett weiß, und ich fühlte mich oft ein wenig befangen als einzige Person of Colour im Raum. Die Londoner Szene war um einiges diverser.

In der ersten Zeit unserer Beziehung schwirrte mir der Gedanke im Kopf herum, nach Amsterdam zu ziehen, aber das hätte bedeutet, mein Theater aufzugeben, und das Gleiche hätte auch sie tun müssen, wenn sie nach London gezogen wäre. Es war einfach nicht machbar, ohne dass wir aufgaben, worauf sich unsere berufliche Laufbahn gründete. Und dazu war keine von uns bereit.

Als junge Frau auf der Suche nach sich selbst ließ mir unsere Beziehung Raum zum Atmen, und ich konnte mein persönliches Ökosystem aus Kreativität, Sex, Liebe und freiem Lebensstil weiter pflegen – das Zusammenspiel ließ alle Bereiche erblühen. X zeigte mir, dass ich jemanden lieben und diese Liebe zu gleichen Teilen erwidert finden konnte. Unsere Beziehung verwurzelte mich tiefer in all dem, was ich in dieser Welt noch sein konnte, als Liebhaberin genauso wie als aufstrebende Autorin – das Schreiben war ja unser Rettungsanker in der Zeit, die wir getrennt waren. Auslandstelefonate waren damals unerschwinglich teuer.

Jede Zeit, die ich nicht mit X verbrachte, war eine Zeit der Sehnsucht nach ihr, während ich gleichzeitig in der Theaterarbeit mit meiner Truppe und meinem Sozialleben in London aufging. Im Wettstreit von Arbeit und Spaß hatte die Arbeit immer Vorrang, ein Muster, das mir bis heute erhalten geblieben ist.

Wahrscheinlich wurde die Beziehung für mich zur Selbstverständlichkeit, weil ich noch so jung war, weil sie mir einfach in den Schoß gefallen war und auch nie der Prüfung standzuhalten brauchte, dass wir beide in derselben Stadt gelebt oder zusammengewohnt hätten. Sie existierte einfach für eine bestimmte Zeitspanne, in ihrem ganz eigenen Raum. An irgendeinem Punkt muss aber in jeder Fernbeziehung der nächste Schritt gemacht werden, damit sie weiterbestehen kann, und eine der beiden Beteiligten muss den geographischen Abstand überwinden, weil der Sache sonst die Luft ausgeht. Nach zweieinhalb Jahren wurde auch unsere Beziehung allmählich brüchig, und es war an der Zeit, dass unsere Wege sich trennten.

Nachdem meine Beziehung sich totgelaufen hatte, machte ich mich auf die Suche nach neuen Abenteuern, und die fand ich auch, aber sowas von – mit Der Durchgeknallten Domina (DDD) und einer Geschichte, die sich nicht so sehr als Liebes-, sondern vielmehr als Leidensaffäre entpuppte. Von einem liebevollen Verhältnis geriet ich in eine Machtbeziehung.

Bevor ich dieses kleine Dramapanorama in aller Ausführlichkeit aufrolle, bleibt noch die Zeit zwischen dem Ende mit X und der Begegnung mit DDD, mit etlichen Liebeleien, die alle zu nichts führten. Ich muss zu meiner Schande gestehen, dass ich mich bei einer Frau, mit der es immerhin ein Weilchen ging, nicht mal mehr an den Namen erinnere. Bei einem One-Night-Stand ist das ja noch verständlich, aber doch nicht, wenn man angeblich »zusammen« ist. Öfter, als mir lieb war, fing ich mit jemandem etwas an und fragte mich hinterher, warum eigentlich, wo es doch so gar nicht passte.

Dann kam der Auftritt der Durchgeknallten Domina. Sie war doppelt so alt wie ich. Es war das Jahr 1985, ich war fünfundzwanzig. Wir lernten uns kennen, als ich mit einer Inszenierung des Theatre of Black Women zu einem Gastspiel außerhalb von London war und hinterher mit den Schauspielerinnen und der Technikcrew zur Entspannung eine Lesbenbar stürmten. DDD setzte sich zu uns an den Tisch und sorgte mit ihrem derben Humor schnell dafür, dass wir uns alle vor Lachen bogen. Jemand wie sie war mir noch nie begegnet – eine wahrhaft überlebensgroße Gestalt. Als sie mich nach der Sperrstunde zu sich einlud, fühlte ich mich geschmeichelt, kam der Aufforderung bereitwillig nach und blieb das ganze Wochenende. Einige Zeit später erzählte sie mir, eigentlich hätte sie es ja auf die Inspizientin abgesehen – attraktiver, größere Brüste –, aber die sei nicht interessiert gewesen. Schön zu wissen, dass ich nur die zweite Wahl war. Trotzdem hatte ich mir, als das Wochenende vorbei war, erfolgreich eingeredet, ich sei verliebt.

Ihr Haus war so feucht, muffig und seelenlos, dass es mir als Warnzeichen hätte dienen können. Viel zu spät erfuhr ich, dass sie die Hypothek längst nicht mehr bezahlen konnte und das Haus bald darauf an die Bank zurückfallen sollte. Kaum eine Woche danach zog sie in meine Londoner Bude. Ich glaubte, sie tue das aus Liebe zu mir, und nicht, weil sie dringend ein kostenloses Dach über dem Kopf brauchte. Kurz nachdem wir uns kennengelernt hatten, transportierte sie ein Auto über mehrere hundert Kilometer nach London, als Überraschung für mich. Es war eine Rostlaube, ein echter Schrottwagen, den sie vermutlich irgendwo vom Autofriedhof geholt hatte, aber ich empfand es trotzdem als romantische Geste. Ich weiß, wie blöd kann man sein? Ich hatte nicht mal den Führerschein, und das war vermutlich auch besser so.

Ihre Theaterkarriere lag in den letzten Zügen, aber hin und wieder trat sie noch als Alleinunterhalterin in britischen Kasernen auf – mich immer im Schlepptau. Die sechzehnjährigen Soldaten umschwärmten sie als eine Art Ersatzmutter, deren Geplänkel mit Kraftausdrücken gewürzt war, wofür sie sie gleich noch mehr anhimmelten. Mummy war knuffelig, aber auch eine echte Kodderschnauze – das ganz große Los!

Sie wetterte ständig dagegen, im Rampenlicht zu stehen, beziehungsweise im »Schlampenlicht«, wie sie es nannte, vorgebracht mit aller zischelnden Giftigkeit einer Zeichentrickfilmschlange. Menschen mit Erfolg seien moralisch fragwürdig, man könne sie nur verachten, sie hätten ihre Seelen an den Teufel verschachert. Noch ein Warnzeichen, dem ich keine Beachtung schenkte. Es wäre sicher ratsam gewesen, sich von einer Person fernzuhalten, die ehrgeizige Ziele verachtete. Als Feministin hätte ich doch eigentlich für Frauen, vor allem Schwarze Frauen, kämpfen, Erfolg haben, mir Gehör verschaffen müssen. Es hätte mein Ziel sein müssen, mir ein größeres Stück vom Kuchen zu sichern, anstatt auf ihm herumzutrampeln. Damals fehlte es mir an der Weitsicht zu begreifen, dass DDD, vom eigenen glücklosen Schicksal enttäuscht, jetzt denjenigen grollte, die erreichten, was sie sich mehr als alles andere wünschte: Geld, Ruhm, Ansehen. Stattdessen fuhr sie ein billiges Auto und lebte in einer – meiner – Sozialwohnung, auch wenn es sich um eine gemütliche Dachwohnung an einem Platz in Islington handelte, wo sonst nur edwardianische Stadthäuser in Privatbesitz standen. Nicht gerade eine Sozialsiedlung an der South Side von Chicago oder in South Central L. A.

Ein paar Jahre nach unserer Trennung mietete sie sich einen Rolls-Royce, kurvte damit durch London und schaute auch bei meinem Vater vorbei, der mir getreulich davon berichtete. Was vermutlich der ganze Sinn der Übung war.

Als wir uns kennenlernten, schrieb ich schon nicht mehr für das Theater, sondern kümmerte mich als Geschäftsführerin um die Truppe und verfasste nebenher Gedichte. Schreiben konnte ich aber nur spätnachts, wenn DDD schlafen gegangen war, denn war sie wach, redete sie ununterbrochen. Ich konnte nicht mal mehr denken, geschweige denn schreiben. Wenn ich doch einmal ein Gedicht zu notieren versuchte, während sie wach war, beschwerte sie sich, ich würde ihr nicht genügend Aufmerksamkeit widmen, obwohl wir die ganze Zeit zusammen waren.

Nachdem ich schon alle früheren Warnzeichen der Unvereinbarkeit ignoriert hatte, hielt ich es nun auch für normal, mit einer dauermonologisierenden Frau zusammen zu sein, die ihre Überlegenheit mir gegenüber rasch geltend gemacht hatte; sie war der Boss in unserer Verbindung, es war ihre Pflicht, mir mitzuteilen, wo ich in meinem Leben, meinen Gedanken, meinen Freundschaften, meinen Berufskontakten und allem anderen, was mich betraf, falsch lag. Ich war ein ahnungsloses Kind, das ihre Führung brauchte, zu meinem eigenen Besten, versteht sich. Als Entschädigung durfte ich mit einer Frau zusammen sein, die mir treu ergeben war, mir ihre gesamte Aufmerksamkeit schenkte und dabei all meine Freundinnen und Freunde verscheuchte und dafür sorgte, dass ich meine Eltern nie ohne sie sah. Selbst Gespräche mit anderen mussten von ihr abgesegnet werden, und so machte sie mich buchstäblich mundtot, wenn sie mir »den Blick« zuwarf, mit dem sie mich zum Schweigen verdonnerte, bis dieser Blick irgendwann gar nicht mehr nötig war, weil ich selbst wusste, dass ich besser den Mund hielt.

DDD versicherte mir unablässig, wir stünden gemeinsam im Kampf gegen eine feindselige Welt. Sie sei dazu da, mich vor den widrigen Kräften der Gesellschaft zu schützen, die es auf mich abgesehen hätten, deshalb durfte ich, wenn wir verreisen wollten oder tatsächlich verreisten, was oft geschah, auch niemandem erzählen, wo wir gewesen waren oder hinwollten; *die* würden sonst Wege finden, uns daran zu hindern. »Die Wände haben Ohren«, sagte sie immer und meinte das ganz ernst. Also, wirklich richtig ernst: Wenn wir nicht zu Hause waren, mussten wir immer flüstern, weil, nun ja, die Wände eben Ohren hatten. Falls sich das verrückt anhört – das war es auch.

✳

Da saß ich also, spätnachts auf dem Sofa im Wohnzimmer, über den Couchtisch gebeugt und im Zwiegespräch mit mir selbst, schrieb meine Gedichte nieder und hörte Musik auf dem guten alten Plattenspieler, auf dem sich gute alte LPs und Singles drehten (die damals noch kein bisschen alt, wenn auch sehr gut waren). Aus den Fünfzigern kündete Kathleen Ferriers eindringliche Altstimme von einer Gefühlstiefe, die meine eigene wieder hervorlockte. Aus den Sechzigern brachte Édith Piafs melodramatisches Vibrato das Zimmer stürmisch zum Vibrieren, während sie auf Französisch davon sang, nichts zu bedauern, ein faszinierendes Konzept für mich, weil ich selbst in dieser Phase ganz vom Bedauern über meine Kindheit erfüllt war, um die ich, wie ich glaubte, gebracht worden war. Aus den Siebzigern sang Nina Simone schwermütig davon, wie ihr Vater ihr versprochen hatte, sie werde eines Tages in Frankreich leben, was mich zum Weinen brachte, weil mein Vater mir nichts dergleichen je versprochen hatte.

Beim Schreiben rauchte ich eine Marlboro Red nach der anderen, denn wenn man sich schon zum schrittweisen Selbstmord mittels Nikotin entschlossen hat, kann man auch die Sorte wählen, die für kernige Cowboys steht. Ein, zwei Jahre lang trank ich am liebsten Whisky, in den ich häufig noch zuckrigen Drambuie mischte, denn Whisky allein haut ja bekanntlich längst noch nicht richtig rein.

Die Worte flossen nie leicht aus mir heraus, deshalb trank ich, um die Verstopfung zu lösen – Alkohol als emotionales Abführmittel. Es war ein subtiler Balanceakt, genug zu trinken, um etwas zu Papier zu bringen, aber nicht so viel, dass ich womöglich das Papier verfehlte. Am nächsten Morgen würde ich dann sehen, ob ich nur unleserliches Chaos produziert hatte, Worte, die als trunkenes, kleckriges Geschreibsel quer über die Seiten des Notizbuchs bis auf die Tischplatte wankten, oder ob ich womöglich doch etwas Verheißungsvolleres erschaffen hatte – das Rohmaterial für ein Gedicht vielleicht, das sich zu etwas Besonderem formen ließ? Meine Lyrik sollte bewegend sein, vorzugsweise tragisch. Wenn ich ganz ehrlich bin, wollte ich, dass meine Gedichte vor allem mich emotional aufrüttelten und meiner Seele Nahrung gaben. Man könnte wohl von einer leichten Neigung zum Autokannibalismus sprechen.

Im Schreiben trat ich mit meinen tiefsten Gefühlen in Kontakt, auch wenn ich schon bald aufhörte, über mich selbst zu schreiben, und stattdessen über Familie schrieb und über afrikanische Geschichte, seit ich endlich erfahren hatte, dass es sie gab. Die offizielle imperialistische Sprachregelung zu Afrika lautete damals, es habe gar keine nennenswerte Geschichte vorzuweisen, bevor die Europäer es entdeckt hätten. Ich war dabei, mir klarzumachen, dass die Konzepte, von denen mein Bild von Afrika bestimmt war, nur in der kollektiven Fantasie Europas existierten, und las viel über die großen afrikanischen Zivilisationen, um mir selbst ein korrigiertes kulturelles Fundament zu schaffen.

Lyrik war das Mittel, mit dem ich mein neues Wissen, meine neuen Erkenntnisse verarbeitete. Es schien mir wichtig, mir mein kulturelles Erwachen in Fleisch und Blut übergehen zu lassen, es in der Lyrik einer Metamorphose zu unterziehen, etwas Neues daraus zu schaffen und es so für mich zu beanspruchen.

Einige meiner frühen Gedichte wurden in Anthologien aufgenommen, aber mir wäre nicht im Traum eingefallen, dass ich einmal ein eigenes Buch schreiben könnte. Der Wunsch nach Veröffentlichung war nicht das, was mich antrieb. Lyrik war mein Hobby, aber eines von der Sorte, ohne die man nicht leben kann, wie Sauerstoff.

Anfangs war DDD die größte Befürworterin meines Schreibens

und geizte nicht mit Lob. Muss ich erwähnen, dass mir das runterging wie Öl? Natürlich hielt ich ihr kritisches Urteilsvermögen für grandios, ungeachtet dessen, dass sie vermutlich zuletzt in der Schulzeit überhaupt ein Gedicht gelesen hatte. Schon bald brauchte ich ihre Bestätigung für ein Gedicht, damit es mir selbst zusagte. Und weil mir diese Bestätigung auf dem Silbertablett serviert wurde, nahm ich sie als selbstverständlich hin und merkte gar nicht, wie ich in die Abhängigkeit geriet.

Einmal sollte eine Anthologie, die auch einige Gedichte von mir enthielt, in einer Lesung vor Publikum präsentiert werden. DDD redete mir ein, sie müsse die Lesung übernehmen, weil sie meine Gedichte viel besser vortragen könne als ich, und bestand darauf, auf der Bühne neben mir zu sitzen. Und weil ich ein totaler Schwachkopf war und gar nicht auf die Idee kam, ihr zu widersprechen, erlaubte ich es ihr. Dabei hatte sie meine Gedichte noch nie laut vorgelesen. Ich saß da und ertrug die stumme Missbilligung der anderen Dichterinnen und Dichter auf der Bühne, die naturgemäß wenig davon hielten, dass sie diesen Raum für sich beanspruchte. Als die Reihe an mich beziehungsweise sie kam, war ihr Vortrag absolut übertrieben und ging auch noch weit über die zugebilligte Zeit hinaus, was in Lyrikkreisen an ein Verbrechen grenzt. Die anderen auf der Bühne hüstelten, das Publikum schaute auf die Uhr, allgemeine Unruhe machte sich breit. Im Gegensatz zu ihr lasen die übrigen Dichterinnen und Dichter ganz normal, als hätten sie die Worte selbst verfasst und als wäre es ihnen ernst damit, was ja auch der Fall war. Ich saß da, kam mir vor wie die letzte Idiotin und wirkte vermutlich auch so. Meine Worte, meine Kunst, meine Hingabe, meine Arbeit, meine Lyrik – mir entrissen und letztlich auch entwertet, weil sie sich ihrer bemächtigt hatte. Aber selbst das war mir noch nicht genug, um mich aus der Beziehung zurückzuziehen. Die Samen des Zweifels ließen zwar bereits erste Triebe sehen, aber ich merzte sie alle aus, bevor sie weiter wachsen konnten.

Irgendwann wurde mir klar, dass ich genügend Gedichte beisammen hatte, um etwas damit anzufangen, und mir kam der Gedanke, es könnten vielleicht auch genug für ein Buch sein. DDD sprach sich gegen mein Vorhaben aus, das Manuskript an Verlage zu schicken. *Wir* dürften *denen* doch nicht meine Texte überlassen, zeterte sie – wobei *die* grundsätzlich alle einschloss, die nicht *wir* waren. Und *wir* wiederum waren Schwarze Frauen, genauer gesagt aber nur sie und ich, denn wir waren die einzigen Schwarzen Frauen, die wirklich zählten. Sie schlug mir vor, sie könne die Gedichte doch veröffentlichen, und ließ sich dabei vom völligen Mangel jeglicher Erfahrung und Expertise im Lesen, Interpretieren und Herausgeben von Lyrik nicht weiter stören. Ich gestalte das Cover, erklärte sie, wie man das so tut, wenn man über keinerlei künstlerische oder gestalterische Fähigkeiten verfügt. Wir lassen alles im Kopierladen binden und verkaufen es dann auf der Straße aus dem Koffer, dann können wir das ganze Geld für uns behalten. Wir lassen *die* doch keinen Profit aus unseren Gedichten schlagen! *Unsere* Gedichte?

Was das anging, konnte sie immerhin schon eine gewisse Bilanz vorweisen. Nachdem ich das Theatre of Black Women dichtgemacht hatte, waren wir gemeinsam mit dem Auto – und meinen Ersparnissen – durch Europa gereist, hatten so billig wie möglich von Gemüse, Bohnen und Brot gelebt und manchmal sogar im Auto geschlafen. Sie wurde gemeinhin für meine Mutter gehalten, und weil es einfacher war, spielten wir das Spielchen mit.

Irgendwann kam sie auf die Idee, unsere schwindenden Finanzen mit Straßenmusik aufzubessern, was wir in Südspanien dann in die Tat umsetzten. Sie sang, ich ging mit dem Hut herum. Sie klang zwar nicht wie Aretha Franklin, sah aber so aus und kam damit durch. Ich war froh, im Ausland zu sein, wo uns niemand kannte. Inzwischen trugen wir identische Jogginganzüge und Turnschuhe, was ich, bevor wir zusammenkamen, gleich in doppelter Hinsicht als ästhetisches Vergehen betrachtet hätte.

Zurück in London und völlig abgebrannt, überredete sie mich, Schmuck zu basteln, ein Hobby aus jüngeren Jahren, den wir auf den Straßen rund um die Dalston Junction in Hackney oder vor dem Brixton Market aus dem Koffer verkauften, immer auf dem Sprung, falls die Polizei auftauchte. Es war das Jahr 1990. Ich war jetzt Straßenverkäuferin von Beruf, so wie meine Großmutter in Nigeria. Ich war dreißig Jahre alt.

Wenn Leute vorbeikamen, die mich noch aus meiner Theaterzeit kannten, wäre ich am liebsten auf den nächstbesten Bus nach Euston aufgesprungen. Sie musterten mich prüfend, wollten wissen, was zum Teufel ich da trieb. Ich wusste nicht, was ich ihnen sagen sollte. Die Beziehung war inzwischen längst zum Konfliktherd verkommen. Nach außen hin gab ich weiter die gehorsame Partnerin, wurde aber zunehmend rebellisch. DDD war fest entschlossen, mich brav und folgsam aufs Wort an ihrer Seite zu halten. Eine erste Buchveröffentlichung hätte für die Beziehung ein Risiko dargestellt, mich womöglich ihrer Kontrolle entzogen.

Auf unseren Auslandsreisen hatte ich gemerkt, dass ich mich wieder zu Männern hingezogen fühlte. Es geschah ganz allmählich, fiel mir kaum auf, aber der Teil von mir, der sie ausgesperrt hatte, fing wieder an, sich ihnen zu öffnen. AF war ein russisch-jüdischer Auswanderer, der in den USA lebte und auf dem türkischen Campingplatz Station machte, auf dem wir damals lebten. Wir hatten uns ein bisschen mit ihm angefreundet, und ich flirtete heimlich mit ihm. Eines Abends erzählte ich DDD, ich wolle mit ihm und seinen Freunden tanzen gehen. Was hatte ich mir bloß dabei gedacht? Ihre zornige Reaktion bestand darin, dass sie mich noch am selben Abend in unserem Zelt verprügelte, was ich stumm über mich ergehen ließ, weil wir nur Stoffwände hatten und die benachbarten Zelte keine zwei Meter entfernt standen. Es war das erste Mal, dass sie mich schlug, und ich wehrte mich nicht. Ich war kein Raubein, sie war viel größer und kräftiger als ich und ihr rechter Haken vernichtend.

Später kam AF vorbei, um mich abzuholen und mit in den Club zu nehmen. Wir sahen ihm entgegen, als er fröhlich über den Campingplatz auf uns zukam; ich saß ein Stück hinter DDD, schüttelte den Kopf und formte ein stummes *Nein*. Aber er sah mein Zeichen nicht. Sie verscheuchte ihn. Mitten in der Nacht, als sie schlafend in unserem Zelt lag, schlich ich mich in seine Hütte und schlief mit ihm. Es war fast zehn Jahre her, dass ich mit einem Mann im Bett gewesen war, und es bestätigte mich darin, dass ich wieder mit Männern zusammen sein wollte. Schuldgefühle hatte ich nicht, denn ein gewalttätiger Mensch verdient keine Loyalität. Außerdem war die Beziehung zu DDD schon ein halbes Jahr, nachdem wir zusammengekommen waren, rein platonisch geworden. Aus meiner Sicht und offenbar auch aus ihrer war es längst keine Liebesbeziehung mehr. Sie hatte sich zu meiner Mentorin erklärt, ohne mich vorher zu fragen, ob ich überhaupt eine wollte. Indem sie uns selbst nicht mehr als Liebespaar definierte, hatte sie mich, so legte ich es mir zurecht, auch von jedem potenziellen Vorwurf der Untreue entbunden. Beides konnte sie nicht haben.

✳

Zurück zu Hause wusste ich nicht, wie ich sie verlassen sollte, ich fand keinen Ausweg. Sie erwartete von mir, dass ich ständig bei ihr war, verlangte eine Erklärung, wieso ich mich ohne sie in ein Café setzen wollte. Wenn ich es doch einmal schaffte, mich davonzustehlen, wurde ich nach der Rückkehr verhört. Was hatte ich vor, was trieb ich da? Nun, ich trieb es mit G, einem ägyptischen Arzt, an dessen Abendkurs sie mich zähneknirschend teilnehmen ließ. Er war ein Gesundheitsapostel, gab aber trotzdem ein Kilo Zucker in den gewaltigen Kuchen, den er jede Woche buk und allein verzehrte. Er war zwanzig Jahre älter und einen Kopf kleiner als ich, und wenn ich ihn in seiner Wohnung in Camden besuchte, trug er immer Plateauschuhe, um das wieder wettzumachen. Mich schreckte das nicht, ich mochte diesen sanften, gutmütigen, spirituellen Mann, den Gegenpol zu DDD. Wenn ich bei ihm war, fand ich zu meinem alten Ich zurück.

Inzwischen glich das Zusammenleben mit DDD einer Haftstrafe in Alcatraz. Die Atmosphäre in der kleinen Zweizimmerwohnung war von emotionaler Strahlung verseucht. DDD erklärte mir, ich könne ohne sie nicht leben. Ich sei ein Nichts ohne sie. Ich wehrte mich immer öfter mit Worten, aber wenn ich aus ihrer Sicht zu frech wurde, schlug sie mir auf den Arm oder versperrte mir den Weg aus der Wohnung, wenn ich nach draußen stürmen wollte, um den mittlerweile erbitterten Streitereien zu entkommen. Offensichtlich war der Teufel in mich gefahren, weil ich ihm Einlass gewährt hatte. DDD war kein religiöser Mensch, trotzdem war irgendwie der Teufel als Dritter in unsere Beziehung getreten.

Nachdem ich ihr freundliches Angebot, meine Gedichte für mich zu veröffentlichen, entschieden von mir gewiesen hatte, machte sie sich daran, sie zu demontieren. Eigentlich taugten sie ja gar nichts, verkündete sie, alles andere habe sie bisher nur behauptet, um mein

Selbstbewusstsein zu stärken, ich sei schließlich ganz verloren gewesen, als ich sie getroffen hätte, und sie in ihrer Großmut habe stets versucht, mich zu retten, unter erheblichen Einbußen für ihr eigenes Wohlergehen. (Etwa so wie Gott, vermute ich.)

DDDs Abkehr von meiner Dichtung war der letzte Tropfen. Ihre bisherige Begeisterung hatte meine Unterwürfigkeit zur Bedingung gehabt. Sie war die größte Befürworterin meines Schreibens gewesen, jetzt schrieb sie sich meine Entwicklung als Autorin selbst auf die Fahne, obwohl ich nie auch nur einen konstruktiven Kommentar von ihr gehört hatte – dein Ernst, Schätzchen?

Nachts, wenn sie schlief, schrieb ich weiter Gedichte, aber meine Gefühle waren in Aufruhr und meine Muse offensichtlich getürmt. Der Glaube an mich selbst, den ich vor der Beziehung allmählich entwickelt hatte und den ich mir danach wieder aufbaute, ist das einzig wahrhaft Wichtige, was es zum Schreiben braucht, erst recht, wenn der ersehnte Zuspruch von anderen ausbleibt.

Das Ende war angebrochen. Es war Zeit zu gehen, aber wie? Eine Freundin, die meine Zwangslage erkannt hatte, bot an, mir ihre Sozialwohnung am anderen Ende von London unterzuvermieten.

Ich hatte eine Heidenangst davor, DDD zu sagen, dass ich ausziehen würde, aber sie zeigte sich einverstanden – womöglich hatte sie ja selbst genug. Wir stritten darum, was ihr und was mir gehörte, dann ging ich.

In den Jahren danach sollte ich begreifen, dass die dominante Person in einer Beziehung ganz und gar von der Schwäche des oder der anderen abhängig ist, und doch ist die scheinbar schwächere Person mit hoher Wahrscheinlichkeit diejenige, die nach dem Beziehungsende aufblüht, während die dem Anschein nach stärkere allein sehr viel weniger gut zurechtkommt. Wer die eigene Kraft nur daraus zieht, einen anderen Menschen zu unterjochen, ist letztlich selbst abhängig und schwach.

Die größte Lektion – die eigentlich auf der Hand liegt, mir aber erst richtig klar wurde, als ich es aus nächster Nähe erlebte – bestand darin, dass Machtmissbrauch nicht allein Männern vorbehalten ist, genauso wenig wie Weißen oder Heterosexuellen. Und dass er nicht im luftleeren Raum entsteht. Ich war kein Opfer, auch wenn ich mich noch jahrelang als solches sah. Inzwischen betrachte ich mich lieber als Mitbeteiligte an einer Beziehung, in der ich die eigene Handlungsmacht so weit abgegeben habe, dass es mir schwerfiel, sie mir wieder zurückzuholen. Es stand mir immer frei zu gehen. Schließlich war ich ja jung, musste auf keine weiteren Angehörigen Rücksicht nehmen. DDD übte gewaltige psychologische Macht auf mich aus, und als ich versuchte, mich zu behaupten, schlug die Beziehung ihrerseits in Gewalt um. Hätte ich mich anfangs nicht so von ihrer kraftvollen Persönlichkeit verführen lassen, dass ich alle Warnzeichen übersah, hätte sie auch nicht zu einem solchen Monstrum in meinem Leben werden können. So aber hatte ich das Monstrum immer weiter gefüttert, bis es unerträglich wurde, mich noch länger in seiner Nähe aufzuhalten. Ich hatte mich beherrschen lassen, nicht von einem Mann oder einer weißen Person, sondern von einer anderen Schwarzen Frau. Ich lernte daraus, jeden Hinweis auf einen Kontrollzwang schon früh zu erkennen und gleich auf Abstand zu gehen.

Nachdem unsere Wege sich getrennt hatten, behauptete sie, sie habe Jahre ihres Lebens investiert, um mich aufzubauen, während ich keinerlei Dankbarkeit zeige. Die Wahrheit hingegen sah so aus, dass ich stark gewesen war, als ich ihr begegnete, und sie mich gebrochen hatte. Meine Persönlichkeit hatte sich in der einer Frau aufgelöst, die sehr viel älter war als ich und sehr viel bewanderter auf dem Gebiet der Manipulation. Ich hatte meine Ersparnisse für unsere Reisen ausgegeben, und als die aufgebraucht waren, hatte ich meine Kreditkarte eingesetzt. Es dauerte Jahre, die Schulden zu tilgen. Sie ihrerseits hatte ihren Sachverstand und die Reiseroute beigesteuert. Dennoch war keine von uns der anderen verpflichtet oder konnte Anspruch darauf erheben, wie sich unser jeweiliges künftiges Ich entwickelt hatte.

Zwanzig Jahre, nachdem ich aus diesem Albtraum in ein neues Morgen hinausgetreten war, sah ich DDD beim Notting Hill Carnival wieder. Ich war mit Freunden unterwegs, freute mich an den Livebands auf den Karnevalswagen und an der Prozession pulsierender Körper in schrillen Kostümen und Masken, als sie plötzlich ein Stück vor mir auf der Straße auftauchte und mich anstarrte. Erschrocken und doch nicht fähig, so zu tun, als hätte ich sie nicht gesehen, winkte ich ihr von weitem zu und setzte meinen Weg fort. Als ich an ihr vorbeiging, blaffte sie: »Hierher!«, als wäre ich ein Hund, den sie abgerichtet hatte. Ihre Augen loderten, der Mund war verkniffen, sie sah zornig aus, gebieterisch. Sofort war alles wieder da. Ich fing an zu lachen, erkannte ihre Vorgehensweise und ging einfach weiter. Frei.

Jetzt, beim Schreiben, spüre ich das Bedürfnis, mein lesbisches Zeitalter zu erläutern, das anbrach und wieder verging; da scheint eine Erklärung notwendig. Die wechselseitige Anziehung zwischen Menschen gleichen Geschlechts darf niemals als unnatürlich betrachtet werden, als pathologischer Zustand, der seziert werden müsste, so wie auch die heterosexuelle Anziehung keiner

Dekonstruktion oder näheren Ausführung bedarf. Nicht die gleichgeschlechtliche Anziehung ist das Problem, sondern vielmehr die homophobe Gesellschaft, die von queeren Menschen verlangt, sich für ihre Existenz zu rechtfertigen und für ihre Rechte zu kämpfen. Gleichgeschlechtliche Beziehungen zeugen vom menschlichen Streben, sich mit anderen auf der Ebene des essenziellen Menschseins zu verbinden, ungeachtet aller Genderidentitäten. Sie sind Ausdruck der Liebe und des Begehrens zwischen Erwachsenen in beiderseitigem Einvernehmen, jenseits aller aufoktroyierten gesellschaftlichen Konstrukte, die festlegen wollen, wer wen lieben darf. Queer zu sein ist Manifestation und Ausdruck von Freiheit und Aufgeklärtheit.

Manche empfinden ihre Homosexualität als Teil ihres Wesenskerns, andere gehen etwas unbedarfter vor, wechseln hin und her, wann immer ihnen danach ist, oder gehen längerfristig vom einen zum anderen über, so wie ich es getan habe. Formulieren wir es mal so: Meine lesbische Identität war der Belag auf dem heterosexuellen Sandwich.

Meine queere Sexualität erblühte parallel zu meiner feministischen politischen Haltung, und nachdem DDD mich meiner Illusionen beraubt hatte, entpuppten sich die Verwerfungslinien meiner moralischen Überhöhung von Frauen als überlegener Spezies und der damit einhergehenden Haltung Männern gegenüber als fehlerhaft. Damit will ich aber nicht sagen, dass wir nicht alle latent gleichgeschlechtliche Sehnsüchte hegen würden.

Mit Anfang zwanzig war ich überzeugt, dass Frauen unerschütterlich gut sein müssten, ich hielt an der gütigen, idealisierten Jungfrau Maria meiner katholischen Kindheit ebenso fest wie an dem Glauben, dass Frauen (meine Mutter) gut waren und Männer (mein tyrannischer Vater) böse. Mit der Zeit wurden diese Überlegungen nuancierter, was sich wiederum auf die Figurengestaltung in meinen späteren Romanen auswirken sollte. Ich lernte, dass keine zwei Menschen jemals gleich sein können und es von mangelnder Fantasie zeugt, sie so zu entwerfen – jede fiktive Figur muss ein Individuum sein –, dass die klare Aufteilung des Figurenpersonals in Gut und Böse ein kindischer Ansatz ist und dem althergebrachten Märchen vorbehalten bleiben muss, dass es der Menschlichkeit aller Abbruch tut, wenn man eine Gender- oder rassifizierte Gruppe zu einheitlich gestaltet, dass Menschen jeder Hautfarbe, Genderidentität oder sexuellen Orientierung komplex und widersprüchlich sind und die Fähigkeit besitzen, andere zu unterdrücken, sei es auf staatlicher, kommunaler oder privater Ebene, und dass die Fähigkeit, uns moralisch fragwürdig zu verhalten, uns allen eigen ist.

Die Jahre, in denen ich ein lesbisches Leben führte, waren eine Zeit der Selbsterforschung und -entdeckung, mit zwei zentralen Beziehungen, die meine Kreativität beeinflusst haben. In der ersten blühte ich auf, genoss mein freiheitliches Leben und meine Beziehung zu X, die mein Wohlergehen und meine Kreativität gedeihen ließ. Ab Mitte zwanzig erlaubte ich der Durchgeknallten Domina, meine hart erkämpfte Eigenständigkeit abzutragen und zumindest den Versuch zu machen, meine Kreativität zu beschädigen. Als ich dieser Beziehung schließlich entkommen war, schwor ich mir, so etwas nie wieder zuzulassen.

DDD war zur gewaltigen Macht geworden, die meinem Glück und meiner Kreativität entgegenstand. Viele Menschen, auch viele Kunstschaffende werden irgendwann ihrer eigenen Version davon begegnen – am Arbeitsplatz, in der Familie, in Beziehungen, in ihrem weiteren Umfeld –, und wenn das geschieht, müssen wir die Entscheidung treffen, ob wir uns aus solchen vergifteten Bindungen lösen. Wenn wir anerkennen, dass wir andere Menschen nicht verändern und auch selbst nichts an dem ändern können, was wir vielleicht zu einer ungesunden Dynamik beitragen, dann liegt die einzige Lösung doch sicherlich darin, nach der Freiheit zu greifen?

Wir lernen so viel aus den Schwierigkeiten und Herausforderungen, mit denen wir im Leben konfrontiert sind, die uns zwingen, um das zu kämpfen, was wir erreichen wollen, darum zu kämpfen, wir selbst zu sein. Ich habe aus dem Zusammensein mit DDD sehr viel gelernt. Ich begriff, wie schwach ich gewesen war, und schwor mir, das nicht noch einmal passieren zu lassen.

Wäre ich bei der Durchgeknallten Domina geblieben, ich hätte zweifellos das Schreiben eingestellt, und obwohl ich eigentlich nicht zu Depressionen neige, hätte ich mich ihnen wohl doch ergeben. Ich weiß noch, dass ich in den letzten zwei Jahren mit ihr sehr viel geschlafen habe.

Als ich schließlich gegangen war, dauerte es eine Weile, bis ich wieder ganz zu meinem alten Ich zurückgefunden hatte.

Meine neue Wohnung lag in einem großen alten Haus auf einem Hügel in Brockley, mit Blick über den Londoner Süden. Es war mein frisch unabhängiges Hoheitsgebiet, ich allein hatte die Kontrolle darüber, wer durch die Tür trat und für einen Nachmittag, einen Abend oder auch für eine Nacht meinen Raum mit mir teilte. Frei von allen Spannungen wurde hier nur gezetert, wenn es um Selbstvorwürfe ging, weil ich mich fünf Jahre lang selbst verloren hatte.

Meine Einrichtung war minimalistisch, denn ich brauchte eine gerümpelfreie Umgebung, um meinen Geist zu entrümpeln. Ich fasste den Entschluss, in meine Kreativität zu investieren und dafür auf einen Fernseher zu verzichten, eine Phase, die sieben Jahre dauern sollte. Mir war klar, dass mir so ein Gerät, da ich ja alleine lebte, nur Zeit und Energie rauben und mich in eine passive Beobachterin der Erfolge anderer verwandeln würde. Fernseherfrei wurde mir bald klar, wie sehr diese Branche die Verletzlichkeit von Frauen ausbeutet, schon damals, in den Neunzigern, bevor die große Schwemme von Filmen, in denen Frauen gejagt, gequält, getötet und abgeschlachtet werden, zum Hauptpfeiler der Fernsehunterhaltung wurde. Ich stellte fest, dass ich mich alleine sicherer fühlte, wenn ich nicht ständig solchen Sendungen ausgesetzt war.

Ich genoss das friedliche Leben in einem stillen Raum ohne Ablenkungen, hatte viel zu lange das geistlose Geschwätz ertragen, das entweder DDD oder der Fernseher absonderten, der bei ihr vom Aufstehen bis zum Schlafengehen lief. Jetzt konnte ich mich darauf freuen, mir ein Leben aufzubauen, in dem ich mich nicht ständig vor einer anderen Person rechtfertigen musste, erst recht nicht vor einer, die fand, ihre Ansichten seien mehr wert als meine. Ich musste mich wieder daran gewöhnen, für mich selbst zu denken, mich nicht nur von fremden Übergriffen und Argumenten abzugrenzen, sondern meinen Gedanken zu erlauben, sich wie schöne, dahintreibende Wolken erst zu bilden, weit außerhalb der Reichweite jener Person, die bisher darauf herumgetrampelt war.

Endlich war ich wieder selbst zuständig für mein Leben, meine Zukunft.

In dieser Phase meiner persönlichen Rekalibrierung scharten sich meine Freundinnen und Freunde um mich und sprachen freimütig über das, was mit mir geschehen war. »Gott sei Dank bist du wieder da«, sagten sie zu mir, und ja, ich war wieder da, aber es war ein langer Weg zurück zu der immer noch munteren, aber doch sehr viel klügeren jungen Frau, die ich war, bevor ich mit fünfundzwanzig der Durchgeknallten Domina begegnete.

Jetzt konnte ich mich ganz meinem neu erwachten Interesse an Männern hingeben, meiner Neugier auf männliche Körper und meiner Sehnsucht nach männlicher Gesellschaft. Ich wollte diese Menschen wiederentdecken, mit denen ich fast zehn Jahre lang nahezu nichts zu tun gehabt hatte. Männer waren mir fremd geworden; ich wollte sie wieder kennenlernen. Aber wer waren sie, und wo sollte ich sie finden? Wie sich herausstellte, war das nicht weiter schwierig. Die Rückkehr in die heterosexuelle Welt war nicht zu vergleichen mit der Entdeckung der queeren Underground-Szene zehn Jahre zuvor, wo man aufgrund bloßen Hörensagens eine Fährte aufnahm und dann in Kellerclubs oder den Obergeschossen irgendwelcher Pubs landete. Die Hetero-Welt galt als normal, und die Gesellschaft kam ihr auf jede denkbare Weise entgegen. Es war seltsam, mich wieder mit einer Kultur zu arrangieren, in der ich mit einem Liebespartner in der Öffentlichkeit Zärtlichkeiten austauschen konnte, ohne dass es sich rächte. Nicht, dass die Männer, mit denen ich mich einließ, viel Interesse daran gehabt hätten, Hand in Hand mit mir über die Straße zu gehen: Viele stammten aus Kulturen wie dem Senegal, Nigeria oder Ghana, wo sich das Paarverhalten sehr von dem in Großbritannien unterscheidet, und um ehrlich zu sein, habe ich es mit etlichen auch gar nicht erst auf die Straße hinausgeschafft.

Meine Wohnung war mein Zufluchtsort, das Schreiben meine oberste Priorität, und mein Leben musste zu meinem neu entdeckten künstlerischen Ziel passen, als Autorin veröffentlicht zu werden. Zum Glück hatte keiner der Männer, mit denen ich mich einließ, auch nur die Absicht, mein Gleichgewicht ins Wanken zu bringen und allzu lang bei mir zu verweilen, nicht einmal, wenn ich mir das wünschte. Nach ein paar Jahren des Datens sehnte ich mich nach einer festen Beziehung, aber die blieb mir versagt. In aller Regel war ich die Anlaufstelle für schnellen Sex, was die beteiligten Herren mir allerdings oft nicht mitteilten, so, wie sie mir auch verschwiegen, dass sie sich noch anderweitig umtaten, bis ich es leidigerweise entdeckte. Ich fand es eigentlich nicht zu viel verlangt, normale Dinge zu tun, sich beispielsweise einmal in der Woche zu treffen, etwas essen oder ins Kino zu gehen. Auch ein Parkspaziergang wäre mal eine schöne Sache gewesen. Meine erfahreneren Hetero-Freundinnen, die sich keine Auszeit von dieser Art Beziehungen gegönnt hatten, meinten, ich sei in meiner Wahl zu naiv. Ihr Aufreißerradar war viel sensibler eingestellt als bei mir. Ich sei, erklärten sie mir, zu lange aus dem Spiel gewesen und könne die Zeichen nicht mehr deuten. Damit hatten sie selbstverständlich recht, und da ich inzwischen auch nicht mehr knapp unter zwanzig, sondern Anfang dreißig war, erwies es sich durchaus als Problem, Männer aufzutreiben, die eine echte Beziehung eingehen wollten, denn das Angebot bindungsbereiter Männer schwindet mit steigendem Alter einer Frau.

Passend zu meinem neuen Leben stylte ich mich nicht mehr als androgyne Kampflesbe mit kurz geschorenen oder zu beiden Seiten abrasierten Haaren und Dreadlocks, die mir wie die Blätter einer Grünlilie vom Kopf standen. Ich verlegte mich auf meine Version der kompletten Heteronummer, ließ mir die Haare zu langen Locken wachsen, zog die schon erwähnten Röcke an, mit denen ich meinen Chef verwirrte, wenn er sauer auf mich war, und warf mich sogar in Blusen anstatt in Hemden. Männer reagierten jetzt anders auf mich, zum ersten Mal seit zehn Jahren nahmen sie mich wieder wahr. Ich sah aus, wie es sich für eine Frau »gehörte« – feminin, ein Konzept, mit dem Frauen seit Erdzeitaltern unterdrückt werden, aber bitte, ich spielte das Spielchen mit. Und an und für sich war es auch kein Problem, die Rolle auszufüllen und

Männer kennenzulernen – auf Partys und Konzerten, in Bars, Clubs und Theatern, überall und nirgends.

Ein Liebhaber, seines Zeichens Dichter und ehemaliger politischer Häftling, hatte eine Wohnung in King's Cross. Über seinem Bett spannte sich ein Regenbogen aus verpackten Kondomen, ein Symbol seines Daseinszwecks, wie ich schnell herausfand. Er war der Einzige, der ganz offen damit umging, dass es noch viele andere gab; ich solle bloß keine Erwartungen an ihn haben, ihn könne keine Frau jemals besitzen; er werde immer genau das tun, was er wolle, wann immer er es wolle. Ich nahm ihn beim Wort, aber als wir das erste und einzige Mal zusammen zu einer Veranstaltung gingen, ließ er mich buchstäblich an der Tür stehen, um sich nach neuer Beute umzuschauen, hatte innerhalb von Minuten mehrere Frauen nacheinander angegraben und sicherlich irgendwann auch einen Treffer gelandet. Ich blieb nicht lange genug, um das herauszufinden.

Ein junger Arzt kam immer erst spätabends bei mir vorbei und erklärte das mit seinen endlosen Arbeitszeiten. Ich war der Meinung, wir hätten eine Art Beziehung, bis ich ihn einmal am frühen Abend eine Weinbar in Brixton betreten sah, wo er mit einer anderen Frau verabredet war. Zur Rede gestellt erklärte er mir, wir seien doch gar nicht richtig zusammen, obwohl er wöchentlich in meine Wohnung kam. Offenbar hatte er unsere nächtlichen Stelldicheins sehr anders ausgelegt als ich. Dann war da noch der Banker, der mich immer in den frühen Morgenstunden nach Chelsea in seine Wohnung bat, worauf ich schleunigst herbeieilte. Einmal stellte ich fest, dass er am Abend vorher eine Party gegeben hatte, zu der ich nicht eingeladen gewesen war. Ein andermal fand ich eine Strumpfhose unter der Bettdecke. Ihm schien die Strumpfhose nicht weiter problematisch. Wir stritten und trennten uns.

Meine Freundinnen hatten recht, ich führte mich auf wie ein weltfremder Teenager, dabei hätte ich es doch besser wissen, besser wählen müssen. Bei einer Beziehung glaubte ich, das getan zu haben: Der Mythische mit seinem heldenhaften Äußeren wohnte im Norden Englands. Ich sah ihn selten und vermisste ihn entsetzlich, aber wir schienen in vieler Hinsicht das perfekte Paar zu sein, hatten den gleichen Humor, die gleichen Interessen.

Wenn er in London war, hatte ich den Verdacht, dass er mich betrog. Er ging dann oft mit Freunden aus und kam erst frühmorgens zurück. Ich hatte keine Ahnung, wo er steckte, und verbrachte diese Nächte zusammengerollt und heulend allein im Bett. Es war uns nicht weiter schwergefallen, unsere Gefühle füreinander zu äußern, solange sie ausschließlich positiv waren, aber es erwies sich als unmöglich, unsere Unterschiedlichkeiten miteinander zu vereinbaren. Sein Zorn, als ich es schließlich doch wagte, ihn zur Rede zu stellen, beim letzten Mal, als er sich gegen Mittag zurück in meine Wohnung schleppte – die Lügen, das Ende. Ich hatte die ganze Beziehung in Sehnsucht verbracht und glaubte, Sehnsucht sei gleichbedeutend mit Verliebtsein.

Eine Zeit lang, im Nachgang der Beziehung, trieben wir es jedes Mal miteinander, wenn wir uns irgendwo wiedertrafen – oder wie er es einmal nach einem Quickie irgendwo in einem Hotel formulierte: Wir waren wilde Tiere. »Ich habe deinen Geruch erkannt und du meinen«, schrieb er mir. Für mich war das nicht so. Es war purer Sex ohne jede emotionale Beteiligung, aber eigentlich hatte ich immer etwas anderes von ihm gewollt. Und doch hatte ich mich mit Anfang zwanzig genauso verhalten wie er, wenn ich mit Frauen schlief, die mehr von mir wollten. Jedes Mal ärgerte ich mich furchtbar, dass ich seinen Verführungskünsten erlegen war, während er danach neu belebt von dannen zog, hin zur nächsten Eroberung, und mich leer zurückließ.

Immer ehrgeizig und erfolgreich – sie kamen und gingen, diese Männer, und waren eine Zeit lang attraktiv, so lange, bis sie es eben nicht mehr waren. Falls es irgendwo auch Männer gab, die keine Alphatiere und Aufreißer waren, die mir womöglich Stabilität und Treue geboten hätten, bemerkte ich sie nicht.

In dieser Phase fing ich an, mich intensiver mit Persönlichkeitsentwicklung zu beschäftigen, denn mir war klar geworden, dass ich in Bezug auf Männer noch eine Menge negativen Ballast mit mir herumschleppte. Ich listete einige meiner Beziehungsglaubenssätze auf, um zu erkennen, inwiefern sie mich hemmten. Zum Beispiel diese: Beziehungen halten sowieso nicht. Ich gebe mehr, als ich bekomme. Ich werde nie den Richtigen finden. Männer lassen keine Gefühle zu. Die meisten Männer sind beim Sex egoistisch. Beziehungen rauben mir alle Energie. Die Ehe ist ein Gefängnis.

Wenn ich diese Mitte der Neunzigerjahre verfassten Listen heute lese, ruft mir das den Prozess in Erinnerung, den ich durchlaufen habe, um den richtigen Mann zu finden; ich musste mich anstrengen, um meine noch verbliebenen negativen Ansichten über Männer, Beziehungen und mich selbst abzulegen. Das funktionierte, aber nur bis zu einem gewissen Grad, ich zog nämlich immer noch keine Männer an, die gut für mich gewesen wären oder sesshaft werden wollten.

Etwa zu dieser Zeit suchte ich hin und wieder Hellseherinnen auf, weil ich eine Abkürzung in meine Zukunft nehmen und vor allem wissen wollte, wann der Eine endlich in mein Leben treten würde. Die Hellseherinnen, zu denen ich ging, waren erwartungsgemäß hervorragend darin, mir zu versichern, der Eine warte gleich hinter der nächsten Ecke. Einmal nahm ich am Treffen einer Gruppe in Battersea teil, bei dem die angeblich hochgradig seherisch veranlagte Gruppenleiterin uns allen zahlreiche Fragen stellte und sich die Antworten dann für ihre Einsichten in unser Leben auslieh, so, als wüssten wir längst nicht mehr, dass wir sie vor einer halben Stunde erst mit genau dieser Information versorgt hatten.

Rückblickend haben mir all die Liebeleien und Beziehungskisten mit Männern, die entweder emotional oder körperlich nicht verfügbar waren (oder beides), die Zeit gelassen, die ich brauchte, um mich ganz dem Schreiben zu widmen. Ich bin mir gar nicht sicher, ob es mir damals gelungen wäre, einen Lebenspartner und meine Karriere unter einen Hut zu bringen. Ich war nicht bereit, Lebensumstände aufs Spiel zu setzen, die mir erlaubten, zu jeder Tages- und Nachtzeit zu schreiben oder auf Lesereise ins Ausland zu fahren, ohne mich darum zu sorgen, dass jemand allein zurückblieb, oder mich verpflichtet zu fühlen, selbst zu Hause zu bleiben.

Bei den Vorbereitungen für dieses Buch habe ich ein paar Briefe ausgegraben, die ich zu bestimmten Zeiten an mich selbst geschrieben habe, um mein Leben zu dokumentieren. Einen habe ich ein paar Monate nach dem Tod meines Vaters 2001 verfasst. Als ich ihn öffnete, wurde mir klar, dass ich gar nicht mehr wusste, wie schwer sein Tod mich getroffen hatte. Damals schrieb ich:

Seit Daddy tot ist, bin ich so am Boden, so schrecklich, schrecklich am Boden – als hätte ich nichts mehr, wofür ich leben kann, und meine Einsamkeit war niemals heftiger. Ich bringe es kaum mehr fertig, das Positive zu sehen, was doch immer mein Antrieb zum Weitermachen war [...] Die ganzen letzten Jahre fühlen sich an wie ein Jahrzehnt der Einsamkeit, ohne wirklich erfüllende Beziehungen [...] Ich habe praktisch die ganze Zeit, die ich zu Hause war, allein verbracht, allein, zehn Jahre ganz allein, und schuld daran bin nur ich. Überall um mich herum sehe ich Menschen, die Beziehungen haben, nur mir gelingt es nicht, jemanden für mich zu finden, und ich fühle mich so schrecklich, habe solche Angst, dass der ganze Rest meines Lebens genauso sein wird – einsam.

Ich kann mich nicht erinnern, so tief empfunden zu haben, aber da steht es, in meiner Handschrift – blaue Tinte auf weißem Grund.

Als ich den Mann kennenlernte, den ich später heiraten sollte, lief plötzlich alles wie von selbst. Wir fanden einander 2005, beim Online-Dating. Dating-Plattformen waren damals noch in den Anfängen, und die Leute rümpften ziemlich die Nase darüber. Irgendwer erklärte mich sogar zum Loser, weil ich mich bei so etwas anmeldete. Vor unserer Begegnung hatte ich eine Beziehung beendet, die nicht vom Fleck kam, um Platz für jemand Neues zu schaffen. Anschließend beschloss ich, alle rein äußerlichen Bedingungen über Bord zu werfen, von denen ich mir eingeredet hatte, dass ich sie in einer Beziehung dringend bräuchte, bis hin zu der Zeitung, die der Idealmann zu lesen hatte, und seinem Musikgeschmack. Nachdem ich meine Kriterien auf ein paar Grundvoraussetzungen beschränkt hatte – Alter, Körpergröße (groß), kulturell interessiert, keine Kinder, Wohnsitz in London –, stieß ich sehr schnell auf David. Es funkte auf Anhieb per Mail zwischen uns, ich fand ihn witzig, klug und kreativ, und unsere Persönlichkeiten harmonierten bestens miteinander. Außerdem war er extrem zuverlässig, was mich mit meiner Vorgeschichte voll unbeständiger Herumtreiber sehr anzog.

Ich bemerkte auch den Unterschied zwischen einigen der Schwarzen Männer, mit denen ich zusammen gewesen war, die alle in mehrheitlich weißen Ländern lebten und sich eine harte Schale zugelegt hatten, und David, einem weißen Mann aus der Middle Class, der in einem Land lebt, wo man ihn im Allgemeinen schon akzeptiert, bevor er auch nur ein Wort gesagt hat, und ihm automatisch einen gewissen Status zuerkennt, wenn er es tut. Er wird nie von der Polizei schikaniert oder beim Einkaufen überwacht werden.

Ein halbes Jahr nach unserer ersten Begegnung zogen wir zusammen; ich war in Sorge, das gemeinsame Leben könnte meinen Arbeitsrhythmus beeinträchtigen, aber dann gab es keinerlei Probleme damit, unsere Arbeitspläne mit der Beziehung in Einklang zu bringen.

Eine verheiratete Freundin hat mir einmal erzählt, sie habe entdeckt, dass die Ehe gar kein Gefängnis sei, sondern eine Befreiung, was meinem eigenen Glaubenssystem damals diametral widersprach. Aber als ich David heiratete, nachdem ich zuvor praktisch mein Leben lang erklärtermaßen gegen die Ehe gewesen war, verstand ich, wie sie das gemeint hatte. Vor David hatte ich fast nur unbefriedigende Beziehungen geführt oder Phasen gehabt, in denen ich nach einer neuen Beziehung suchte, und das hatte eine Menge emotionaler Energie und Denkraum beansprucht. Jetzt wurde mir klar, dass mir die eheliche Bindung an David vor der Allgemeinheit und dem Gesetz die Freiheit schenkte, andere Bereiche meines Lebens voranzubringen – und der allerwichtigste davon war mein Schreiben.

VIER

Theater, Community, Performance, Politik

four (Englisch)
fēoper (Altenglisch)
mẹrin (Yoruba)
a ceathair (Irisch)
quatro (Brasilianisch)

Und so kamen und gingen sie, meine Beziehungen zu mehrheitlich ungeeigneten Männern, bis ich schließlich meinen Seelenverwandten gefunden hatte. Meine Freundschaften zu Frauen – verlässlich, unerschütterlich, von Austausch und Wertschätzung geprägt – hielten mich währenddessen aufrecht und emotional über Wasser, und das beruhte ganz auf Gegenseitigkeit.

Inzwischen besteht mein Freundeskreis aus Männern und Frauen, aber meine Frauenfreundschaften sind die längsten, in einem Fall sind es sogar fünfzig Jahre. Ein unfassbares halbes Jahrhundert der Freundschaft. Meine Mutter überrundet mich da noch – ihre längste Freundschaft dauerte dreiundachtzig Jahre.

Nachdem ich die Durchgeknallte Domina verlassen hatte und David noch nicht kannte, verbrachte ich Stunden mit Freundinnen am Telefon, die in ähnlich unbefriedigenden Lagen mit Männern steckten. Wir bejammerten unser Schicksal, suchten Rat beieinander, erörterten ausführlichst, was in unserem Liebesleben passierte oder eben nicht passierte. Viele der Männer, mit denen wir zu tun hatten, vertrauten sich uns nicht an, waren emotionale Analphabeten und flippten aus, wenn wir versuchten, sie zu mehr Offenheit zu animieren. Wir konnten nur Vermutungen anstellen, was in ihnen vorging. Die Gespräche, die wir eigentlich mit unseren Männern hätten führen sollen – Gespräche über die Gegenströmungen widerstreitender Sehnsüchte und unerfüllter Bedürfnisse, über Missverständnisse und Betrugsvermutungen – führten wir miteinander.

Durch meine Frauenfreundschaften fand ich auch in meine berufliche Laufbahn als Theatermacherin. 1982 schloss ich das Rose Bruford College ab, wo ich den Studiengang »Community Theatre Arts« (CTA) belegt hatte. Zusammen mit Paulette Randall und Patricia St Hilaire – zwei engen Freundinnen aus dieser Studienzeit – gründete ich das Theatre of Black Women, die erste Theatertruppe ihrer Art in Großbritannien. Ohne unsere Freundschaft als Ausgangspunkt hätte es dieses Theater niemals gegeben.

Das College lag idyllisch in einem großen Haus am See in einem Park in Sidcup und zählte circa zweihundert Studierende. Mein Jahrgang umfasste rund fünfundzwanzig, darunter auch bahnbrechende fünf Schwarze Frauen. Für eine Schauspielschule war das regelrecht radikal, und auch der Studiengang selbst war radikal in seiner Zielsetzung, Schauspielerinnen und Schauspieler auszubilden, die sich später im »Community Theatre« engagieren sollten, damals der übliche Begriff für Theater von, für und über Gesellschaftsgruppen, die im Mainstream-Theater nicht vorkamen.

In den drei Jahren dort bildete sich meine feministische Identität heraus, weil ich die Möglichkeit bekam, mit Pionierinnen des feministischen Theaters zu arbeiten, von denen etliche selbst Frauentheatertruppen mitbegründet hatten. Aus ihrer eigenen Inszenierungsarbeit heraus legten sie kurze Zwischenlandungen bei uns ein, um bei einem unserer Stücke Regie zu führen und der nächsten Generation Starthilfe zu geben.

Am Anfang meiner Studienzeit sah ich noch sehr nach Mädchen

aus, die Haare zu lockeren Zöpfchen geflochten und mit kunterbunten Perlen verziert, die jedes Mal tanzten und melodisch klimperten, wenn ich den Kopf bewegte, aber am Ende erschien ich wie eine butche Lesbe. Zumindest vermittelt unser Jahrgangsabschlussfoto diesen Eindruck. In Wirklichkeit war ich gar nicht sonderlich butch – ich kannte einige Lesben, die es waren, und im Ernst, neben denen wirkte ich vergleichsweise femme. Aber starre Gegensatzpaare wie »butch« und »femme« hatten sich damals ohnehin schon beinahe überlebt, weil Sexualität zunehmend als fluid und nicht mehr statisch wahrgenommen wurde.

Das Studium schuf auch die Grundlagen für meine Identität als Schwarze Frau, denn zum ersten Mal in meinem Leben lernte ich andere Schwarze Frauen als meine Schwestern kennen.

Schauspielschulen sind Labore, die ein hohes Maß an intensiver Selbst- und Gruppenbefragung von den Teilnehmenden fordern. Das unreflektierte Selbst wird bis zu einem gewissen Grad abgetragen, um anschließend mit einem tieferen Begriff davon, wer man ist, wieder aufgebaut zu werden, was einen wiederum in die Lage versetzt, überzeugend Rollen zu gestalten – so lautet zumindest die Theorie. Wir hatten eine tägliche Teilnahmepflicht, und das ganze Studium war auf Praxis angelegt. Wir saßen nicht im Hörsaal, sondern absolvierten einen randvollen Stundenplan aus Kursen zu Körperarbeit und Stimmbildung, Schauspiel und Rollenentwicklung, Proben und Inszenierung. Wir Studierenden standen den ganzen Tag ununterbrochen in Interaktion miteinander und lernten einander bis ins Verborgenste kennen. Tiefe Freundschaften konnten sich da schnell herausbilden.

Paulette und Patricia waren raumgreifendere Persönlichkeiten als ich – selbstsicherer und wortgewandter, mit messerscharfem Humor. Ich war stiller, so sehr, dass meine Mitstudierenden mich als »*cool, calm and collected*« bezeichneten, gelassen, gefasst und nicht aus der Ruhe zu bringen. Das überraschte mich, weil es meinem Gefühl von mir selbst so gar nicht entsprach. Ich stand an der Schwelle zum Erwachsenwerden und war noch auf der Suche nach mir, so wie wir alle.

Paulette konnte urkomische Geschichten erzählen und war eine echte Lebefrau, Patricia die charismatische Führungspersönlichkeit, die sich in alles hinein- und aus allem wieder herausreden konnte. Beide kamen aus karibischen Familien und waren in der jeweiligen Kultur ihrer Eltern sehr viel mehr zu Hause als ich. Die ersten afrokaribischen Partys meines Lebens fanden in Paulettes Elternhaus in Clapham statt, wo das Wohnzimmer leer geräumt wurde, damit getanzt werden konnte, Reggae und Soul schallten aus den Boxen, und auf dem Herd in der Küche brutzelte köstlichstes jamaikanisches Essen. Patricia stammte aus Hackney und schien dort die komplette Schwarze Bevölkerung zu kennen. »*Y'all right?*«, »Alles klar?«, lautete ihre Begrüßung, wenn wir irgendwen auf der Straße trafen, und »*More time*«, »Bis dann«, die Verabschiedung. Und wenn sie eine Schwarze Person einmal nicht kannte, bedachte sie sie mit dem »Schwarzen Nicken« – einer ganz leichten Aufwärtsbewegung des Kopfes. Für mich war es neu, Wildfremde zu grüßen, und die Idee, durch eine Kopfbewegung Solidarität auszudrücken, grenzte an eine Offenbarung. Schnell gewöhnte ich mir das selber an, und es half mir sehr, mich zugehörig zu fühlen. Das Mädchen aus dem weißen Woolwich genoss es, die Insider-Codes draufzuhaben.

Das alles war eine völlig neue Welt für mich, und ich stand ehrfürchtig davor, wie tief Paulette und Patricia in ihren Schwarzen Communitys verwurzelt waren, während ich selbst so ganz anders aufgewachsen war. Von ihnen lernte ich viel.

✳

Drei Jahre lang feilte ich an meinen Fähigkeiten als Darstellerin und Theatermacherin, spielte in Inszenierungen und recherchierte für die Stücke, die wir in der Gruppe entwickelten, über aktuelle Themen wie Obdachlosigkeit. Dazu gehörte auch der Besuch eines Wohnheims für obdachlose Frauen in der Greek Street in Soho. Ich war entsetzt über den geradezu Dickens'schen Dreck dort. Heute beherbergt das Haus einen Privatclub.

Hätte ich ein anderes Schauspielstudium absolviert, das den Fokus nur auf reines Spielen und nicht aufs Theatermachen insgesamt legte, ich hätte einen Beruf erlernt, der mir als Schwarzer Schauspielerin und, wenn wir ehrlich sind, letztlich jeder schauspielenden Frau unabhängig von ihrer Herkunft, so begrenzte Möglichkeiten bot, dass ich ihn vermutlich sehr bald wieder aufgegeben hätte. Stattdessen fühlte ich mich gut dafür gerüstet, mich der Herausforderung zu stellen und zusammen mit meinen Freundinnen mein eigenes Theater zu gründen.

Zudem hätte ich bei einem klassischer ausgerichteten Schauspielstudium bestimmt nur Nebenrollen bekommen – so wie es vielen Schauspielerinnen Schwarzer und asiatischer Herkunft aus meinem Umfeld erging, beschämenderweise noch bis vor kurzer Zeit und womöglich bis heute. Ich hingegen bekam anspruchsvolle Rollen wie Lady Macbeth oder Mackie Messer aus der *Dreigroschenoper*, in der ich sang und Saxofon spielte – beides ausgesprochen schlecht.

Es ergab sich zwangsläufig, dass wir fünf Schwarzen Frauen gemeinsam daran arbeiteten, uns in Hinblick auf unsere Verkörperungen von Race und Gender zu erforschen. Wir entwickelten ein Stück mit dem Titel *Coping*, eine Studie über das Verhältnis

Schwarzer Frauen zu Schwarzen Männern. Inszeniert wurde es von einer Schwarzen Regisseurin, die extra für uns angefragt worden war. Mit *Coping* tourten wir durch die Gemeindesäle und Stadtteilbibliotheken und fanden uns darin bestätigt, dass es für ein Theater, das sich mit der Vielfalt weiblicher, Schwarzer Geschichten auseinandersetzt, eine große Nachfrage gab.

Nicht lange nach unserem Abschluss störten Patricia und ich einmal eine Inszenierung ebendieser Regisseurin an einem Londoner Theater, weil wir uns an der klischeehaften Darstellung einer homosexuellen Figur stießen. Natürlich war unser Verhalten ein entsetzlicher Verrat. Wozu das Stück einer anderen Schwarzen Frau stören und dann auch noch einer, die uns so großzügig gefördert hatte? Wir hätten das, woran wir Anstoß nahmen, doch auch privat mit ihr besprechen können.

Heute erkenne ich, dass meine feministische Haltung als junge Frau wenig mehr als Makulatur war. Ich war erfüllt vom Eifer der Neuerweckten und hatte mir die richtige Rhetorik zugelegt, mich aber selbst noch längst nicht genug erforscht, um nach und mit meinen Werten zu leben. Erst im Lauf der Jahre sollte sich ein tieferes Verständnis von Feminismus in mir entwickeln. Hätte es, als ich Anfang zwanzig war, schon Soziale Medien gegeben, ich wäre vermutlich eine von denen geworden, die ich gern als die »geifernden Wölfe der Twittersphäre« bezeichne, ich hätte mich auf alle gestürzt, die mit meiner politischen Haltung nicht übereinstimmten, und keinerlei Differenzierung zugelassen. Ich war wütend auf die Ungerechtigkeiten der Gesellschaft, unerschütterlich in meinen politischen Überzeugungen und saß moralisch auf dem ganz hohen Ross. Twitter ist die perfekte Plattform für solche, die sich ständig ereifern und ihre Meinung durch kurze Statements kundtun wollen, ohne sich auf echte Streitgespräche einzulassen oder ihre Positionen zu verteidigen. Trotzdem habe ich heute immer Mitleid, wenn Menschen ihre Social-Media-Posts aus sehr viel jüngeren Jahren vorgeworfen bekommen. Wir werden alle erwachsen, und wir sind alle fähig, uns zu ändern.

Im letzten Trimester an der Schauspielschule wurden drei kurze Stücke von Patricia, Paulette und mir beim Black Writers' Festival am Royal Court Theatre inszeniert. Wir fanden es sehr aufregend, dass unsere Stücke von einem so bedeutenden Theater auserwählt worden waren. Meines war ein vielstimmiges Versdrama mit dem Titel *Moving Through*, das ich nur als Ergüsse einer zornigen jungen Frau über ihre Kindheit beschreiben kann. Paulettes Stück, *Fishing*, warf Schlaglichter auf zwei halbwüchsige Mädchen, und Patricia brachte mit *Just Another Day* eine Mutter-Tochter-Beziehung auf die Bühne.

Allerdings war auch dieses Festival am Royal Court nicht Ausdruck eines allgemein inklusiveren Theaterklimas, und während der Studienabschluss für uns drei Frauen näher rückte, sah die Zukunft reichlich trostlos aus. Wir wussten, dass Frauen of Colour kaum besetzt wurden – weder in Theater, Film noch Fernsehen –, und wenn doch, dann meistens in unbedeutenden, erniedrigenden Rollen. Es sollte noch Jahrzehnte dauern, bis die Branche vom Konzept des Colour- und Genderblind Casting revolutioniert und das zur gängigen Praxis gemacht wurde. Unser politisches Bewusstsein für die problematischen Themen im Rahmen der Repräsentation Schwarzer Frauen war viel zu geschärft, als dass wir uns auf den Schauspielmarkt geworfen hätten, und ehrlich gesagt waren wir auch viel zu sehr von uns überzeugt, was ich exakt so selbstherrlich meine, wie es klingt. Jede junge Frau sollte viel zu sehr von sich überzeugt sein, um die Kraft zu finden, sich genau die Zukunft zu gestalten, die sie sich wünscht.

Das Theatre of Black Women, dessen Name allein schon ein mutiges Statement über Besitzverhältnisse und Ziele war, wurde für uns zur Lösung, mit der wir unser Schicksal selbst in die Hand nehmen und die Stimmen Schwarzer Frauen im Theater hörbar machen wollten. Wir waren dafür ausgebildet, über unsere eigenen Interessen hinauszudenken, als Schauspielerinnen und Theatermacherinnen uneigennützig zu sein, und so wollten wir nicht nur unserer eigenen Kreativität eine Plattform schaffen, sondern uns auch dafür einsetzen, etwas für unsere Community zu bewirken.

Unser erster Gig war die Einladung zu einem internationalen Frauentheaterfestival im Melkweg in Amsterdam 1982, das Festival, bei dem ich auch X kennenlernte. Wir schrieben und spielten drei One-Woman-Shows, die gut ankamen, und ich war ganz berauscht davon, von so vielen kraftvollen Theaterfrauen umgeben zu sein. Wir kehrten mit dem Ziel nach Hause zurück, unser Theater zu etablieren, aber obwohl wir gelernt hatten, fürs Theater zu schreiben und am Theater zu spielen, besaßen wir doch keinerlei Erfahrung mit Geschäftsführung oder künstlerischer Leitung. Als Team schlugen wir uns halbwegs durch, betrieben Fundraising, verwalteten Budgets und Freelancer und inszenierten Stücke.

Ich wohnte damals noch in New Cross, zog aber kurz darauf nach Islington um. Paulette verließ die Truppe schon bald wieder, um als Regieassistentin am Royal Court anzufangen, und kann heute auf eine lange Laufbahn als Theater- und Fernsehregisseurin zurückblicken.

Unsere ersten beiden abendfüllenden Stücke waren psychologische Dramen: *Silhouette* (1983), die Begegnung zwischen einer modernen Frau mit Schwarzen und weißen Wurzeln und einer Frau, die zweihundert Jahre vorher versklavt in der Karibik gestorben war, und *Pyeyucca* (1984) über eine unterdrückte Frau, deren rebellisches Alter Ego auf der Bühne von einer Figur namens Pyeyucca verkörpert wird.

Patricia und ich schrieben beide Stücke gemeinsam und schoben die Aufgabe bis zur letzten Sekunde vor uns her, weil sie uns so gewaltig erschien: Die Finanzierung stand, Probenräume und Produktionsteam waren gebucht, eine sechsmonatige Tournee war organisiert und auch schon angekündigt. Wir brauchten bloß noch ein Stück!

Ich kann mich gut an die Panik erinnern, die mich befiel, wenn Deadlines immer näher rückten, aber ich glaube auch, dass ich diesen extremen Druck brauchte, um tatsächlich etwas zu schreiben. Das kann mir auch heute noch passieren – nicht, wenn ich an etwas Längerem wie einem Buch oder einem ausführlichen Essay sitze, aber bei den kürzeren, journalistischen Arbeiten. Da habe ich manchmal Wochen Zeit und fange trotzdem erst ein paar Stunden vor der Abgabe richtig an.

Unsere Stücke zeichneten sich durch eine experimentelle Mischung aus Versdrama, minimalistischer Kulisse, Bewegung und Musik aus: theatralische Collagen, lyrisches Theater. Wir waren wild entschlossen, keiner der Konventionen zu folgen, die unsere Theater-Altvorderen in Großbritannien etabliert hatten, weil wir sie tatsächlich nicht als Vorbilder für uns betrachteten. Wir wollten ein Theater erschaffen, das zu den Geschichten passte, die wir erzählen wollten, inspiriert vom gefeierten »Choreo-Poem« der afroamerikanischen Autorin Ntozake Shange, *for coloured girls who have considered suicide / when the rainbow is enuf*, das wir gesehen hatten, als es 1979 vom New Yorker Off-Broadway ins Londoner West End kam. Je mehr unser Theater wuchs, desto häufiger beauftragten wir auch junge Autorinnen, darunter zum Beispiel Jackie Kay mit ihrem ersten Stück *Chiaroscuro* (1986).

Die Leitung eines Schwarzen Frauentheaters verlangte den Hauptakteurinnen eine gewisse Beherztheit und Sturheit ab. In diesen Theaterjahren entwickelte ich meine politische Stimme, während wir anhaltende Kämpfe gegen Mächte ausfochten, die nicht wollten, dass es uns gab. Wie in vielen Branchen sind die Menschen auch am Theater vorsichtig damit, sich offen gegen Ungerechtigkeiten auf den Gebieten Race, Gender und Sexualität auszusprechen, weil sie ihrer Karriere nicht schaden wollen. Schauspielerinnen und Schauspieler sind besonders abhängig von guten Arbeitsbeziehungen und einem guten Ruf, um in ihrem prekären Berufsfeld weiter besetzt zu werden. Aber Patricia und ich leiteten ja unseren eigenen Betrieb, wir hatten keine Hemmungen, verbrannte Erde zu hinterlassen. Wir trugen unsere feministische politische Haltung stolz vor uns her und äußerten uns, wo immer nötig, oft auch im Streitgespräch mit Schwarzen Männern, die den Feminismus als Krankheit der Weißen ansahen und unser Theater als überflüssig und spalterisch. Wenn man uns vorwarf, »sektiererisch« zu sein, konterten wir, dass das künstlerische Establishment an erster Stelle Männer bevorzuge und an zweiter Stelle weiße Frauen und wir mit unserem sogenannten Sektierertum nur auf das bereits vorhandene reagierten. (Im Übrigen arbeiteten wir durchaus auch mit Männern und weißen Menschen zusammen, hauptsächlich hinter den Kulissen.)

Die künstlerische Community, der wir angehörten, war im Kern weiblich. Unsere Truppe war zwar kein Kollektiv, aber wir standen in engem Kontakt mit einer breiteren Gemeinschaft und fühlten uns dadurch nicht isoliert, und obwohl wir als Frauen of Colour ausgegrenzt wurden, sobald wir uns in weiß-feministischen oder mehrheitlich männlichen Kontexten bewegten, standen wir in unserer eigenen Truppe doch im Zentrum von allem.

1986 brach Patricia zu neuen Ufern auf, um für die Oper und das Tanztheater zu schreiben und als Coach, Trainerin und in der Personalverwaltung zu arbeiten. Ich schrieb inzwischen nicht mehr für die Truppe und spielte auch nicht mehr selbst, sondern widmete meine Zeit der Geschäftsführung. Ich lebte mit DDD zusammen, schrieb spätnachts Gedichte und ließ mich immer weiter von ihr in den Abgrund ziehen. Als uns ein wichtiger Förderantrag nicht bewilligt wurde, machte ich das Theater dicht. Ich hätte auch noch weiter um Fördergelder kämpfen können, aber ich hatte einfach genug.

Das Theatre of Black Women war Teil einer breiten Welle von mehr als fünfunddreißig Theatern mit Schwarzer oder asiatischer Ausrichtung die während der Achtziger entstanden waren, mit dem festen Ziel, die Theaterkultur zu verändern. Als die Neunziger zu Ende gingen, waren die meisten dieser Theater wieder verschwunden – wegen Mangels an Fördergeldern, weil die Hauptakteurinnen oder -akteure an Burnouts litten oder im künstlerischen Mainstream ein Umfeld gefunden hatten, das für ihre Talente empfänglicher war. Viele von denen, deren Laufbahn bei solchen Truppen begonnen hatte, wechselten später zu Theater, Film oder Fernsehen.

Für uns hieß die Gründung des Theaters, dass wir unsere künstlerische Praxis selbst steuern konnten, von der ersten Konzeption bis zur Aufführung. Als junge Frauen am Anfang ihrer künstlerischen Karriere warteten wir nicht darauf, dass uns jemand auserwählte; wir setzten unsere Ideen selbst um, für uns und unsere Community. Wir gruben Historisches aus, deuteten es neu, erkundeten Perspektiven, Kulturen und Geschichten, die den Randbereich ins Zentrum rückten. Mein Einsatz für dieses Theater wurde zur weiteren Grundlage der Bücher, die ich einmal schreiben sollte.

Aber jetzt möchte ich noch einmal weiter zurückgehen, ins Jahr 1972, als meine Begeisterung für das Theater ihren eigentlichen Anfang nahm …

In dem Jahr, mit zwölf, betrat ich zum ersten Mal das Stage Centre, eine ehemalige Kirche nicht weit von meinem Elternhaus, in der das Greenwich Young People's Theatre (das heutige Tramshed) untergebracht war. Dieser eine Moment sollte den ganzen weiteren Verlauf meines Lebens ändern, denn dort kam ich zum ersten Mal mit der darstellenden Kunst in Kontakt. Bis dahin war ich noch nie im Theater gewesen, hatte aber immerhin vier Filme im Kino gesehen: *Mary Poppins, The Sound of Music, Tschitti Tschitti Bäng Bäng* und *Bambi* (falls es jemand so genau wissen will).

Mein Besuch im Stage Centre betraf ursprünglich gar nicht mich: Ich war als moralische Unterstützung meiner Schwester mitgekommen, die unbedingt hinwollte, sich aber dann als zu schüchtern erwies, um überhaupt mitzumachen, und sich den ganzen Abend auf der Toilette einschloss. Ich hingegen war sofort mit Feuereifer dabei, hatte Spaß daran, im Kreis zu laufen und verschiedene Tiere darzustellen, fand schnell Anschluss und besuchte meine ganze verbleibende Kindheit über jede Woche die dortigen Workshops, für die man einen sehr erschwinglichen, symbolischen

Betrag zahlen musste. Einmal im Jahr gab es eine Aufführung vor Publikum. Anders als an einer Theaterakademie oder Schauspielschule wollten die meisten anderen Jugendlichen nicht zur Bühne, sondern machten mit, weil es eine spannende und vergnügliche Freizeitbeschäftigung war. Mein Vater empfand es als geschützten Ort, der von netten Kindern frequentiert wurde, darum durfte ich überhaupt hin, während es sonst kaum etwas gab, was er uns erlaubte. Ja, es waren sehr nette Kinder, aber er hatte natürlich keine Ahnung, dass ich ab dreizehn auf dem Heimweg regelmäßig im Pub Halt machte, um mit meinen Freunden ein kleines Bier mit Limo zu zischen und eine zu rauchen. Damals verlangte kein Mensch einen Ausweis von minderjährigen Gästen, erst recht nicht, wenn man groß war und älter aussah.

Ich war fast während meiner ganzen Zeit dort das einzige Schwarze Kind, aber das schien unerheblich. Kein Mensch behandelte mich anders als die übrigen. Wenn man gleichberechtigt behandelt wird, dann ist die eigene Hautfarbe nicht mehr als das – eine Farbe eben. Ich gehörte einfach zur Truppe und wurde akzeptiert. Überhaupt war es in vieler Hinsicht eine Oase für Außenseiter, ein heiliger Ort, an dem wir uns in dem Wissen versammelten, dass wir keinen gesellschaftlichen Normen zu entsprechen brauchten; wir konnten ganz wir selbst sein, ohne Angst, gepiesackt zu werden oder das Gefühl vermittelt zu bekommen, wir seien seltsam.

Es kamen Kinder aus allen sozialen Schichten, und soweit ich das beurteilen kann, hingen wir in der Regel alle miteinander herum, ohne dass solche Schranken zwischen uns getreten wären. So gut wie nie waren Kinder unfreundlich zueinander. Ich kann mich an ein sehr hochnäsiges Mädchen erinnern, das mit einer Gruppe ähnlich hochnäsiger Freundinnen anrückte; sie machte mich in einer

Brainstorming-Runde nieder, als wir Ideen für Improvisationen sammeln sollten. Erstaunlich, was so eine kleine Zeitreise beim Schreiben eines solchen Buches alles bewirkt – plötzlich bin ich wieder dreizehn und weiß genau, was für einen Stich es mir gab, als sie mir in ihrem gelangweilten, herablassenden Tonfall erklärte, meine Ideen, die mich selbst so begeisterten, seien doch ziemlich albern. Zum Glück blieb sie die Ausnahme und war auch bald wieder weg, anders als ihre Äußerung.

Rückblickend war es wahrscheinlich das erste und womöglich auch einzige Mal, dass mir dort jemand das Gefühl gab, unterlegen zu sein.

Nach meiner Erinnerung blieb ich meistens im Hintergrund, aber als unlängst alte Fotos unserer Inszenierungen auftauchten, stellte ich fest, dass ich oft gute Rollen hatte, die mich in den Mittelpunkt rückten. Meine Erinnerungen sind anders, aber die Fotos liefern den Beweis. Ach, trügerisches Gedächtnis! Immerhin kann ich mir vorstellen, dass das mittlere Kind in mir die Aufmerksamkeit sicher sehr genossen hat.

Als ich vierzehn war, kam John Baraldi an unser Jugendtheater und veränderte für viele von uns das ganze Leben mit seiner positiven Einstellung und seiner Energie. In Latzhosen und Clogs, was wir alle ziemlich cool fanden und ich ihm später nachmachte, organisierte er für eins unserer Stücke ein Gastspiel in Derbyshire. Es war nur ein Wochenende, aber ich war begeistert von der Freiheit, zum ersten Mal mit Freunden unterwegs und von zu Hause fort zu sein. Wir blieben lange auf einer Party, und meine Freundin Jenny Le Mesle und ich brachten uns »Handtanzen« bei, nachdem wir einem »echt starken« Typen dabei zugeschaut hatten, wie er komplizierte, fließende Bewegungen mit den Händen machte, sich ansonsten aber relativ ruhig hielt. Das fanden wir total einmalig und nahmen es mit zurück nach London. In den nächsten paar Jahren tanzten wir bei jeder Party mit den Händen und fühlten uns den »Ganzkörpertänzern« immer ein klein wenig überlegen. Wir haben uns nie gefragt, warum es sich nicht durchgesetzt hat.

In dem glühheißen Sommer, als ich sechzehn wurde, fuhr John mit uns zu einem Gastspiel nach Tønsberg in Norwegen, für mich das Aufregendste, was mir je passiert war. Bis dahin hatte meine einzige Auslandsreise in einem Tagesausflug mit der Fähre nach Boulogne in Frankreich bestanden. Da waren wir nun – zwölf Teenager auf Reisen, per Zug und Bus über Dänemark –, fühlten uns frei und ließen es so sehr krachen, wie wir durften.

In Tønsberg wohnten Jenny und ich bei einem gleichaltrigen Mädchen, deren Eltern ein geräumiges Holzhaus hatten; das faszinierte mich besonders, denn ich hatte bisher nur Steinhäuser kennengelernt. Außerdem parkten zwei Autos vor der Tür, wodurch die Familie sehr reich wirkte. Heute ist es auch in Großbritannien ganz normal, dass eine Familie zwei Autos hat, aber damals war das anders. Wenn ich mir Fotos von Wohngegenden aus den frühen Siebzigern anschaue, einschließlich der Straße, in der ich als Kind wohnte, steht sogar fast nirgendwo ein Auto vor dem Haus.

In Norwegen war alles so exotisch: die Smörgåsbord-Frühstückbüfetts, die Milch in Packungen statt in Glasflaschen, frisch gepresster Obstsaft statt Konzentrat, und ich war ganz verliebt in die schicke, minimalistische skandinavische Inneneinrichtung. Der Einfluss von Habitat war damals noch nicht über Chelsea hinausgekommen, und es sollte noch mindestens zehn Jahre dauern, bis die Mode des allgegenwärtigen Blumenmusters von IKEA entblättert wurde. Ich war verblüfft, wie verbreitet blonde Haare in Norwegen waren, während die Menschen dort ihrerseits von meinen Haaren verblüfft waren und staunend meinen Afro befühlten. Ich liebte die atemberaubenden Felder und Fjorde, die Partys, zu denen wir spätabends noch durchs Fenster unserer Gastgeber entschlüpften, um im Wald um ein Lagerfeuer zu sitzen, das Stück, das wir oben auf einem Hügel zwischen alten Ruinen aufführten, während die Sonne unterging.

Mein Hunger nach dem Ausland, dem ich nachgehe, seit ich um die zwanzig bin, setzte mit dieser Reise ein, meiner ersten echten Erfahrung mit einer anderen Kultur.

Nachdem ich durch das Jugendtheater unter die »Künstler« gegangen war, fing ich an, mich extravagant zu kleiden, und ab sechzehn spiegelte sich darin auch der rebellische Geist, der wie eine unaufhaltsame Flutwelle in mir aufwallte. Ich bekannte mich jetzt ganz bewusst zu meiner Außenseiterinnenrolle, bewegte mich weg von dem unsicheren Kind, das lieber zu Boden als geradeaus blickte oder auf dem Weg zur Schule im Gehen ein Buch las, hin zu einer voll bekleideten Exhibitionistin, die sich selbst weithin sichtbar und lautstark präsentierte. Das Theater und das Rollenspiel verstärkten meine Entschlossenheit zur Selbstdarstellung in einer Kultur, in der Frauen sich anzupassen hatten, und wenn sie doch einmal auffielen, dann allenfalls als Objekt männlichen Begehrens – als sexualisierte Schönheit, die Auffahrunfälle verursachte, aber ganz sicher nicht, indem sie die einheitlich »femininen« Dresscodes missachteten. Schwarze Frauen neigten in den Siebzigern zu konservativer Kleidung – Röcke, Blusen, taillierte Blazer, Pumps –, um seriös und achtbar zu wirken. Aber es blieb eine Tatsache, dass wir uns nie ganz anpassen konnten, zumindest damals nicht. Dafür hatten wir die falsche Hautfarbe.

Während der letzten beiden Jahre vor dem Abschluss durften wir an meiner Schule, der Eltham Hill Girls' School, auf die Uniform verzichten und unsere eigenen Kleider tragen. Ich stolzierte in den Klamotten herum, die ich selbst für mich anfertigte, weil ich schon früh von meiner Großmutter und einer ihrer Schwestern Stricken, Nähen und Häkeln gelernt hatte. Wie auch mit den Theaterstücken und Büchern, die ich einmal schreiben sollte, hatte ich beschlossen, mir das, wovon ich glaubte, es in meinem Leben dringend zu brauchen, selbst zu erschaffen. In diesem Fall bestand meine Paradeuniform aus einem langen, gestreiften Strickmantel, einem kunterbunt gestreiften Strickpullover, einem kunterbunten Strickschal, einer roten, keck auf meinem Afro platzierten Baskenmütze, Stricksocken im Inka-Stil und einem Patchwork-Jeansrock, den ich mir gekauft hatte; vervollständigt wurde das ganze Ensemble von weißen Steppschuhen. (Vielleicht waren die Socken ja eine Spur zu viel.)

Die Mutter einer Freundin legte mir nahe, meinen schrägen Kleidungsstil etwas zu zügeln, weil er mich zu auffällig mache; so würde ich noch zur Zielscheibe von Rassisten werden. Ich lachte nur darüber, wie auch heute noch bei schlechten Ratschlägen. Ich würde mich keinesfalls kleiner machen, als ich war – mich wieder unsichtbar machen –, nur, um vielleicht ein weniger riskantes Leben zu führen.

Damals wohnte eine Straße weiter George O'Dowd, bevor aus ihm der Popstar Boy George mit seinem wunderbar exzentrischen, androgynen Kleidungsstil wurde. Wir kannten uns nicht, aber unsere Väter kannten sich. David Bowie, der ganz in der Nähe meiner Schule in Eltham aufgewachsen war, bereitete mit seinem spektakulär-unerhörten androgynen Stil gerade den Weg. Heute ist mir klar, dass ich, genau wie sie, als Kind der Vorstadt, weit weg von angesagten Orten wie der King's Road und der Carnaby Street, eine Ansage dazu machen wollte, wo ich mich in der Gesellschaft verortete. In meinem Fall ging es nicht darum, Mr. und Mrs. Suburbia mit ihren zweieinhalb Kindern zu gefallen, die den »Goldstandard« vertraten, dem ich ohnehin nie entsprechen konnte, vielmehr waren meine Kleider der stilistische Fingerzeig in die Richtung, die mir mein Ehrgeiz wies: Ich hatte noch viel vor und konnte es kaum erwarten, so weit wie irgend möglich von ihnen wegzukommen.

Wer immer mich damals sah, sollte wissen, dass diese junge Dame keinen Beruf anstrebte, der sie zwingen würde, in wie auch immer gearteter Bürokleidung zu erscheinen. Ich arbeitete ganz offensichtlich auf eine künstlerische Tätigkeit hin, und die bloße Vorstellung eines Bürojobs hätte Selbstmordgedanken in mir geweckt. Erst kürzlich wollte eins meiner Geschwister von mir wissen, warum in aller Welt ich mich als Teenager eigentlich so auffällig gekleidet hätte, wo es in unserer Kindheit doch vor allem darum gegangen sei, uns anzupassen. Ich hatte meine Antwort sofort parat, war aber doch erstaunt, dass wir dieses Gespräch vorher nie geführt hatten.

Ich rechne es dem Jugendtheater hoch an, dass es auf jede denkbare Weise meinen Horizont erweitert hat. Es hat mich nicht nur an die Künste herangeführt, sondern in einer gemeinschaftlichen, studentischen Atmosphäre ohne jedes Konkurrenzdenken auch meine Individualität, Empathie und Fantasie gefördert und mir geholfen, Selbstwertgefühl, Selbstbewusstsein und Selbsterkenntnis zu entwickeln. Außerdem wurden wir ermutigt, selbständig zu denken – ganz anders als in der katholischen Kirche, die ich aus meiner Kindheit kannte und die uns zu blindem Glauben und absoluter Loyalität einer unsichtbaren Wesenheit gegenüber nötigte, weil wir andernfalls auf ewig im Höllenfeuer schmoren würden, oder aber in der Schule, wo unsere Englischlehrerin uns sehr klar vermittelte, dass nur ihre Interpretation eines literarischen Werkes die richtige sei, und wir also, um eine gute Note zu bekommen, irgendwie erraten mussten, was sie über ein Gedicht dachte, anstatt unsere eigenen Ideen zu entwickeln. Und wenn wir im Jugendtheater mal aufsässig wurden, sprach man respektvoll mit uns, ganz anders als zu Hause, wo ich mit der ständigen Drohung körperlicher Züchtigung lebte.

Durch das Jugendtheater wurde ich zur fleißigen Theatergängerin, eine Leidenschaft, die nie nachgelassen hat. Ich kann mich an jede einzelne Schwarze Frau erinnern, die ich in meiner Teenagerzeit auf der Bühne sah. Es waren ja so wenige. Die erste war Cleo Sylvestre, 1973, im Zelttheater des Bubble Theatre auf der Blackheath Common, gefolgt von der deutschen Schauspielerin Miriam Goldschmidt in Peter Brooks epochaler Inszenierung *The Ik* am Roundhouse Theatre 1975; etwa zur selben Zeit sah ich auch Brenda Arnau im West End, in einer Musical-Fassung des Shakespeare-Stücks *Zwei Herren aus Verona*.

Diese Schauspielerinnen machten mir klar, dass eine Schauspielkarriere auch für mich erreichbar war, umso mehr, als sie alle *mixed-race* waren – wobei der Grund, dass sie nicht dunkler waren, vermutlich im Colourism zu suchen ist. Bis vor sehr Kurzem noch hatten es Schwarze Schauspielerinnen mit dunklerer Haut beim Casting deutlich schwerer als hellhäutigere.

Als an meiner Schule ein neuer Theaterclub gegründet wurde, konnte ich gar nicht anders, als mitzumachen, und wurde, zusammen mit meiner Freundin Hilary Smith, schnell zur Hauptakteurin. Ganz in meinem Element war ich, als ich die Rolle des Captain Cat in *Unter dem Milchwald* von Dylan Thomas bekam, ein wunderbarer Text mit seiner Symphonie aus lyrischen Stimmen, die schwebend aufscheinen und wieder verklingen, und seinen Ausschnitten aus dem ganz normalen Alltagsleben in einem walisischen Fischerdorf. Ich zog Kraft daraus, den Captain vor einem Publikum zu spielen, das gebannt an meinen Lippen hing. Diese Menschen schenkten mir ihre Anerkennung, und ich fühlte mich gehört, obwohl es nicht meine eigenen Worte waren.

In meiner Darstellung der Sprache und Rhythmen von *Unter dem Milchwald* suchte ich nach Gefühlen, die sich für mich authentisch anfühlten, auch wenn sie das kaum gewesen sein können: Ich war ja eine vierzehnjährige Londonerin, die versuchte, sich als alter walisischer Schiffskapitän auszugeben, nebst nachgemachtem Akzent und allem Drum und Dran. In einem Alter, in dem es Kindern oft schon schwer genug fällt, Gefühle einfach nur zu haben, versuchte ich, meine zu erforschen, und das auch noch in einem aufgeheizten, riskanten Umfeld, in dem man mich bewerten würde – in diesem Fall ausschließlich positiv. Sogar die Direktorin, eine distanzierte, tweedbewehrte Gestalt und in meinem damaligen Leben die einflussreichste Person, beglückwünschte mich zu meiner Leistung. Damit war alles klar: Zum ersten Mal im Leben merkte ich, dass ich womöglich in etwas gut war, und dieses Gefühl berauschte mich so, dass ich beschloss, Schauspielerin zu werden, wenn ich groß war, und dieses Ziel von da an mit unbeirrbarer Entschlossenheit verfolgte.

In der nächsten Schulaufführung wurde ich als Demetrius im *Sommernachtstraum* besetzt. Die Rolle, die mir aus meiner Sicht zugestanden hätte – der mächtige Elfenkönig Oberon – ging an Hilary, die zugegebenermaßen großartig darin war. Trotzdem schmollte ich während der kompletten Proben und, wie ich leider zugeben muss, auch noch während der Aufführung. Beste Anlagen zur kapriziösen Diva, muss man sagen.

Während dieser Teenagerjahre wurde ich von einer, die sich durch das Lesen von Romanen schon immer vom Leben der anderen fesseln ließ, zu einer, die im Theaterspiel versuchte, sich in andere zu verwandeln, was schließlich in den Wunsch münden sollte, andere Leben als mein eigenes regelrecht zu bewohnen, indem ich selbst Romane schrieb.

Die nächsten zehn Jahre, bis ich Mitte zwanzig war, blieb ich Schauspielerin, und heute ist mir klar, dass man Texte, wenn man sie spielt, ganz anders aufnimmt, als wenn man sie nur still für sich liest oder auch laut. Wenn man zu einer Figur wird, ihre Wahrheiten findet und diese übermittelt, meist im Kontext des Zusammenspiels mit anderen Schauspielerinnen und Schauspielern während der Proben und bei der Aufführung, befindet man sich mitten in einem alchemistischen Prozess, bei dem das Ich, das man kennt, und das Ich, zu dem man im Spielen wird, miteinander verwoben und emotional verbunden werden. Geschieht das live vor Publikum, kann es für beide Seiten zum erhabenen Erlebnis werden, und die Schwingungen, die den ganzen Aufführungsort erfassen, sind elektrisierend.

Als Geschichtenerzählerin zieht es mich beständig dahin, die menschliche Psyche zu begreifen und zu vermitteln und das Leben meiner Figuren selbst zu bewohnen, es von innen zu erspüren, fast so wie früher als Schauspielerin. Beim Schreiben neige ich seit jeher zur Ich-Erzählung und zur Entwicklung der nötigen bauchrednerischen Fähigkeiten, um eine Figur zum Leben zu erwecken. Das führt direkt zurück in die Zeit, als ich Schauspielerin war, und zwar eine, die auch selbst schrieb und ihre eigenen Stücke spielte. Die Verschmelzung der Kunst des Schreibens mit der des Darstellens hat mein Verständnis für die Charakterisierungsmöglichkeiten im Roman bereichert, und das ist mir bis heute geblieben.

Außerdem schenkte mir das Theater eine Leidenschaft, einen Fokus und eine Richtung für meine Zukunft. Ich habe nie zu den Jugendlichen gehört, die nicht wussten, was sie mit ihrem Leben als Erwachsene anfangen sollten. Und nicht zuletzt bot mir das Jugendtheater auch ein Gegengewicht zum streng konformistischen kulturellen Ethos an meiner Schule, das gerade diejenigen von uns befremdete, die es trotz größter Mühen nie wirklich schafften, dazuzugehören.

Als ich fünfzehn war, führte eine Klassenkameradin von mir für ihre Soziologieprüfung eine Studie durch, bei der sie alle anderen Mädchen in der Klasse fragte, ob sie sich vorstellen könnten, neben einer »farbigen« Familie zu wohnen. Danach kam sie feixend zu mir und berichtete, 75 Prozent meiner Klassenkameradinnen hätten gesagt, das könnten sie nicht. Ich habe diese Botschaft nie vergessen und auch die Botschafterin nicht. Die Mädchen in meiner Schule waren alle wohlerzogen und hätten sich mir gegenüber nie offen rassistisch gezeigt, und es ist mir auch nie schwergefallen, Freundinnen zu finden, aber jetzt wurde mir doch klar, dass unter der Oberfläche rassistische Haltungen schwelten. Ohne die Umfrage hätte ich mir da nie sicher sein können. Und weil ich als Kind erlebt hatte, wie mein Elternhaus von denen angegriffen wurde, deren Rassismus in Form von Gewalt an die Oberfläche drängte, war es eine weitere Mahnung an mich, nicht zu vergessen, dass der Großteil meiner Mitschülerinnen People of Colour als unerwünscht betrachtete. Ich erlebte es als kollektive Ablehnung durch eigentlich Gleichgestellte.

Mein erwachsenes Ich begreift hingegen, dass ihre Haltung von einer Medienlandschaft geprägt war, die People of Colour ungehindert negativ präsentieren konnte, vor allem, bevor Rassismus 1976 zur Straftat erklärt wurde. Eltham war eine weiße Wohngegend; die meisten dieser Mädchen hatten sicher ausschließlich Kontakt zu Weißen oder kannten nicht genug People of Colour, um sich eine eigene Meinung zu bilden.

Tatsächlich kann ich mich gut erinnern, dass ich als Teenager oft als Ausnahme betrachtet wurde, die die rassistische Regel bestätigte, wenn es im Gespräch um Klischees über Schwarze ging. Ich sei ja anders, wurde mir gesagt, ich sei überhaupt nicht wie die anderen »Farbigen«, schlicht und einfach deswegen, weil die Leute mich persönlich kannten.

Etwa zu dieser Zeit erfuhr ich auch noch eine Ablehnung, die meine Berufspläne nachhaltig erschütterte. Als ich das erste Mal hörte, dass es in Großbritannien ein National Youth Theatre (NYT) gab, wollte ich dort sofort mitmachen, es schien mir der offensichtliche nächste Schritt nach dem Jugendtheater hier vor Ort. Ende der Siebziger sprach ich einmal erfolglos vor, und weil ich mir absolut sicher war, dass sie sich geirrt haben mussten, versuchte ich es ein zweites Mal, mit demselben Ergebnis. Ich hätte es wohl auch noch ein drittes Mal versucht, wenn dann nicht bereits die Vorsprechen an den Schauspielschulen angestanden hätten. Hier bildete sich bereits eine Strategie heraus, nach der ich mich, wenn ich etwas beruflich wirklich erreichen wollte, immer wieder bewarb, egal, ob es darum ging, einen Platz an einer Schauspielschule zu bekommen, einen Verlag zu finden, mir ein Stipendium zu sichern oder meinen ersten Büchern mehr Aufmerksamkeit zu verschaffen.

Kein Nein so einfach hinzunehmen, diese Haltung versuche ich auch den jungen Menschen mitzugeben, die ich unterrichte, vor allem denjenigen, die nach der Absage eines einzigen Verlags so am Boden zerstört sind, dass sie das Schreiben gleich ganz wieder aufgeben wollen. Dann verweise ich auf die vielen Geschichten von Schreibenden, die tonnenweise Absagen kassiert haben, bis sie schließlich doch noch veröffentlicht wurden.

Ich habe schon Studierende erlebt, die ihren Traum vom Schreiben begraben wollten, weil sie für ihre Abschlussarbeit im Creative-Writing-Studiengang nicht die Bestnote bekamen. (Denen erzähle ich dann, dass ich bei meiner A-Level-Prüfung in Englisch durchgefallen bin.) Ein brillanter junger Mann aus der Working Class, mit karibischen Wurzeln, wollte eigentlich in Oxford studieren, hatte eine Absage bekommen und sich daraufhin traurig mit der zweiten Wahl begnügt. Ich war die Einzige, die ihn ermunterte, sich im Jahr darauf erneut zu bewerben, während alle anderen ihn für sein »Scheitern« bemitleideten. Und ich kann mit Freuden berichten, dass er auf mich hörte, sich für ein anderes Fach bewarb, angenommen wurde und sich bestens geschlagen hat.

Wir, die wir nicht einfach nur unbeschwert durch unsere Jugendjahre gesegelt sind und dadurch gelernt haben, niemals aufzugeben, haben die Pflicht, den Jüngeren zu zeigen, wie sie es genauso machen können. Und Menschen, die Eliteschulen absolviert und einen familiären Hintergrund haben, der ihnen das ideale Sprungbrett für die besten Universitäten und Berufe bietet, verfügen über ein Insiderwissen, das für andere, die ohne solche Privilegien aufwachsen, unschätzbar ist. Ich bin eine große Verfechterin von Mentoringprogrammen und würde mir wünschen, dass sich viel mehr Menschen dafür engagieren.

Übersehen hatte ich damals, vor all den Jahren, übrigens, dass das National Youth Theatre immer schon ein Männerverein war, der Shakespeare inszenierte oder neue Stücke in Auftrag gab, die sich hauptsächlich um Jungs und Männer drehten. In dieses Reich wurden überhaupt nur wenige Frauen vorgelassen und noch weniger Frauen of Colour. Das Theater war 1956 gegründet worden, 1985 wurde die erste Dramatikerin überhaupt mit einem Stück beauftragt. Unabhängig von meinen schauspielerischen Qualitäten hätten mir also auch Race und Gender den Zugang zu dieser Einrichtung verbaut, so wie es mir wenig später auch bei meinen Bewerbungen an Schauspielschulen passieren sollte.

Das soll jetzt nicht nach sauren Trauben klingen; betrachten wir es eher als ein Bitter-Lemon-Lamento auf all die Mädchen, die jemals davon geträumt haben, auf ihrem Weg zur professionellen Schauspielerin im Jugendtheater ihres jeweiligen Landes mitzuwirken, nur um dann vermittelt zu bekommen, sie seien »nicht gut genug«; wahrscheinlich kam keine von ihnen jemals auf die Idee, das alles im größeren Kontext zu sehen.

Ich begnügte mich damals jedenfalls mit einem Ferienjob im Foyer-Café des Shaw Theatre, wo das NYT residierte, und machte mich auf diese Weise bei den jungen Leuten beliebt, die als Mitglieder aufgenommen worden waren. So kam ich sogar an zwei Dates mit echten NYT-«Hengsten«. (Schon geht's wieder los, und ich bin wieder Teenager.) Näher als mit diesem Café-Job kam ich einer Mitgliedschaft selber nie, aber weil ich ja in der Gastronomie arbeitete, konnte ich den in mich gesetzten Erwartungen auch bestens genügen – logisch.

Wie ich sie bewunderte und beneidete, diese seligen Altersgenossen, wenn sie nach der Probe oder nach der Vorstellung ins Foyer strömten und ich ihnen Tee aus dem großen Kessel einschenkte und ihnen ein Käsebrötchen mit Salt-&-Vinegar-Chips servierte und noch einen Mars-Riegel dazu.

*

Das nächste Stadium meines »Mistressplans« war die Bewerbung an einer Schauspielschule, und ich fing noch während des letzten Schuljahrs damit an, mich dort vorzustellen. Um aufgenommen zu werden, musste man vorsprechen, und dazu gehörten vorbereitete Monologe, Auswahlgespräche und manchmal auch Workshops. Es war nervenaufreibend, aber oft entstand zwischen den Vorsprechenden auch ein großes Gefühl der Verbundenheit. Ich kann mich nicht erinnern, dass irgendwer mit den Eltern gekommen wäre, weswegen es mich heute auch immer wieder verblüfft, wenn am Tag der Offenen Tür meiner Universität komplette Familien anrücken, manchmal mit mehreren Generationen im Schlepptau. Drei Jahre lang sprach ich überall vor und kassierte viele Absagen, es stand aber nie zur Debatte, nicht weiterzumachen, bis mich eine gute Schule meiner Wahl endlich aufnehmen würde.

Bei der ersten Vorsprechrunde bekam ich die Zusage einer damals nicht sehr angesehenen Schule, von der man mir zu Recht abriet. An einigen der angesehensten Schulen, die ich wirklich gern besucht hätte, schaffte ich es in die zweite Auswahlrunde oder auf die Warteliste, aber nicht weiter. Bei einem denkwürdigen Vorsprechen an der (heute noch mit einem »Royal« versehenen) Central School of Speech and Drama nahm man mich beiseite und untersuchte meine Zähne und meine Mundhöhle, als wäre ich ein Pferd oder eine Kuh oder, schlimmer noch, ein versklavter Mensch. Ich kann mir das nur mit meinem vorstehenden Kiefer erklären. Mit meinem Sprechvermögen hatte es jedenfalls nichts zu tun; ich habe eine laute Stimme und keinerlei Probleme mit der Artikulation. Ich weiß noch, wie ich dachte, dass mit mir etwas nicht stimmen müsse – anstatt mit denen. Wie oft geißeln wir uns selbst dafür, wenn wir ungerecht behandelt werden? Aber natürlich waren meine Erfahrungen nichts gegen die regelmäßigen Demütigungen einer Schauspielerin auf Arbeitssuche, für die eine Absage aufgrund ihres Äußeren quasi ganz normaler Büroalltag ist.

Es dauerte eine Weile, bis ich herausfand, dass Schauspielschulen People of Colour ungern aufnehmen, denn wenn es, so die Argumentation, ohnehin nur wenige Rollen für uns gibt, wozu soll man uns dann noch groß ausbilden? Das war ja grundsätzlich nicht falsch, aber anstatt gegen diese Diskriminierungskultur anzugehen, verstärkten die Schulen sie damit nur. Sie neigten dazu, Menschen auszusuchen, die den traditionellen Vorstellungen von Attraktivität entsprachen, und auch mehr männliche als weibliche Studierende aufzunehmen, wobei immer ein, zwei Plätze für das »Charakterfach« reserviert blieben. Talent war wichtig, aber nicht, wenn man als grundsätzlich unbesetzbar galt, was immer das im Einklang mit den kulturellen und genderbasierten Vorurteilen der damaligen Zeit genau hieß. Als die Schauspielerin und Autorin Michaela Coel 2009, dreißig Jahre, nachdem ich mich dort beworben hatte und abgelehnt worden war, ihr Studium an der Guildhall School of Drama aufnahm, war sie dort die erste Schwarze Studentin seit fünf Jahren.

Wer sich als Person of Colour an Schauspielschulen bewarb, sah sich in den allermeisten Fällen mit strukturellem Rassismus konfrontiert. So talentiert man auch sein mochte, man hatte es immer um einiges schwerer, einen Fuß in die Tür zu kriegen, und an dieser Stelle sei die Bemerkung gestattet, dass es ohnehin nicht leicht ist, an so eine Einrichtung zu kommen: An manchen Schulen bewerben sich hundert Personen um einen Platz, und es werden nur zwanzig Studierende pro Jahrgang angenommen.

Aufs Ganze gesehen waren Absagen allerdings das Beste, was mir passieren konnte, weil sie mich noch ehrgeiziger und entschlossener machten. Wäre ich gleich beim ersten Vorsprechen an einer der besten Schulen gelandet, hätte ich davon den Eindruck mitgenommen, eine Bühnenkarriere sei ein Kinderspiel, und das ist sie nicht – für niemanden.

Die Tatsache, dass ich am Ende vier Zusagen von guten Schulen hatte, zeigt vermutlich, dass man sich einiges von mir erwartete (und so viele Jahre später darf ich endlich in diesem Buch damit angeben!). Für das Rose Bruford College entschied ich mich, weil dort der Community-Theatre-Studiengang angeboten wurde und ich schon ahnte, dass ich als Person of Colour vermutlich eher im Community-Theater oder auf alternativen Bühnen Beschäftigung finden würde als anderswo.

Eine bessere Entscheidung habe ich selten getroffen.

1. Ich liebe dieses Foto, das vor etwa hundert Jahren in Nigeria aufgenommen wurde. Es zeigt Maria und Alexandra, die beiden älteren Schwestern meines Vaters aus der ersten Ehe *seines* Vaters. Vor allem das Mädchen links sieht ihm richtig ähnlich. Seine Zwillingsschwester, Juliana Kehinde Obafunmi, starb bei der Geburt ihres Kindes, bevor mein Vater 1949 nach Großbritannien auswanderte. Mehr weiß ich nicht über meine verlorenen Tanten.

2. Zenobia Evaristo (1967 verstorben), meine Großmutter, vermutlich an ihrem Hochzeits-tag in den 1920ern. Ich habe sie nie kennengelernt, aber sie war jahrelang mein spiritueller Leitstern, nur aufgrund dieses umwerfenden Fotos.

3. Gregorio Bankole Evaristo (1927 verstorben), mein Großvater – der Kraft, Autorität, Stilgefühl und eine gewisse »Bleib mir vom Leib«-Aura verströmt. Er war ein *aguda*, aus der Generation befreiter Afrikanerinnen und Afrikaner, die auf ihren Kontinent zurückkehrten, nachdem die Sklaverei 1888 auch in Brasilien ihr spätes Ende gefunden hatte, und starb noch vor der Geburt meines Vaters. Ein weiterer verlorener Strang meiner Familiengeschichte.

4. Die Eltern meiner Mutter: Margaret Ellen Brinkworth, geb. Burt (1905–1986) und Lesley Brinkworth (1905–1955), der kurz vor der Geburt seines ersten Enkelkinds starb. Beide waren Briten, aber Nanas Mutter stammte aus Irland und die Mutter meines Großvaters war zur Hälfte deutsch. Durch ihre Vorfahren kommen auch ein paar schottische und norwegische Erbanteile in die Familie.

5. Der große Tag, als die LIEBE triumphierte. Camberwell, 1954.

6. *Oben:* Die Autorin als kleiner Mops, 1960. *Unten:* Das einzige Foto von allen acht Kindern zusammen. Ich bin die, die richtig dämonisch dreinschaut. Irgendwann in den 1960ern.

7. *Oben:* Mit sieben, bei meiner Erstkommunion. Mein Begleiter kann es sichtlich kaum erwarten, von mir wegzukommen. *Unten:* Mit meiner kleinen Schwester Charlotte vor unserem Elternhaus. Sie war es, die meine Mini-Diktatur in unserem gemeinsamen Zimmer ertragen musste. 1972.

8. Lob sei dir, Bernie! Anbetungswürdige! Ich könnte mir vorstellen, dass mir diese Inszenierung des Greenwich Young People's Theatre über die uralten heidnischen Kulte Großbritanniens ziemlich zu Kopf gestiegen sein muss. Die junge Frau, deren Gesicht zu sehen
ist, trägt blaue Schminke, dem Färberwaid nachempfunden, den die Kelten für ihre Kriegs-
bemalung verwendeten. 1974.

9. Im letzten Schuljahr mit meinen Klassenkameradinnen Sue Keys, Pat Edwards und Julia Scholte. Ms Evaristo vom House of Suburbia trägt einen spektakulären Wollmantel nebst Pulli und Schal, die sie allesamt selbst entworfen und gestrickt hat – ganz ohne Strickmuster, sie sah sich nämlich außerstande, Anweisungen zu befolgen. Das kann sie bis heute nicht.

10. Dieses Foto hat Hilary Smith gemacht, als wir einmal nachmittags im Garten meines Elternhauses herumalberten, anstatt für unsere A-Level-Prüfungen zu lernen. Eine weitere
Schulfreundin von damals hat mir neulich in Erinnerung gerufen, dass ich immer schon erklärt hätte, ich würde irgendwann berühmt werden. Was ich natürlich vergessen hatte. 1977.

11. Schauspielschulabsolventin, zwischen Bettlaken auf einer Wäscheleine hervorspähend und über die Zukunft sinnierend, die vor ihr liegt. Ihr älteres Ich denkt sich heute, dass dieses jüngere Ich damals keinen blassen Schimmer hatte – und trotzdem ausgesprochen cool aussah. Aufgenommen von Jenny Le Merle im gemeinsamen Haus in New Cross, 1982.

12. Mit X am Abend unserer Begegnung im Melkweg, Amsterdam, 1982.

13. Anfang der Achtziger, als es noch keine Spezial-Friseure dafür gab, war Dreadlocks-Drehen eine ernste Angelegenheit, und junge Frauen, die aus modischen Gründen Dreads trugen, verstanden den Look als rebellischen Akt gegen das weiße Schönheitsideal. Die Leute glaubten dann, man sei komisch, gefährlich und würde sich nie die Haare waschen. Mit Patricia St. Hilaire im Zug, 1983.

14. Die erste Fassung von *Lara*. Ernster Blick – große Träume. 1997.

15. *Oben:* Auf Lesereise mit der Lyrik-Anthologie *Bittersweet.* Vorne v. l. n. r.: Raman Mundair, meine Wenigkeit, Malika Booker, Patience Agbabi. Hinten v. l. n. r.: Janet Kofi-Tskepo, Dorothea Smartt, Karen McCarthy Woolf, Parm Kaur, Khefri Riley, Vanessa Richards. Foto von Lyndon Douglas Photography, mit freundlicher Genehmigung von Melanie Abrahams von Renaissance One. Cobden Club, Ladbroke Grove, 1999. *Unten:* Zum Schönsten an Literaturfestivals und Buchmessen gehört das Zusammentreffen und der Austausch mit anderen Schreibenden und literarischen Freundinnen und Freunden. V. l. n. r.: Biyi Bandele, meine Wenigkeit, Colin Channer, Melanie Abrahams, Courttia Newland, Kwame Dawes. Miami Book Fair, 1999.

16. Meine und Seine Wenigkeit beim Fruitstock Festival im Regents Park, London – in dem Jahr, als wir uns kennenlernten, 2006.

17. Über Nacht berühmt geworden bin ich nicht, und doch hat sich alles über Nacht verändert. Mit Margaret Atwood bei der Booker-Prize-Verleihung, Guildhall, 14. Oktober 2019.

FÜNF

Lyrik, Roman, Versroman,
fusion fiction

five (Englisch)
fíf (Altenglisch)
márùn (Yoruba)
a cúig (Irisch)
cinco (Brasilianisch)

Während meiner Zeit am Theater, erst als Kind und später als Erwachsene, hätte ich mir nie träumen lassen, dass ich eines Tages Bücher schreiben würde, aber genau das ist seit 1994 mein Beruf, als mein Lyrikband *Island of Abraham* erschien. In diesem Kapitel möchte ich die verschlungenen Wege betrachten, die mich zu meinen Büchern geführt haben, und die Beharrlichkeit, die nötig war, um sie fertig zu schreiben.

Schreibratgeber mit Anleitungen und Übungen zu sämtlichen handwerklichen Bestandteilen gibt es inzwischen ja in rauen Mengen, aber eine detaillierte Darstellung der tatsächlichen Praxis eines schreibenden Individuums ist nach wie vor relativ selten. Dabei gibt es beim Verfassen von Büchern so viele Aspekte, die ein Lesepublikum vielleicht überraschen könnten, das ja immer nur mit dem makellos fertigen Produkt in Kontakt kommt und in aller Regel nichts von dem mühevollen Prozess ahnt, der es erst zustande gebracht hat.

Island of Abraham speiste sich aus meinem Interesse an afrikanischer Geschichte und meinen Reisen durch Afrika, wohin ich, seit meinen ersten Besuchen in Kenia, Ägypten und Madagaskar mit Mitte zwanzig, regelmäßig flog. Ich schickte das Manuskript an zwanzig Verlage, bis es schließlich von einem, Peepal Tree Press, angenommen wurde. Als das Buch erschien, waren manche der Gedichte bereits zwölf Jahre alt. Ich hatte das Gefühl, mich in der Zwischenzeit als Autorin sehr weiterentwickelt zu haben, und fand die Gedichte stilistisch, handwerklich und psychologisch viel zu schlicht und außerdem humorlos.

Obwohl ich schon mehrere Theaterstücke verfasst hatte, die auch aufgeführt wurden, hatte ich mich vor der Veröffentlichung von *Island of Abraham* nie als Autorin betrachtet, und selbst danach fühlte ich mich noch nicht ganz wohl damit, mich selbst so zu bezeichnen. Tat ich es doch einmal, wurde ich sofort misstrauisch gefragt: »Haben Sie denn schon was veröffentlicht?« Oder: »Habe ich vielleicht schon was von Ihnen gelesen?« – die diskretere Variante, sich zu vergewissern, ob ich auch wirklich ein Buch geschrieben hatte. Auf diese Frage hätte ich immer am liebsten geantwortet: »Woher soll ich das wissen?«

Hätte ich erzählt, ich sei Lehrerin, hätte mich auch niemand gefragt, ob ich denn schon mal unterrichtet hätte. Hätte ich gesagt, ich sei Putzfrau, hätte niemand meinen Wischmop sehen wollen. Und wäre ich weiß, männlich und aus der Middle Class gewesen, hätte aller Vermutung nach sowieso kein Mensch am Wahrheitsgehalt meiner Berufsbezeichnung gezweifelt.

Jahrelang sparte ich *Island of Abraham* aus meinem Lebenslauf aus, weil ich vermeiden wollte, dass jemand damit in mein Werk einstieg. Ich hatte das Gefühl, erst mit *Lara* (1997), meinem zweiten Buch, einem halb autobiographischen Roman in Versen, in dem ich meine Familiengeschichte und meine eigene frühe Kindheit fiktiv verarbeite, die spannendere, originellere Autorin geworden zu sein. Außerdem hatte ich in der Zwischenzeit meinen Humor beim Schreiben gefunden.

Ursprünglich hatte ich vorgehabt, mich mit *Lara* endlich von der Lyrik wegzubewegen und Prosa zu schreiben, denn ich wollte ja die Geschichte der Widerstände gegen die englisch-nigerianische Ehe meiner Eltern erzählen und empfand die Weite eines Romans als passendere Form dafür. Über diesen Aspekt der britischen Gesellschaft gab es damals kaum einen Roman und definitiv keinen aus afrikanisch-englischer Perspektive. Ich wollte die Geschichte meiner Eltern im Bewusstsein verorten.

Die erste Fassung des Buches entstand also in Prosa, obwohl ich noch nie Prosa geschrieben hatte und mich schwer damit tat, daran zu glauben, dass ich der Aufgabe gewachsen war. Das hielt mich aber nicht auf, dafür war der Drang, die Geschichte meiner Eltern zu erzählen, viel zu groß. Nach drei Jahren hatte ich ein unfertiges, auf einer elektrischen Schreibmaschine getipptes Manuskript von zweihundert Seiten, das aber wie Kraut und Rüben war – das reinste Chaos. Ich verstand nichts von Erzählstrukturen, und der lyrische Geist, der mein Schreiben bis dahin mit Energie erfüllt hatte, war verschwunden. Der Wechsel von der Poesie zur Prosa hatte meinen Sprachgebrauch in den Tiefschlaf versetzt. Und ich musste mir schmerzlich eingestehen, dass es, wenn ich selbst keinen Genuss daraus zog zu lesen, was ich geschrieben hatte, auch für andere kein Genuss sein würde. Ich wollte die Geschichte immer noch erzählen, hatte aber keine Ahnung, wie ich das anstellen sollte.

Etwa zur selben Zeit nahm ich an einem Creative-Writing-Kurs der Arvon Foundation auf dem Land teil, mit dem Plan, die Sitzungen zu schwänzen und das Ganze heimlich als Schreibklausur zu nutzen. Das ließen die Veranstalter mir allerdings nicht durchgehen, ich musste doch an den Workshops teilnehmen, und in einer Sitzung schrieb ich plötzlich im Rahmen einer Übung ein Gedicht, mein erstes Gedicht seit drei Jahren, und meine Liebe zur

Sprache war sofort wieder da. Jetzt wusste ich, was ich tun musste. Zurück in London warf ich das ursprüngliche *Lara*-Manuskript in den Müll, ganz buchstäblich, sodass es spurlos verschwunden war, und machte mich daran, die Geschichte in Gedichtform neu zu schreiben. Es war eine wichtige symbolische Geste, das Manuskript wegzuwerfen, um noch einmal ganz neu anfangen zu können, auch wenn ich mir heute wünsche, ich hätte es nicht getan. Ich archiviere gern alles, was ich schreibe.

Das Lösen von Problemen ist ein integraler Bestandteil des kreativen Prozesses, und bei *Lara* wurde mir klar, dass ich mich so gequält hatte, weil ich in einem Stil schreiben wollte, der meinem poetischen Instinkt nicht entsprach. Ich hatte drei Jahre gebraucht, um das Problem dingfest zu machen und eine Lösung dafür zu finden. In den folgenden zwei Jahren schrieb ich die Geschichte in Versform noch einmal und empfand eine völlig neue Hingabe und Leidenschaft für diese Art des Erzählens. Anfangs war es gar nicht einfach: Die halbe Woche starrte ich auf das leere weiße Blatt vor mir, stand aber nicht eher vom Schreibtisch auf, bis ich die erste Zeile für die neue Seite, das neue Gedicht gefunden hatte, von der aus sich der Rest dann unweigerlich sehr viel leichter ergoss.

Lara entstand in der Dachwohnung in Brockley, deren Schlafzimmer, wo ich arbeitete, mir einen Blick über den Süden Londons bot. Dieser Blick steht mir heute noch klar vor Augen, weil ich immer so lange nach draußen schaute, während ich versuchte, für eine Geschichte mit diversen Protagonisten aus den unterschiedlichsten Ländern und Epochen die richtigen Worte heraufzubeschwören. Ich arbeitete halbtags, verdiente nicht viel und ging entsprechend selten unter Menschen. Wenn ich etwas mit einem Mann anfing, kam und ging er meist im Dunkeln und lenkte mich kaum von der Arbeit ab. Es war eine Zeit großer Einsamkeit.

Nachdem ich jedes Gedicht mehrmals handschriftlich überarbeitet hatte, übertrug ich es in den Rechner. Anschließend druckte ich diese Version aus, überarbeitete sie erneut von Hand und gab die Änderungen dann am Bildschirm ein. Dieser Vorgang konnte sich bis zu vierzig Mal wiederholen. Wenn ich das Gedicht dann wieder las und es mühelos floss, genau das sagte, was ich ausdrücken wollte, und ich nicht den Wunsch hatte, noch ein Wort oder auch nur ein Komma zu verändern, wusste ich, dass es fertig war.

Inzwischen war meine Praxis weit von den Anfängen entfernt, als ich meine Gedichte schrieb und außer Stande war, ein einziges Wort daran zu ändern. Damals war die erste Fassung auch die letzte, und ich wäre am Boden zerstört gewesen, hätte jemand Änderungsvorschläge gemacht. Bald lernte ich, dass Schreiben in den allermeisten Fällen eigentlich Umschreiben heißt und dass die anfangs hingekritzelten Worte nur das Rohmaterial bilden, aus dem sich dann womöglich etwas formen lässt, das Substanz hat. Wir Schreibenden lernen ein Leben lang, die Sprache so zu handhaben, dass sie genau das ausdrückt, was wir vermitteln möchten. Auch jetzt, beim Schreiben dieses Buches, nehme ich ständig Änderungen am Material vor und ordne meine Sätze neu, damit sie auch exakt das aussagen, was ich im Sinn habe.

Nach einem halben Jahr Arbeit an der neuen *Lara* und inzwischen sicherer, was Stil und Stoff anging, schaffte ich statt einer Seite pro Woche mehrere; zwei Jahre nach seiner lyrischen Wiedergeburt war es fertig. Insgesamt hatte mich das Buch fünf Jahre gekostet, aber am Ende hatte ich doch mein Ziel erreicht.

Literarische Genres sind mehr als bloße äußerliche Kennzeichnungen. Es sind Techniken, Ansätze, Infrastrukturen, Methoden, die uns bei der Konzeption unterstützen, die unserem Schreiben zugrunde liegt. Die Prägnanz, Dichte und Metaphorik des Lyrischen ermöglichten mir, die ursprüngliche Geschichte von *Lara* über die Ehe meiner Eltern hinaus zu dehnen. Meine Nachforschungen führten mich zu ihren Vorfahren und erweckten sieben Generationen zum Leben, nicht zuletzt meine eigene Kindheit. In gewisser Weise war das Buch meine Reaktion auf den Brief, den ich so viele Jahre zuvor meiner lang verschollenen Verwandten in Nigeria geschrieben hatte, um sie nach der Familie meines Vaters und meiner Verwandtschaft vor Ort zu fragen.

Indem ich die Geschichte über kleinere lyrische Einheiten aufbaute, wurde sie für mich handhabbarer, wohingegen mich die schiere Anzahl der Wörter eines Prosaromans so eingeschüchtert und überwältigt hatte, dass ich schließlich glaubte, darin ertrinken zu müssen.

Meine letzte Überarbeitungsrunde bestand darin, alle Textseiten auf dem Boden im Wohnzimmer auszulegen und mir eine Reihenfolge zu überlegen.

Ich habe es nie bereut, drei Jahre an eine verworfene Fassung des Buches verschwendet zu haben, denn so sah ich das ja eben nicht – weder damals noch bei späteren Werken. Für mich ist der kreative Prozess ein Experiment, Trial and Error – eine Reise ins Unbekannte, die zu immer neuen Entdeckungen führt.

Das Schreiben von *Lara* begründete für mich eine Praxis, die ich bis heute beibehalten habe, dass meine Bücher nämlich gewaltige Überarbeitungen durchlaufen, mitunter bis zu fünfmal. Im Allgemeinen arbeite ich jahrelang an einem Buch, ohne es irgendwem zu zeigen, weil ich erst selbst wissen möchte, wie ich zu meiner Arbeit stehe, bevor mir jemand anders seine Meinung dazu sagt.

Anfangs verstand ich *Lara* als erzählendes Gedicht, bis es kurz vor der Veröffentlichung durch Angela Royal Publishing stand und wir beratschlagten, wie wir es vermarkten sollten. Da beschlossen wir, es zum Roman in Versen zu erklären, damit es seinen Platz in der populäreren Belletristikabteilung der Buchhandlungen finden würde. (Für Versromane gibt es keine festen Regeln; jeder und jede geht anders an die Form heran.)

Als das Buch 1997 erschien, glaubte ich, damit hätte es sich – alles unter Dach und Fach, aber dann wurde der kleine Verlag ein paar Jahre später eingestellt, und das Buch war nicht mehr lieferbar. Daraufhin übernahm mein Unaufhaltsamkeitsgen das Ruder, und ich suchte eine neue Heimat für *Lara* – bei Bloodaxe Books, einem Verlag, den ich schon länger bewunderte. Um das Buch noch einmal frisch und mit einem Anteil des Neuen auf dem Markt zu platzieren, bot ich an, ein weiteres Stück meiner Familiengeschichte fiktional zu verarbeiten, namentlich meine deutschen und irischen Vorfahren, die ich beim ersten Mal ausgespart hatte, weil mich mein Schwarzes Erbe einfach mehr interessierte.

Außerdem änderte ich die poetische Gestalt und brach die seitenlangen Gedichtblöcke auf lesbarere, zweizeilige Strophen herunter. 2009 erschien das Buch in seiner neuen Inkarnation und begann einen zweiten Lebenszyklus. Fertig ist es noch immer nicht. Ich habe den Verdacht, dass ich es irgendwann um weitere Familiennarrative ergänzen werde.

Als ich *Lara* zu schreiben begann, ahnte ich noch nicht, dass es zum Katalysator für diverse Verschiebungen in meinem Leben und meinen Grundhaltungen werden sollte. Absurderweise scheute ich mich davor, den weißen Teil meiner Familie zum Gegenstand meines Romans zu machen. Bis dahin hatte ich mich beim Schreiben auf die Figuren afrikanischen Ursprungs konzentriert und war mir nicht sicher, ob ich den weißen wirklich gerecht werden konnte, selbst denen, die meine eigene Mutter und Großmutter zum Vorbild hatten, was mir, wenn ich jetzt darüber nachdenke, wirklich albern vorkommt. Ich überwand es, indem ich es einfach machte, was immer die beste Lösung ist. Und es war auch längst nicht so herausfordernd, wie ich befürchtet hatte. Ich kannte diese beiden weißen Frauen ja wirklich gut, außerdem knüpft eine Romanautorin immer bei der Menschlichkeit ihrer Figuren an, ganz unabhängig von der äußeren Verpackung. Die einzige Hürde war die alberne, einschränkende politische Haltung in meinem Kopf.

Meine Eltern hatten mir bei den Recherchen für *Lara* geholfen, und meine Mutter war mit ihrer Darstellung sehr zufrieden, mit Ausnahme der Sexszene zwischen meinem Vater und ihr in der Hochzeitsnacht. »Was weißt du denn *darüber*?«, bemerkte sie spitz und ohne eine Antwort zu erwarten. »Es ist ein Roman«, schoss ich zurück. Mein Vater war stolz auf mich, zeigte *Lara* überall herum und tat, als hätte er es gelesen, obwohl er nie Bücher las. Einer meiner Brüder testete ihn, und er beantwortete jede einzelne Frage falsch.

Die Arbeit an *Lara*, der Schreibprozess, war eine Offenbarung für mich. Als ich über Nanas Vorbehalte gegen die Ehe meiner Eltern vor dem Hintergrund ihrer eigenen Kindheit schrieb, fing ich an zu begreifen, warum sie sich so verhalten hatte. Eine Autorin hat die Aufgabe, runde, komplexe Figuren zu erschaffen, und dabei gelang es mir, mich in Nana einzufühlen, obwohl sie und Teile ihrer Verwandtschaft meinem Vater eine Wunde geschlagen hatten, die nie verheilt ist, und auch bei seiner Familie – uns – seelische Wunden hinterließen. Wir waren in dem Wissen aufgewachsen, dass einige der Menschen, die uns doch am nächsten hätten stehen sollen, uns ablehnten, so sehr, dass sie nichts mit uns zu tun haben wollten. Das Schreiben half mir, den Grund dafür zu verstehen. Es war kein therapeutischer Prozess für mich, und doch wirkten die Recherchen – das Nachforschen, das Nachzeichnen – kathartisch.

Ich merkte auch, dass ich mit meinen Ahnen in Kontakt trat, indem ich mir vorstellte, wie sie gelebt und geliebt, was sie gedacht und gefühlt hatten. Indem ich ihre Geschichten aufschrieb, schloss ich eine Lücke zwischen mir und meiner eigenen Familiengeschichte. Hundert Jahre sind gar nicht mehr so lang, wenn man durch die Zeit ins 19. Jahrhundert zurückkreist. Neugierig auf meine Vorfahren war ich schon immer gewesen, jetzt brachte ich allen sehr viel mehr Empathie entgegen, vor allem meiner Ururgroßmutter, Jane Brinkworth, die sechs ihrer acht Kinder verloren hatte.

Lara ist meine Version der Ursprungsgeschichte meiner Familie: einer Geschichte von Wanderung und Einwanderung, von Sehnsucht und Sinnsuche, von Familie und Liebe über alles Trennende hinweg, von Kampf, Ehrgeiz und Widerstand im Angesicht von Ablehnung, Armut und Ungemach. Der Kampf um Zugehörigkeit und Akzeptanz im neuen Land, um die Möglichkeit, dort seinen Weg zu machen, ist seit Zeit und Ewigkeit Teil jeder Auswanderungserfahrung, samt allen negativen Klischees. *Lara* ist mein Tribut, nicht nur an meine Familiengeschichte, sondern auch an das multikulturelle Großbritannien und an die immerwährende weltweite Realität der Fremdbestäubung als wesentlicher, lebensfördernder Kraft in uns allen.

In den Jahren, in denen ich an dem Buch schrieb – mit ihm lebte, von ihm lernte und es, als es schließlich Lyrik war, auch liebte –, entdeckte ich, wie ich mich selbst motivieren konnte, wie es mir gelang, meine kreative Praxis niemals aufzugeben, an mich selbst als Autorin zu glauben und den besten Weg zu finden, die Geschichte zu erzählen, die aus mir herausdrängte. Das Buch fand erst zu seiner ganz eigenen, einzigartigen Wesenheit, als ich von allen Konventionen abließ. Seither fangen die meisten meiner Bücher ihr Dasein als ein literarisches Genre an und enden als etwas anderes. Ich habe keine Ahnung, ob andere Schreibende diese Erfahrung teilen; meine Vermutung wäre nein. Manchmal beneide ich Menschen, die ihren Prosaroman bei A beginnen und bei Z beenden, ohne ganze Manuskripte wegzuwerfen oder die Geschichte in anderer Form neu zu bearbeiten.

Gegen Ende des Buches fährt die titelgebende Lara, die ihrerseits Schwarzer und weißer Herkunft ist, auf der Suche nach ihren Wurzeln und sich selbst den Amazonas entlang. Sie empfindet Frieden: »Ich sehe, wie der Urwald mich erfüllt, während das Boot / durch Schokoladensoße schneidet, sein Triebwerk und mein Herz im selben Takt. / Wir fahren ins Alleinsein. Mein Denken macht sich frei / vom Chaos in der Stadt, ganz unzensiert, der Fluss beruhigt mich. / Ich werde meine Eltern, Ahnen, Götter.«

Ein hart verdienter Augenblick der Selbstannahme. Die Figur der Lara ist eine fiktive Version meiner selbst, und indem ich ihre Geschichte schrieb, habe ich auch die Ahnen, aus denen ich mich zusammensetze, für mich verarbeitet und ein tieferes Verständnis meiner Identität als Person Schwarzer und weißer Herkunft erreicht – nicht als geteiltes, sondern als ganzheitliches menschliches Wesen. Es hat mir geholfen, auf dem Boden meiner Herkunft so fest zu stehen, dass ich von da an auch die Vielheiten in mir akzeptieren und unerschütterlich in meiner Identität werden konnte.

✳

Zu der Zeit, als ich mich daran machte, *The Emperor's Babe* (2001) zu schreiben, lebte ich in Notting Hill und war von Brockley und Brixton im Süden Londons in den Westen der Stadt gezogen. Beziehungstechnisch lag die Affäre mit dem Mythischen gerade hinter mir, und ich traf mich mit einem Amerikaner, der behauptete, er habe meine Bücher gelesen, aber jedes Mal, wenn ich in seine chaotische kleine Wohnung in Manhattan kam, lagen sie zwischen allem möglichen anderen Müll auf dem Boden verstreut, mit unversehrtem Rücken und unaufgeblätterten Seiten. Mich störte es nicht weiter, dass ihn meine Werke nicht interessierten, aber dass er mich darüber anlog, störte mich sehr.

Ursprünglich hatte ich versucht, noch einen weiteren Roman zu schreiben, der allerdings so schlecht war, dass ich gar nicht mehr weiß, worum es darin gehen sollte; er liegt aber auf Halde, sollte ich jemals den Wunsch verspüren, das Trauma zu erneuern. *The Emperor's Babe* begann als Gedichtserie, die ich während eines Schreibaufenthalts am Museum of London verfasst hatte und die sich mit einem Mädchen nubischer Herkunft befasste, das vor achtzehnhundert Jahren im römisch besetzten London aufwächst. Ein Roman wurde nur daraus, weil ich die Idee meinem jetzigen Lektor und Verleger Simon Prosser vorschlug, der mir daraufhin einen Vertrag anbot. Diese Gedichte wuchsen sich schnell zu einem Versroman von zweihundertfünfzig Seiten aus, der sich als ungeheuer vergnügliche Schreiberfahrung entpuppte. Meine Hauptfigur Zuleika erträgt die Ehe mit dem reichen Römer Felix, verliebt sich dann aber in den römischen Kaiser Septimius Severus, eine reale historische Figur aus Leptis Magna im heutigen Libyen.

Alle meine Bücher haben mehrere Ausgangspunkte. Einer ist meine Faszination für historische Themen, ein anderer mein Interesse an Schwarzen und multikulturellen Gesellschaften. Auf die unerzählte afrikanische Geschichte Großbritanniens stieß ich erstmals in Peter Fryers Buch *Staying Power: The History of Black People in Britain* (1984). Es beginnt mit dem Satz: »In Großbritannien gab es bereits Afrikaner, bevor die Engländer überhaupt dort waren.« Das bezieht sich auf die nordafrikanische Mauren-Legion, die im Jahr 211 n. Chr. als Teil des römischen Heeres am Hadrianswall unweit der schottischen Grenze stationiert war. Eine recht explosive Lektüre, wenn man mit dem Mythos aufgewachsen ist, Großbritannien sei bis ins 20. Jahrhundert hinein ein Land der Weißen gewesen. Darüber hinaus holt *Staying Power* die Schwarze Geschichte Großbritanniens ab dem 16. Jahrhundert ans Licht und belegt die ununterbrochene Anwesenheit Schwarzer Menschen im Land bis heute. Das wiederum führte mich zu früheren Werken von J. A. Rogers, Ivan Van Sertima und Edward Scobie mit ihren ganz eigenen Perspektiven auf die verborgenen Narrative Schwarzer Geschichte. Als junge Frau gaben mir diese Lektüren das Gefühl, Teil eines britisch-europäischen Kontinuums zu sein. Menschen afrikanischer Herkunft waren nicht einfach nur späte Neuankömmlinge, sondern integraler Bestandteil der Wurzeln dieses Kontinents. Der Drang, mich auf kreative Weise mit dieser Geschichte auseinanderzusetzen, war groß, aber ich wusste nicht, wie ich es anstellen sollte, bis es schließlich mit *The Emperor's Babe* Früchte trug.

Der Roman versteht sich als direkte Kampfansage an den Monokultur-Mythos der britischen Geschichtsschreibung, und ich wollte darin eine sprachlich heterogene Gesellschaft entwerfen, in der die schmelztiegelhaften Ursprünge der englischen Sprache zumindest anklingen. Standardenglisch ist der vorherrschende Erzählmodus, aber die Figuren sprechen zudem ein lexikalisches Gebräu aus lateinischen Wörtern, einer erfundenen schottisch-lateinischen Pidgin-

Sprache, Amerikanismen, *Cockney rhyming slang* und neuen Wortschöpfungen. Zu Beginn des Buches, als Zuleika uns in ihr unglückliches Eheleben mit Felix einweiht, sagt sie: »Dann kam ich für Benimmstunden zu einer arroganten Römer-Bitch, / ich lernte reden, essen, furzen, / mein Amo Amas Amat runterbeten und mein / Plebejer-Nachfahren-Kreolisch in die Tonne treten. / Zuleika akzepta est. / Zuleika delikata est. / Zuleika Scheiß-Musterkind vom Dienst est. / Ich aber wollte Mosaike schaffen, / die Stadt aus Glas und Glitzersteinen legen. / Doch nein! Numquam! Strengstens verboten.«

Das Buch ist auf spielerische Weise anachronistisch, ein zeitübergreifender Mischmasch – Historisches und Heutiges vermengen sich zu einem Paralleluniversum, sodass der Text sich sehr modern anfühlt, obwohl er vor fast zweitausend Jahren spielt. Ich wollte einen Eindruck von Unmittelbarkeit erzeugen, von Vitalität, als würden meine historischen Figuren heute leben.

Spannende Sätze interessieren mich sehr viel mehr als solche von grammatischer Perfektion und subtiler Schönheit, und sprachlich ist dieser Roman wohl mein rebellischster und sperrigster.

✳

Während meines Schreibaufenthalts am Museum of London erzählte ich einigen der dortigen Kuratoren, dass ich über eine junge Schwarze schrieb, die im römischen London aufwächst. Sie hielten das für unwahrscheinlich, weil die archäologischen Belege dafür fehlten. Ich hielt dagegen, dass das Römische Reich sich schließlich über viele tausend Kilometer bis nach Nordafrika erstreckt und der Stadtstaat Rom viele Nationen in sich vereint habe, dass die Römer für ihre Straßen berühmt und im Norden Englands afrikanische Soldaten stationiert gewesen seien – wieso sollte es da nicht auch in Londinium Schwarze Menschen gegeben haben?

Das Museum beschäftigte damals Schauspielerinnen und Schauspieler, die in die Rollen historischer Figuren schlüpften und Führungen durch die Ausstellungsräume veranstalteten. Kurz nachdem *The Emperor's Babe* erschienen und positiv aufgenommen worden war, fügten sie eine Schwarze Figur hinzu, die Ehefrau eines reichen römischen Kaufmanns. Volltreffer!

Schließlich holte auch die Archäologie meine kreative Fantasie noch ein und konnte mit Hilfe differenzierterer DNA-Analysen uralter menschlicher Überreste nachweisen, dass es bereits vor zweitausend Jahren Menschen aus Afrika im römischen London gab. Und unlängst wurde wissenschaftlich bestätigt, dass der »Cheddar Man«, der vor rund neuntausend Jahren gelebt hat und dessen Skelett vor mehr als hundert Jahren in Somerset ausgegraben wurde, dunkle Haut und schwarzes, lockiges Haar hatte. (Nur so nebenbei.)

Meinen nächsten Roman, *Soul Tourists* (2005), begann ich in der Wohnung in Notting Hill, bis mich der Teufel in Gestalt eines Neunzehnjährigen von dort verjagte, und beendete ihn in zwei verschiedenen Wohnungen in Kilburn.

Der Roman entwickelt sich aus einer Autofahrt quer durch Europa und stellt ein ungleiches Paar, einen Mann und eine Frau, in den Mittelpunkt sowie etliche Geister of Colour aus der europäischen Geschichte, die im Leben des Mannes auftauchen und es verändern. Es war mein Versuch, die Geschichte Europas aus der Perspektive derjenigen zu hinterfragen, die im Lauf der Zeiten dort gelebt haben und gereist sind, diesen Kontinent mit seiner großen

Nähe zu Afrika als geographischen Ort neu zu denken, an dem sich über Jahrtausende hinweg verschiedene Hautfarben und verschiedene Kulturen gegenseitig befruchtet haben.

Meine geisterhaften Figuren, echte wie ausgedachte, treten aus dem Nebel der europäischen Geschichte hervor und reichen von Hannibal bis Mary Seacole, von Alessandro de' Medici bis Alexander Puschkin, von der »Dark Lady« aus Shakespeares Sonetten bis hin zu einer überspannten Königin Charlotte, der Ehefrau King Georges III. Und während diese Erscheinungen in die Erzählung herein- und wieder hinauswabern, zerfällt die Beziehung des reisenden Paares zusehends.

Die erste Fassung von *Soul Tourists* war in Prosa verfasst, so, wie es meinem Verlagsvertrag entsprach, aber es sprang einem förmlich entgegen, dass mein Sprachgebrauch auch diesmal langweilig bis zur kompletten Leblosigkeit war und die Struktur disziplinlos bis zur kompletten Anarchie. Diesmal brauchte ich keine drei Jahre, um das Problem zu erkennen, wusste aber nicht, wie ich es losen sollte, und es war wohl auch nicht lösbar, obwohl Simon so nett war, an dem Buch festzuhalten – und an mir.

Bei der zweiten Fassung setzte ich ein paar Gedichte in den Text, was Simon gefiel, und er ermunterte mich, weiter zu experimentieren, einfach loszulegen. Daraufhin machte ich etwas aus dem Text, was ich als »Roman *mit* Versen« bezeichnen möchte, und vereinte Prosa, Prosadichtung, Dichtung, Dialogpassagen und ein paar nicht-literarische Mittel wie die Schilderung eines Beziehungsendes anhand zweier Etatpläne. Im Zuge dessen stutzte ich das Manuskript von neunzigtausend auf fünfzigtausend Wörter zurück. Wie schon bei *Lara* verwendete ich nichts aus der ersten Fassung. Es dauerte vier Jahre, bis das Buch fertig war. (Wenn meine Studierenden darüber jammern, dass sie eine Kurzgeschichte von knapp zweitausend Wörtern, die sie schnell mal über Nacht aufs Blatt geworfen haben, komplett überarbeiten sollen, muss ich immer unwillkürlich grinsen.)

Von all meinen Romanen hatte *Soul Tourists* am wenigsten Erfolg, weder bei der Kritik noch beim Publikum, aber er ist zugleich mein formal einfallsreichster. Ich bin mir zugegebenermaßen selbst nicht sicher, ob die Rechnung insgesamt aufgeht, auch wenn mir manche ihrer Komponenten gut gefallen. Das Ganze war ein überambitioniertes Experiment, der Versuch, zahlreiche Gestalten aus der europäischen Geschichte durch das Prisma einer heutigen Beziehung zu betrachten, was zu einer überfrachteten Erzählung führte. Die fragmentierte Form fügt noch eine weitere Komplikationsschicht hinzu, sie verlangt dem Publikum einen ständigen Wechsel zwischen unterschiedlichen literarischen Genres ab. Gut möglich, dass die Form in diesem Fall der Geschichte den Weg verstellt, und gleichzeitig bleibt den Hauptfiguren kaum Raum zum Atmen, weil die Geister immer dann auftauchen, wenn man gerade am wenigsten mit ihnen rechnet, und damit den dynamischen Verlauf der Paarbeziehung unterbrechen.

Ich bin mir nicht sicher, ob ein Lesepublikum eine emotionale Verbindung zu dem Buch herstellen kann. Bei mir selbst weiß ich es auch nicht so genau.

Als mir schließlich, mit *Blonde Roots* (2008), doch noch ein Prosaroman ohne eine einzige Verszeile gelang, war auch das nicht von Anfang an so. Überraschung!

Meine Idee war, über den transatlantischen Sklavenhandel zu schreiben, dabei aber völlig anders mit dieser Geschichte umzugehen, sie zu verfremden und so neue Perspektiven darauf zu eröffnen. Dieser Sklavenhandel umfasst vierhundert Jahre der Weltgeschichte, hat das Leben von Millionen Menschen zerstört und ein toxisches Erbe hinterlassen, das bis heute nachwirkt. Auch im Stammbaum meiner Familie gibt es einen eigenen Zweig in die Sklaverei, aber selbst wenn das nicht der Fall wäre, ist dieses Thema eines, das uns in seiner globalen Bedeutung als entsetzliches Verbrechen an der Menschheit nicht loslässt.

Bei meiner Annäherung an die Thematik stand für mich im Vordergrund, mich von den schablonenhaften Geschichten über die Sklaverei abzusetzen. Aber nach Monaten historischer Recherchen war mir immer noch nicht klar, wie ich das machen sollte. Die Lösung kam, als der *Guardian* mich mit einer Kurzgeschichte beauftragte und ich beschloss, den Auftrag dafür zu nutzen, das erste Kapitel dieses Romans zu schreiben, es aber wie eine Kurzgeschichte aufzubauen. Unter dem Druck der bevorstehenden Deadline blieb meinem Hirn nichts anderes übrig, als den Turbo anzuwerfen und einen Plan auszuhecken. Das klappte, und so nahmen Grundidee und Inhalt des Romans Gestalt an.

Blonde Roots beruht auf der schlichten »Was wäre wenn«-Idee eines Paralleluniversums, in dem Menschen aus Afrika europäische Menschen versklaven, ein Kunstgriff, der mir ermöglichte, die historischen Konzepte von Zivilisation und Brutalität umzukehren. Mich interessieren grundsätzlich nur riskante Ideen, und in diesem Fall entschloss ich mich, den transatlantischen Sklavenhandel anhand der Geschichte einer weißen Engländerin namens Doris zu sezieren, die von einem afrikanischen Volk (den Ambossanern) versklavt und nach Londolo gebracht wird, der Hauptstadt des Vereinigten Königreichs Groß-Ambossanien. Dort wird sie von ihren Sklavenhaltern in Omorenomwara umbenannt (denn »Doris« können sie nicht aussprechen) und anschließend auf die Westjapanischen Inseln in der Karibik verschifft. Der Roman handelt von ihrer Versklavung und den Versuchen, ihr zu entfliehen.

Letztendlich entlarvt meine Strategie der Umkehrung nicht nur die Gräuel des Sklavenhandels, sondern auch die zu seiner Rechtfertigung entwickelte Strategie – den Rassismus – und nimmt das Publikum mit auf eine unberechenbare moralische und emotionale Reise. Die ganze Idee schrie geradezu nach Satire, angesichts der Thematik ist aber auch immer eine Unterströmung von Tragik dabei.

Obwohl es ein Roman in Prosa ist, schrieb ich ihn von Anfang an, schon, als ich ihn noch als Kurzgeschichte präsentierte, so, dass er optisch wie Lyrik wirkte, und diesmal tat ich das mit voller Absicht, um meinen Sprachgebrauch zu zügeln und zu verstärken, in dem Wissen, dass ich das Lyrikformat wieder aufgeben würde, sobald ich richtig in der Erzählung drin war. Mein finsterer Plan lautete, mein Gehirn durch den vertrauten Anblick der Verszeilen auszutricksen und das überwältigende Gefühl auszuschalten, wieder nur einen weiteren Katastrophenroman zu fabrizieren, dem der Mülleimer drohte. Ich kann mit Freude berichten, dass es funktioniert hat: Ich fand ins Schreiben hinein. Schon bald formatierte ich den Text um und schrieb ihn als Prosaroman fertig, bediente mich dabei aber immer noch der Präzision und Prägnanz meiner lyrischen Stimme. Auch wenn ich das Buch selbst nicht als lyrisch bezeichnen würde, geht es, verglichen mit traditionelleren Romanen, doch eindeutig in die Richtung.

Und so hatte ich, schlappe zwölf Jahre, nachdem ich mich zum ersten Mal an einem Roman in Prosa versucht hatte, es endlich geschafft, aber in einem Stil, der meiner Stimme treu blieb oder besser gesagt der sarkastischen Ich-Erzählerinnenstimme von Doris, die uns in die Missgeschicke ihres Lebens mitnimmt.

✳

Meine Novelle *Hello Mum* ist das direkteste Buch, das ich je geschrieben habe – von Anfang bis Ende Prosa und innerhalb von drei Wochen zu Papier gebracht. Der Auftrag erreichte mich von der Reihe Quick Reads, die sich an Menschen richtet, die nicht gewohnheitsmäßig lesen, und ich hatte die Vorgabe, eine möglichst einfache Sprache zu verwenden, was mich anfangs etwas beklommen machte.

Ich beschloss, dass ich aus Plausibilitätsgründen eine Kinderstimme brauchte, und dachte mir einen vierzehnjährigen Jungen aus, JJ, der in einer Londoner Sozialsiedlung lebt und sich Ärger einhandelt. Es war mein Versuch, mich mit dem Leben jener Jungs in Großbritannien auseinanderzusetzen, die sich in Territorialkämpfe verfeindeter Gangs verstricken, in unserer Gesellschaft keine Stimme haben, von den Medien pathologisiert und diffamiert werden und sich auf den Straßen unserer Großstädte gegenseitig umbringen. Um dafür zu recherchieren, traf ich mich mit mehreren Gruppen solcher Jungs, und sie erzählten mir, dass ihnen wenig anderes übrig bleibe, als sich einer der Gangs anzuschließen, die in ihren Siedlungen die Macht hätten. Sie fühlten sich von ihrer Postleitzahl in Geiselhaft genommen und berichteten, es sei für sie leichter und weniger gefährlich, London zu verlassen, als quer durch die Stadt zu fahren und sich womöglich unversehens im Gebiet einer anderen Gang wiederzufinden.

Unsere Großstädte bieten ganz unterschiedliche Erfahrungsschichten für unterschiedliche Gesellschaftsgruppen: Manche gleiten auf den Wellen des Privilegs dahin und erkennen nicht, was für ein Glück sie haben, andere sind dazu verdonnert, ihr Dasein als Unter-Schicht zu fristen. Ich fühlte mich hochprivilegiert, verglichen mit diesen Kindern, deren Alltag von so viel Gefahr erfüllt ist.

Mit JJs Geschichte verfolgte ich das Ziel, ihn, den gewohnheitsmäßig Verteufelten, wieder menschlich zu machen. Ich verliebe mich praktisch nie Hals über Kopf in eine meiner Figuren (ich weiß ja, was für Leichen sie im Keller haben), aber JJ fand ich ungemein liebenswert. Wie alle fiktiven Figuren musste auch er ein fehlerhafter Mensch sein, der in einer fehlerhaften Welt lebt – in seinem Fall ein Junge, der lange vor der Zeit ein Mann sein will. Die Novelle hat die Form eines Briefes, den JJ seiner Mutter schreibt. Im Nachgang eines gewaltigen Streits sagt er zu ihr: »Du hast immer voll Stress gemacht. Mich so wütend gemacht wie sonst kein Mensch auf der ganzen Welt. Mit deinem ewigen Gejammer hast du mir das Leben zerstört. Ich konnt's gar nicht abwarten, erwachsen zu sein und alles auf *meine* Art zu machen.«

Als das Buch erschienen war, tourte ich damit durch die Jugendgefängnisse und machte die surreale Erfahrung, dass ich, eine Frau mittleren Alters, mit JJs Stimme aus dem Buch las, vor einem Publikum aus Jugendlichen und jungen Männern, die nur wenig älter waren als er. Ich war sehr erleichtert, als ich feststellte, dass ich bei meinen Zuhörern auf Zustimmung stieß. Sie fanden JJ glaubhaft und konnten sich mit ihm identifizieren – so sehr, dass sie immer wieder versuchten, das Buch zu klauen und mit mehreren Exemplaren, hinten in ihre grauen Jogginghosen gestopft, aus dem Saal zu entkommen, nur um von den Wärtern, die sich nicht so leicht hinters Licht führen ließen, aufgehalten zu werden.

Als mir einmal jemand erklärte, *Hello Mum* sei mein bestes Buch,

dachte ich bei mir: Aber ich habe doch nur drei Wochen daran geschrieben!

Mr Loverman (2013) wurde mein nächstes Buch, dabei war das gar
nicht so geplant gewesen. Ich saß bereits seit zwei Jahren an einem
Roman über einen nigerianischen Matrosen, der in den 1870er-Jah-
ren Arbeit in einem Zinnbergwerk in Cornwall findet. In guter Tradition hielt ich an der Idee auch noch fest, als ich sie längst hätte
verwerfen sollen. Ich war in die Falle getappt, klassische, auktoriale
Prosa schreiben zu wollen, dabei hätte ich es inzwischen wirklich
besser wissen können. Wenn ich ehrlich bin, gefiel mir richtig gut,
wie ich schrieb, nur mein nigerianischer Matrose, an dem der Erfolg des ganzen Buches hing, wollte auf den Seiten nicht lebendig
werden. Ich experimentierte immer weiter, wechselte zwischen
auktorialer Perspektive und Ich-Erzählung, zwischen Präsens und
Präteritum, um der Geschichte Leben einzuhauchen, aber auch
diese technischen Eingriffe konnten nicht verdecken, dass es ihr
an Herz fehlte. Ich war die Schöpferin, aber auch die leidenschafts-
lose Beobachterin des Lebens, zu dem ich meinen Protagonisten
erwecken wollte. Ich brachte keine emotionale Beteiligung für ihn
auf und hatte keine Ahnung, wie ich das ändern konnte. Wenn
ich das Manuskript ein paar Tage liegen ließ, freute ich mich kein
bisschen darauf, mich wieder dranzusetzen, ein klarer Hinweis, es
besser sein zu lassen. Trotzdem blieb ich dran und brachte es auf
vierzigtausend Wörter, bevor ich es schließlich doch bleiben ließ,
allerdings nur, weil ich inzwischen auf Barrington gestoßen war,
den Protagonisten von *Mr Loverman*, der sich meiner Fantasie bemächtigt hatte und mich nicht mehr frei gab. Den Roman über den
Nigerianer in Cornwall arbeitete ich zu *Yoruba Man Walking* um,

einer sechstausend Wörter langen Kurzgeschichte, die es irgendwann in eine Anthologie schaffte.

Ich erzähle oft, dass meine Figuren sich eigentlich selber schreiben. Ich habe die zündende Idee zu einer von ihnen, und im Akt des Schreibens bekommen sie Fleisch und Blut. Barrington ist das perfekte Beispiel für diesen Vorgang. Mir kommt es vor, als hätte er sich selbst ins Dasein geschrieben und anschließend auch noch seine Geschichte für mich verfasst.

Und das kam so: Ich war als Romanmentorin bei einem Residenzprogramm der Arvon Foundation für angehende Autorinnen und Autoren engagiert und nahm auch selbst an einem der Workshops teil, der von der Theatermentorin Rebecca Lenkiewicz geleitet wurde. Weil ich in solchen Kontexten sonst immer die Lehrerin bin und nie die Studentin, war das eine ganz neue Erfahrung für mich, und ich weiß noch, wie aufgeregt ich war. Rebecca hatte eine Übung für uns vorbereitet, bei der sie lauter alte Passfotos auf einem Tisch ausbreitete und uns aufforderte, eines auszuwählen und uns dann vorzustellen, wie der oder die Porträtierte auf dem Foto vor einem Ganzkörperspiegel steht und sich auszieht. Unsere Aufgabe war, in der Stimme dieser Person darüber zu schreiben, was sie sieht, während sie ihre Kleidung ablegt. Das Foto, das ich mir aussuchte, zeigte einen älteren Herrn, vermutlich karibischen Ursprungs, mit einem Trilby auf dem Kopf. Kaum hatte ich mit der Übung begonnen, fing Barrington, ein vierundsiebzigjähriger, heimlich schwuler Londoner, ursprünglich aus Antigua, seit fünfzig Jahren mit seiner frommen Frau Carmel verheiratet und seit sechzig Jahren mit Morris, seinem besten Freund, liiert, an, auf mich einzureden – und hörte nicht mehr auf. Ich fuhr zurück nach Hause, schrieb weiter, um zu sehen, ob die Idee auf eigenen Füßen stehen konnte, stellte fest, dass sie es konnte, und hatte den Roman im Handumdrehen fertig. Es fiel mir gar nicht weiter schwer, und am Ende war ich sehr zufrieden mit mir. Vielleicht brauchte es ja doch keine verschlungenen Wege, um ein Buch zu schreiben.

Aber ganz so leicht war es dann doch nicht, natürlich nicht. Der Roman erfuhr noch eine Wiedergeburt.

Weil Barrington der Ich-Erzähler ist, erlebt das Publikum seine verkorkste Ehe nur aus seiner Perspektive, und die lässt seine Frau völlig außen vor. Als das Lektorat bei Hamish Hamilton mich darauf hinwies – ich hätte auch selbst darauf kommen können, war aber wohl einfach zu hingerissen von Barrington, um noch klar zu denken –, beschloss ich, weitere Teile aus Carmels Perspektive zu schreiben und sie in die bereits vorhandene Erzählung zu integrieren.

Durch das Einfügen der Carmel-Teile konnte ich eine Sicht auf die Ehe bieten, die ein Gegengewicht zu der des Mannes darstellt. Ich entschloss mich, Carmel nicht als Ich-Erzählerin zu gestalten, damit sie nicht mit Barringtons lauterer, charismatischerer Stimme konkurrieren musste. Stattdessen schrieb ich in der Du-Perspektive und verwendete eine Prosagedichtform, mit der ich das Fundament für die *fusion fiction* von *Mädchen, Frau etc.* legte.

Auf diese Weise verwandelte sich der Roman von einer schlichten Struktur mit einem Ich-Erzähler in eine Parallelerzählung, die erhellt, wie sich Barringtons Betrug nicht nur auf sein eigenes Leben auswirkt, sondern auch auf das seiner Frau: Sie hat ein halbes Jahrhundert mit einem Mann verbracht, den sie zu kennen glaubte, aber eigentlich gar nicht kannte.

Ein Wort zum Thema Feedback: Anmerkungen aus dem Lektorat zu bekommen und meine Texte auf ihrer Grundlage besser zu machen, war für mich ganz entscheidend, um mich in meinem Schreiben weiterzuentwickeln, auch wenn es mir oft genug schwer fiel, mir anzuhören, dass etwas nicht funktionierte. Beim Schreiben sind wir oft viel zu nah am Text, um noch zu erkennen, was wir da eigentlich machen, und sofern wir nicht bloß für uns allein schreiben, brauchen wir Menschen, die unsere entstehende Arbeit kritisch bewerten und konstruktiv darauf reagieren. In meinem Fall kann das schon mal dazu führen, dass ich einen Roman komplett umschreibe, nachdem ich jahrelang ohne Feedback daran herumgetippt habe. Ziel ist immer, dass der Text so gut wird, wie er nur sein kann, und für mich als Schöpferin ist es sehr schwer, wenn nicht sogar unmöglich, die eigene Schöpfung objektiv zu beurteilen. Ich habe für verschiedene Bücher verschiedene Testleserinnen und -leser, manchmal sind das Menschen aus dem Freundeskreis, die leidenschaftlich gern lesen und absolut ehrlich in ihrem Feedback sind, oder andere Autorinnen oder Autoren, die ganz konkret erkennen und formulieren können, was genau überarbeitet werden muss. Manchmal liegen sie aber auch falsch. Eine hochgeschätzte Leserin befand bei *Mädchen, Frau etc.*, ich solle alle Figuren streichen, bis auf drei, nachdem ich Jahre damit zugebracht hatte, einen Roman zu schaffen, dessen Stärke gerade in seiner Vielstimmigkeit liegt. Wäre ich jünger gewesen, ich hätte an mir als Autorin gezweifelt. So hörte ich einfach nicht auf ihren Rat.

Simon Prosser und sein Team haben bei inzwischen sieben Büchern eng mit mir zusammengearbeitet, und ich kann den Wert ihrer Anmerkungen gar nicht hoch genug einschätzen, zumal ich das Glück habe, dass sie immer exakt im Einklang mit dem standen, was ich erreichen wollte.

Trotzdem hat es mich anfangs sehr verstört, wenn ich kritische Anmerkungen bekam, die massive Überarbeitungen erforderten, auch wenn ich mir das nicht anmerken ließ. Ich versteckte das Manuskript dann immer in der Schublade, weil ich nicht wollte, dass es herumlag und mich mit der gewaltigen Aufgabe verhöhnte, die mir bevorstand. Wenn ich mich dann allerdings ans Überarbeiten machte und selbst sah, wie der Roman dadurch gewann, war ich erleichtert, dass seine Schwächen noch vor Erscheinen aufgefallen waren. Mit der Zeit habe ich mir ein dickeres Fell zugelegt und nehme Kommentare aus dem Lektorat immer dankbar auf. So, wie ich heute schreibe, schreibe ich nur durch die Zusammenarbeit mit meinem Lektor und seinem Team, die nie weniger als das Allerbeste von mir akzeptieren wollten.

Mittlerweile wird es wohl niemanden mehr überraschen, dass auch mein Roman *Mädchen, Frau etc.* sein Leben in anderer literarischer Gestalt begann. 2013 wurde ich vom BBC-Sender Radio 3 beauftragt, zu Dylan Thomas' hundertstem Geburtstag eine Kurzgeschichte zu schreiben, die von *Unter dem Milchwald* inspiriert sein sollte – das perfekte Projekt für mich. Anstelle einer Kurzgeschichte lieferte ich allerdings ein erzählendes Gedicht über vier sehr unterschiedliche Schwarze Frauen aus London, darunter auch eine Trans-Frau. Ich gab ihm den Titel *LondonChoralCelestialJazz* und las es bei einem Festival in Wales live vor Publikum ein. Schon als ich mit dem Text anfing, wusste ich, dass ich ihn zum Roman ausbauen wollte. So, wie Thomas den Bewohnerinnen und Bewohnern seines kleinen Fischerdorfs in Wales zu Ehren verholfen hat, wollte ich, beschloss ich, es mit den Schwarzen Frauen Großbritanniens zu machen, die bisher als Romanfiguren kaum vorkamen.

Von den Figuren aus dem Radiotext hat nur eine, Carole, die Kurzgeschichte überlebt und ist zu einem der Stars von *Mädchen, Frau etc.* geworden, das ich noch im selben Jahr zu schreiben begann. Der Roman bildet das Leben von zwölf Figuren ab, elf Frauen und einer nicht-binären Person, und entwickelt eine Vielfalt bezüglich Alter, Epoche, Kultur, Schicht, Sexualität, Gender, Race, Beruf, Zielen, Politik, Migration, Familienstrukturen, Beziehungen, britischen Geographien und ursprünglichen Herkunftsländern – über mehr als hundertzwanzig Jahre hinweg.

Verknüpft sind Leben und Geschichte der Figuren über eine literarische Form, für die ich den Begriff »*fusion fiction*« geprägt habe – sie bedient sich einer quasi-poetischen Struktur auf der Buchseite sowie einer unorthodoxen Zeichensetzung und führt die Geschichten der Frauen auf diese Weise zusammen. Jeder Figur ist ein Kapitel gewidmet, und alle sind sie um x Ecken miteinander verbunden. Es gibt vier wichtige Mutter-Tochter-Beziehungen sowie weitere Familienkonstellationen, Freundschaften und Beziehungen zwischen Liebenden oder Berufskolleginnen.

Ich genoss es sehr, in dieser Form zu schreiben, weil sie mir ein freies Fließen erlaubte – von der Innen- in die Außensicht, von der Vergangenheit in die Gegenwart, von der Geschichte einer Figur zur nächsten. Obwohl die Wörter einfach aufs Papier strömten, war es aber trotzdem kein automatisches oder undiszipliniertes Schreiben. Ich blieb hellwach für sämtliche Fiktionselemente, die in jeder Phase an der richtigen Stelle stehen müssen, damit die Geschichte auch funktioniert. Außerdem sollte der Roman für ein breites Publikum zugänglich bleiben, weil ich nicht möchte, dass man einen Doktortitel in experimenteller Literatur braucht, um meine Arbeit zu würdigen. Ich habe die Erfahrung gemacht, dass die meisten Menschen meine Bücher sehr lesbar finden, wenn sie erst einmal ein paar Seiten weit gekommen sind und sich daran gewöhnt haben, wie ich meine Geschichten im Buch präsentiere – als Versromane oder auch als *fusion fiction*.

Außerdem habe ich festgestellt, dass der Entschluss, bestimmte Aspekte der traditionellen Zeichensetzung auszusparen, zu einer veränderten Leseerfahrung führen kann und einen schneller ins Buch hineinzieht, wie mir berichtet wird. Eine Leserin, die Legasthenikerin ist, erzählte mir, sie habe den Roman nur so verschlungen, weil das Fehlen der gängigen Zeichensetzung für sie bewirkte, dass sie beim Weiterlesen nicht ständig stolperte.

※

Als junge Frau hätte ich diesen Roman nie schreiben können, weil ich mich damals nur für junge Figuren interessierte. Es amüsiert mich immer sehr, wenn meine jungen Studierenden alte, gebrechliche Figuren entwerfen, die sich gebeugt am Spazierstock dahinschleppen, und mir dann erklären, die seien Mitte vierzig. Genau das hätte ich damals auch gemacht.

Erst jetzt, nachdem ich viel gelebt, viel zugehört, viele Erfahrungen gemacht und viel mitangesehen habe – gerade auch in Beziehung zu und im Austausch mit anderen Schwarzen Frauen –, war dieses Buch überhaupt möglich. Als ich es abschloss, war ich sechzig Jahre alt, hatte eine beachtliche Vergangenheit im Rücken und vor mir eine Zukunft von deutlich weniger Jahren, als ich bisher gelebt habe.

Die Frauen in *Mädchen, Frau etc.* führen in jedem Alter ein reiches, erfülltes Leben. Ich hatte mir ganz bewusst vorgenommen, die älteren Frauen als voll zurechnungsfähig darzustellen und sie nicht an Demenz leiden zu lassen, die in der aktuellen Kultur schon fast zu einer Art Klischee verkommen ist. Seit Längerem fiel mir auf, dass auch ältere Autorinnen dazu neigen, junge Hauptfiguren zu schaffen, als gäben Frauen ab einem bestimmten Alter kein spannendes Romanmaterial mehr ab, dabei haben wir doch so viel mehr an Weisheit, Erfahrung und Geschichten angesammelt. Wir leben in einer altersfeindlichen Gesellschaft, was längst nicht genug hinterfragt wird, und viel zu viele junge Frauen fürchten sich ihr Leben lang vor dem Älterwerden.

Als ich vierzig wurde, schenkte mir eine Freundin eine kitschige Porzellantafel mit der Zahl 40 darauf – als ob ich mir so etwas auf die Kommode stellen würde, um mich ständig an mein fortgeschrittenes Alter zu erinnern. Als ich die fünfundvierzig überschritten hatte, wurde mir klar, dass ich jetzt geradewegs auf die fünfzig zuhielt, und ich fühlte mich furchtbar. Aber jenseits der fünfzig fing ich an, diese negative Haltung zu verändern. Ich sagte mir, dass sich das Altern schließlich nicht vermeiden lässt und es folglich besser ist, es anzunehmen.

Die Figuren aus *Mädchen, Frau etc.* decken alle Altersgruppen von neunzehn bis dreiundneunzig ab, und ich habe mich in diesem Zusammenhang in Interviews sehr oft zu meinem eigenen Alter geäußert. Auf diese Weise habe ich mich von dem Tabu rund ums Älterwerden befreit; es fühlt sich an, als hätte ich es mir gewissermaßen aus dem System geredet. Ich begrüße es sehr, dass die Leute wissen, wie alt ich bin, und schäme mich ganz sicher nicht dafür. Meine Hoffnung wäre, dass ich ein Vorbild für jüngere Frauen sein kann, die spätestens ab fünfundzwanzig Angst vor der eigenen Zukunft haben, und für ältere Frauen, die sich auf allen Ebenen der Gesellschaft an den Rand gedrängt fühlen. Es sollte eine Selbstverständlichkeit sein, dass wir umso mehr auf uns achten, je weiter wir im Alter voranschreiten, aber es ist auch nie zu spät, damit anzufangen.

Im Kern ist *Mädchen, Frau etc.* ein vielstimmiges Loblied auf Schwarze britische Weiblichkeit und non-binäres Leben, in aller fehlerbehafteten Komplexität. Wenn ich unter meinen Büchern eines auswählen müsste, um es meinem jüngeren Ich zu lesen zu geben, dann wäre es dieses. Ich glaube, sie würde viel daraus mitnehmen.

Der Booker Prize war eine lebensverändernde Erfahrung für mich, umso mehr, weil ich ihn für einen Roman bekam, der das Leben Schwarzer Frauen so sehr feiert. Verliehen wird er im gotischen Ratssaal der Londoner Guildhall, die auf den Überresten eines römischen Amphitheaters erbaut ist und in ihrer heutigen Gestalt seit 1440 steht. Sitzt man in diesem Saal, ist man mit zweitausend Jahren britischer Geschichte in Kontakt.

2019 hat die Jury zwei Siegerinnen für den Preis ausgewählt: Margaret Atwood mit ihrem Roman *Die Zeuginnen*, der Fortsetzung von *Der Report der Magd*, und mich. Niemals werde ich das Glücksgefühl vergessen, als der Jury-Vorsitzende meinen Namen nannte. Margaret und ich trafen uns vor den Stufen zur Bühne und umarmten uns – zwei Frauen, zwei Hautfarben, zwei Nationen, zwei Generationen – zwei Mitglieder der Menschheit –, dann stiegen wir Hand in Hand unter stürmischem Applaus die Stufen hinauf. Es war ein historischer Moment, ein Meilenstein für die Literatur und die Frauenbewegung.

Schreiben ist so viel mehr als eine bloße technische Übung. Wie oft habe ich früher gemeinsam mit meinen Figuren Tränen vergossen, wenn ich sie durch die Hölle schickte, sie über alte Traumata nachdenken oder sich an geliebte Menschen erinnern ließ, die sie verloren hatten. Ich weiß noch, wie ich beim Schreiben von *Lara* zusammengekrümmt auf dem Boden lag, während ich mir vorzustellen versuchte, wie es für meine versklavten Vorfahren in Brasilien gewesen sein mochte. Wenn meine Figuren litten, litt ich mit ihnen. Wenn eine Figur, die ich besonders mochte, starb, dann weinte ich um sie. Ich empfand ihre Angst, empfand ihre Freude. Auch heute kann das Schreiben noch eine sehr unmittelbare Erfahrung für mich sein, wenn auch nicht mehr ganz so intensiv oder dramatisch – Gott sei Dank!

Es braucht Durchhaltevermögen, einen Roman zu schreiben, und einen unaufhaltsamen Antrieb, erst recht, wenn man nicht genau weiß, ob es in die richtige Richtung geht, und man wieder von vorne anfangen muss. Jede Minute, jede Stunde, jeder Tag, jede Woche, jeder Monat, jedes Jahr an Zeit, die man damit zubringt, an einem Manuskript zu feilen, damit es zu dem wird, was man damit erreichen möchte, erfordert gewaltige Hingabe. Auf jeden schreibenden Menschen, der im Turbotempo Romane produziert, kommen viele andere von uns, für die der Schreibprozess sehr viel komplizierter ist, dabei aber nicht unerfreulich. Wenn andere darüber klagen, wie qualvoll das Schreiben für sie sei, frage ich mich immer, warum sie es dann machen. Wir tun es doch wohl alle, weil es ungeheuer bereichernd ist.

Mein Experimentiergen, dieses Bedürfnis, anders zu sein, war immer da, von dem Moment an, als ich beschloss, aus meiner Außenseiterinnenposition als Teenager eine Tugend zu machen. Ich stülpe es meinem Schreiben beileibe nicht aus oberflächlichen oder aufgesetzten Gründen über. Mein kreativer Geist ist abenteuerlustig, er möchte das Unbekannte erforschen, hat den Drang, Gewohntes in Neues zu verwandeln. Ich schreibe, weil es mich dazu treibt, Geschichten zu erzählen, auch wenn ich nie weiß, zu was diese Geschichten noch werden und was sie schließlich offenbaren, wenn sie fertig sind.

Ich mache mich also an jedes neue fiktive Werk mit einer Idee, die ich über eine Geschichte vermittle, und konzentriere mich dabei auf das eigentliche Erzählen. Ein Vorgang, den ich intellektuell nicht allzu sehr reflektiere, weil das dem Schreiben im Weg stünde. Die Themen meiner Romane werden mir erst klar, wenn sie fertig sind und ich das Geschriebene in einen Kontext stellen muss. Erst dann habe ich den Kopf frei genug, um das, was ich für die thematischen Unterströmungen halte, auch zu formulieren. Als Autorin kommt man praktisch nicht darum herum, im Rahmen der anlaufenden Marketingmaschinerie über das eigene Buch zu reden, und es empfiehlt sich, den Kontext jeweils möglichst selbst abzustecken. Wenn wir aufgrund unserer ausführlichen Lektüre rund um das Thema wissen, dass wir etwas ganz anders gemacht haben, müssen wir auch die Kontrolle übernehmen und das klar äußern.

Trotzdem sind unsere Bücher natürlich auch Kunstwerke an sich, und einmal veröffentlicht, sind sie in der Welt, und wir müssen sie sich selbst überlassen. Das Publikum, die Rezensionen und die akademische Welt werden, mit ihren ganz unterschiedlichen Wissensgraden darüber, was unserem Werk literaturhistorisch am besten entspricht, und ihren verschiedenen Perspektiven, Erwartungen und persönlichen Geschmäckern, eigene Inhaltsangaben, Interpretationen, Analysen und Reaktionen präsentieren, die den Kontext des Buches erweitern und mitunter sogar verändern. Manchmal ist das Buch, das sie gerade besprechen, das einzige, das sie je von uns gelesen haben, und mitunter kriegen sie nicht einmal die objektiven Fakten richtig hin. Eine Rezension von *Mr Loverman* in einer wichtigen Tageszeitung setzte damit ein, dass sie mich als »junge Slam-Poetin aus dem Osten Londons« bezeichnete. Ich war zu diesem Zeitpunkt dreiundfünfzig. Slam-Poetin bin ich nie gewesen, und im Osten von London habe ich auch nie gelebt. Was soll man machen? Zumindest war die Besprechung gut.

Und so schreiben wir also unsere Bücher, wir bemühen uns, gewisse Pflöcke für ihre Rezeption einzuschlagen, haben aber keinen echten Einfluss, weder auf die Reaktionen des Publikums noch auf die der Kritik.

Wenn wir schreiben, müssen wir uns ein dickes Fell zulegen – Enttäuschungen aushalten und negatives Feedback stoisch ertragen. Manche lassen sich leicht niederschmettern, wenn ihr erstes Buch nicht gleich ein Bestseller wird, wenn enttäuschende Besprechungen kommen oder der Verlag sie aufgibt, und bringen dann nicht mehr den Mut auf, einen neuen zu finden oder ihre Bücher notfalls selbst zu verlegen. Andere werden für ihren Erstling gefeiert, haben aber mit dem zweiten Buch keinen Erfolg mehr und erholen sich davon nie wieder. Im Gegenzug führt ein aufgeblasenes Ego nur zu Selbstüberschätzung. Ich bin sehr vorsichtig damit, meine jungen Creative-Writing-Studierenden zu sehr zu loben, denn viele können damit nicht umgehen. Demütiger Eifer kann innerhalb von Stunden in Arroganz und Unbelehrbarkeit umschlagen.

Unser Umgang mit uns selbst, wenn unsere Bücher einmal in der Öffentlichkeit angekommen sind, kann den Ausschlag dafür geben, ob wir eine lebenslange Laufbahn vor uns haben oder eine flüchtige. Und so gut unsere Bücher auch laufen, es wird immer Andersdenkende geben, denen sie nicht gefallen und die sie für überschätzt halten. Das ist ernüchternd, erdend.

Mein Ziel ist, weiterhin Geschichten zu schreiben und meine

Fähigkeiten zu entwickeln, so, wie ich es immer getan habe. Den einen Punkt, ab dem man als kreativer Mensch angekommen ist und nicht mehr weiterwächst, gibt es nicht; wenn man das glaubt, führt es nur dazu, dass man sich künstlerisch wiederholt und stagniert.

SECHS

Einflüsse, Quellen, Sprache, Bildung

six (Englisch)
seox (Altenglisch)
mefa (Yoruba)
a sé (Irisch)
seis (Brasilianisch)

Als Theatermacherin war ich mutig und experimentierfreudig darin gewesen, in den Stücken, die ich schrieb, Lyrik zu verwenden und auf die Bühne zu bringen; als Lyrikerin aber, die ihre Gedichte niederschrieb und sich dabei spätnachts, in der Wohnung, die ich mit der Durchgeknallten Domina teilte, betrank, war ich mir meiner Fähigkeiten gar nicht mehr so sicher. Ich spürte, wie mich das Gewicht der englischen Traditionen niederdrückte. Die britische Lyrikszene war großmehrheitlich weiß, auch wenn sich das leicht mit dem Umstand erklären ließ, dass die Generation Schwarzer und asiatischer Einwanderer, die nach dem Krieg nach Großbritannien gekommen war, im Wesentlichen – und mit einigen wenigen Ausnahmen – zu sehr damit beschäftigt war, Kinder großzuziehen und sich überhaupt zurechtzufinden, um Lyrik zu schreiben, während meine schon in Großbritannien aufgewachsene Generation gerade erst volljährig wurde. Aus diesem Grund glaubte ich, als ich anfing, Gedichte zu schreiben, es gebe in der hiesigen Lyrikkultur keinen Platz für mich. Was mich aber nicht davon abhielt, weiterzuschreiben.

Anfang der Achtziger gab es überhaupt nur einen Creative-Writing-Studiengang, und auch andere Kurse und Workshops waren dünn gesät. Ich schaffte es irgendwie in einen Schreibworkshop für Schwarze Frauen, musste aber feststellen, dass meine ebenso unerfahrenen Mitstreiterinnen dort erwarteten, meine Lyrik müsse eine Schwarze feministische Weltsicht transportieren. Ihre politische Haltung teilte ich durchaus, wusste aber damals schon, dass ich meine kreative Freiheit schützen wollte und dass meine Gedichte niemals zum Vehikel für Dogmen werden sollten. Ein paar Jahre zuvor, noch sehr viel ahnungsloser, hatte ich einmal eine entsetzliche Polemik verfasst, die als Gedicht daherkam und Männer verteufelte. Ich fand sie so gelungen, dass ich es an die feministische Zeitschrift *Spare Rib* schickte, die mir aber eine Absage erteilte.

Seit damals haben sich die Möglichkeiten, kreatives Schreiben zu lernen, gewaltig vermehrt, und angehende Schreibende profitieren ungeheuer vom Unterricht, dem gemeinschaftlichen Ansatz, der Unterstützung und Struktur solcher Kurse. Wer heute lernt, Lyrik zu schreiben, wird in wenigen Wochen mit den Grundprinzipien der Dichtkunst vertraut gemacht, während ich viele Jahre dafür brauchte, weil es niemanden gab, der mich angeleitet hätte, und ich Bücher über das dichterische Handwerk als zu dogmatisch und einengend empfand. Meist lehrten sie nur die traditionellen Formen, und nirgends fanden sich irgendwelche Beispiele von Dichterinnen oder Dichtern of Colour oder auch nur irgendein Verweis auf andere Kulturen, was mich sehr befremdete. Für mich war Lyrik keine technische Übung, sondern vor allem in der Anfangszeit Ausdruck meines Innenlebens. Ich lernte das Dichten auf die harte Art, die langsame, die mir ganz eigene Art, und letzten Endes war das genau die richtige – für mich.

Während ich mich so durch die einzelnen Schichten meines Lebens blättere, wird mir sehr klar, dass mein Weg zur Buchautorin schon lange begonnen hat, bevor ich überhaupt etwas zu Papier brachte. Wenn ich über die Ursprünge meiner Kreativität nachdenke, führt mich das zwangsläufig zurück an die Quelle, in meine Kindheit, als ich zu lesen anfing, weil ich mich langweilte, und mich langweilte, weil es so wenig Unterhaltung für mich gab. Man glaubt ja oft, wenn man in einer so großen Familie aufwächst, habe man immer jemanden zum Spielen. Bis ich etwa sieben war, mag das auch so gewesen sein, aber danach fanden wir Geschwister uns zu Paaren zusammen, aufgeteilt nach Alter und Geschlecht. Acht Kinder halten es nur unter einem Dach aus, wenn sie Splittergrüppchen bilden. Eine Zeit lang waren die beiden älteren Mädchen zusammen unterwegs, und die vier Jungs teilten sich in Zweiergrüppchen mit dem Bruder auf, der ihnen im Alter am nächsten war. Dummerweise war die Schwester, die nach mir kam, aber zu klein, als dass wir gut miteinander harmoniert hätten.

Die Überfülle an Dauerbespaßung, die jungen Menschen heutzutage geboten wird, sprengt jedes Fassungsvermögen, wenn man sie mit meinen frühen Jahren vergleicht. Damals, in der Steinzeit, in der ich Kind war, gab es nur drei Fernsehsender mit begrenzter Ausstrahlungszeit; das Internet existierte nicht, und es sollte noch fünfunddreißig Jahre dauern, bis eine erste, rudimentäre Version für den Hausgebrauch verfügbar wurde. (Ich weiß noch, wie mir 1989 ein Fernmeldetechniker erzählte, man könne ganze Bücher über die Telefonleitung verschicken. Ich versuchte mir vorzustellen, wie man ein fertig gedrucktes Buch in den Telefonhörer stopft, und hielt ihn für nicht ganz richtig im Kopf.) Im Fernsehen liefen hauptsächlich alte Schwarzweißfilme, es gab nur eine Handvoll Radiosender, und tragbare Musikgeräte wie der gute, alte Kassettenrecorder waren noch nicht erfunden oder zumindest nicht für die Allgemeinheit verfügbar. Telefone waren zu hundert Prozent fest installiert, und bis zum Anrufbeantworter sollte es noch zwanzig Jahre dauern.

Ich langweilte mich also viel, und die beste Möglichkeit, diese Langeweile zu lindern, bestand darin, Bücher zu lesen, was meine Mutter sehr befürwortete. Von klein auf ging ich jeden Samstag in die öffentliche Bücherei von Woolwich und lieh mir dort gratis zwei oder drei Bücher aus. Weil ich so gern las, entwickelte sich meine Fantasie und unternahm Reisen in Leben und Umfelder jenseits meines eigenen. Dass in den Büchern, die ich damals las, nur weiße Figuren vorkamen, fiel mir gar nicht auf, ich war noch zu jung, um zu begreifen, was mir fehlte. Heute setze ich mich sehr für multikulturelle Kinderbücher ein, denn Kinder müssen sich in Büchern wiederfinden, zur Selbstbestätigung und um das Gefühl zu bekommen, Teil der Geschichten und Mythen ihres Landes zu sein. Als Erwachsene war es dann gerade das Fehlen solcher Geschichten, das mich befeuerte, sie selbst zu schreiben.

Manchmal vermisse ich das unhektische Leben vor dem Internet – eine Zeit, in der noch keine tägliche E-Mail-Flut hereinbrach und man sich nicht zum Telefonieren verabreden musste. Erst kürzlich, während einer zweiwöchigen Schreibklausur mit schlechter Onlineverbindung, war ich richtig verblüfft, wie ruhig ich mich fühlte, so viel in mich gekehrter, in Kontakt mit mir selbst und zu klareren, tieferen Gedanken fähig. Da fiel mir wieder ein, dass so etwas früher ganz normal war. Perfekte Schreibvoraussetzungen.

Das Lesen von Büchern – im Gegensatz zum hastigen Lesen von Mails, dem Durchscrollen von Social-Media-Seiten und dem raschen Überfliegen der Online-Nachrichten – war und ist eine sehr erholsame Erfahrung. Als Kind las ich ganz für mich – ein einsames

Erlebnis. Ich kann mich nicht erinnern, je über das gesprochen zu haben, was ich las, allenfalls im Englischunterricht in der Schule. Es war eine gute Vorbereitung auf meine spätere Schreibkarriere. Vielleicht habe ich ja deshalb so viele Jahrzehnte als Autorin durchgehalten, weil ich einen Wunsch, eine regelrechte Gier sogar, nach dem Rückzug und der Innenschau habe, die es zum Schreiben braucht und die ich von dem Moment an kultiviert habe, als ich als Kind selbständig lesen lernte.

Unlängst habe ich auch begriffen, welche Rolle meine katholische Erziehung dabei gespielt hat, dass ich instinktiv Lyrik schreiben wollte, sobald ich mit dem Schreiben anfing. Lange habe ich die Lyrik als eine Art Geschenk betrachtet, das aus dem Nichts zu mir gekommen ist. Es hat wirklich gedauert, bis mir klar wurde, dass ich schon als Kind davon umgeben war.

So sehr mich die katholischen Messen, an denen ich regelmäßig teilnehmen musste, auch langweilten, und so sehr ich die scheinheiligen Priester auch verabscheute, auf unbewusster Ebene müssen sie mich wohl doch mit dem theatralischen, poetischen Spektakel beeinflusst haben, das ein solcher Gottesdienst darstellt. Dieses Schauspiel war das einzige, was mir an den obligatorischen Kirchgängen gefiel. Meine vier Grundschuljahre verbrachte ich auf einer Klosterschule, dort mussten wir jeden Morgen zur Messe in die Kapelle, und obendrein ging ich auch jeden Sonntag in die Kirche.

Die St. Peter's Church in Woolwich hätte genauso gut der Petersdom in Rom sein können, so gewaltig und ehrfurchtgebietend wirkte sie auf mein Kinder-Ich. Sobald wir alt genug dafür waren, trabten meine Geschwister und ich dorthin, in der Regel zu spät, weil unsere Mutter alle Hände voll damit zu tun hatte, uns aus-gehfertig zu machen, und besetzten zwei Kirchenbänke. Wenn wir miteinander flüsterten, drehte sich irgendein Gemeindemitglied um und rief uns zur Ordnung. Ich kann mich an einen Sonntag er-innern, an dem der grausame Priester sogar die Messe unterbrach, als wir in die Kirche kamen, und alle sich umdrehten und verfolg-ten, wie die kleinen braunen Kinder ihren Schamesweg den Mittel-gang entlang absolvierten.

In den Sechzigern wurde die Messe – die sogenannte Tridentini-sche Messe – noch auf Latein gehalten, einer toten Sprache, womit man natürlich kein Kind für sich gewinnen konnte. Vom 16. Jahr-hundert an hatte die katholische Kirche weltweit diese vorsintflut-liche Tradition aufrechterhalten, die dem Großteil der versammel-ten Gemeinde unverständlich blieb. Trotzdem erinnere ich mich sehr dunkel daran, an den fremden Lauten auch Gefallen gefunden zu haben, dem ernsten Klang der lateinischen Sprache mit ihrem beruhigenden lyrischen Rhythmus.

Als die Messe schließlich vernünftigerweise zum Englischen wechselte, muss ich wohl ihre grundlegende erzählerische Struktur verinnerlicht haben, auch wenn sie voll platter Klischeecharakteri-sierungen von Gott als dem Guten und dem Teufel als dem Bösem war. Ich muss die narrative Gestalt des Gottesdienstes registriert haben, in der der Priester der Held war, das Böse als Gegner in uns allen lauerte und die ewige Verdammnis als Folge unseres Fehlver-haltens drohte – Himmel oder Hölle waren unser aller Ende. (Nar-rative Strukturen finden sich überall, nicht bloß in Geschichten.)

Ich beneidete die Messdiener, deren Aufgabe es war, die frisch gestärkten weißen Leintücher über der Brüstung vor dem Altar-raum zu drapieren, damit die Gläubigen dort niederknien und der Wandlung beiwohnen konnten. Sie hatten etwas von länglichen

Tischtüchern, und ich träumte jahrelang davon, selbst dort zu stehen und feierlich und gekonnt die Falten glatt zu streichen, damit auch alles perfekt aussah. Ich fand ihre Rolle in der Zeremonie so bewundernswert. Wenn der Moment gekommen war, die Kommunion zu empfangen, reihte ich mich in die Schlange ein, die sich durch den Mittelgang auf die Brüstung zubewegte, kniete dort auf dem Bänkchen nieder und wartete, bis ich dran war und der Priester, stets begleitet von einem Messdiener, zu mir kam und mir die zarte, köstlich zerschmelzende Oblate auf die Zunge legte, gefolgt von einem winzigen Schluck Wein, als Symbol für den Leib und das Blut Christi.

Leider konnte ich kein Messdiener werden, weil ich ein Mädchen war, und wir Mädchen kannten unseren Platz in der Hierarchie der katholischen Kirche. Wenn wir erwachsen wären, fiele uns die Rolle zu, die Kirche zu putzen, für den Pfarrer zu kochen und ihm den Haushalt zu führen, den Kerzenvorrat aufzufüllen und beim geselligen Beisammensein für Tee und Kuchen zu sorgen.

Wenn ich an die Messe zurückdenke, erinnere ich mich vor allem als Theaterinszenierung an sie: die rhapsodisch-lyrische Qualität der Psalmen, die wir alle im Chor sangen, die Kirchenlieder, die erhebende Orgelmusik, der duftende Weihrauch, den wir einsogen, wenn er aus dem Rauchfass des Priesters, der in seinen atemberaubenden Gewändern den Gang entlangschritt, zu uns herüberwehte. Wie berauschend das alles war, wie hochtheatralisch inmitten dieser goldenen, vergoldeten Rokoko-Kulisse aus Stein und Holz, den als Relief oder Statuen gestalteten Bibelszenen, den turmhohen Säulen und Spitzbögen, dem Licht, das durch die aufwendigen Buntglasfenster hereinfiel. Diese ganze religiöse Ikonographie, diese ganzen Symbole und Riten brannten sich tief in mein Zellgedächtnis ein, während der Grundschulzeit Tag für Tag und

Woche für Woche in den zehn Jahren, die ich jeden Sonntag getreulich zur Kirche ging.

Überrascht es da noch, dass ich, als ich nur wenige Jahre nach meinem Austritt aus der Kirche fürs Theater zu schreiben begann, mich der erhabenen Sprache der Dichtung bediente?

Natürlich sind literarische Einflüsse wichtig, aber wir tragen noch so viel mehr in uns, das eine alchemistische Verbindung mit unserer Kreativität eingeht.

Und was ist mit dem Einfluss der altgriechischen Literatur auf meine Autorinnenfantasie, ihren Versepen und Versdramen, die ich als Übersetzungen in der Schule las? Die rebellische Antigone aus Sophokles' gleichnamigem Stück sprach mit solcher Macht zu mir, als ich ein Teenager war.

Auf ähnliche Weise muss mir auch der Fremdsprachenunterricht in der Schule – Französisch und Latein jeweils fünf, Spanisch zwei Jahre lang – das Selbstvertrauen gegeben haben, in meinem Schreiben mit verschiedenen Sprachen zu spielen. Als Autorin muss ich meine Figuren reden hören, damit sie in meinem Kopf zum Leben erwachen können, und durch meine Neigung zur Ich-Erzählung wird das sogar zur wesentlichen Voraussetzung, um eine glaubhafte Fiktion zu gestalten. Das gesprochene Wort wird zum geschriebenen Wort, oder besser gesagt, das gehörte Wort wird zur Stimme der Figur. In den meisten meiner Bücher habe ich Fremdsprachen im Text verteilt, und mein Ziel ist, wann und wo immer ich kann, genauestens abzubilden, wie Menschen reden.

Außerdem frage ich mich, ob das gebrochene Englisch, das mein Vater sprach, wohl einen Einfluss auf mein Schreiben hatte. Die Stimmen, die wir in unserer Kindheit und Jugend hören, schlagen sich mit Sicherheit irgendwie in unserem Schreiben nieder. Ich habe eine natürliche Neigung zur Umgangssprache, was oft größere Herausforderungen birgt als die Wiedergabe von Hochsprache. Die Essenz dessen einzufangen, wie wir sprechen, wenn wir kein Standardenglisch verwenden, meist eher als Annäherung daran, denn als genaue Nachbildung und ohne dabei ins Karikierende zu verfallen oder für ein breites Publikum unverständlich zu werden, erfordert eine akustische Sensibilität, die man bei sich fördern kann. Aber es lohnt sich, denn Umgangssprache enthält demokratische Impulse, durch die jede Community, jede Schicht, jede Region, jede Kultur und jede individuelle Art zu sprechen hörbar wird, kostbar und der Inklusion wert.

Mir ist aufgefallen, wie oft britische Autorinnen und Autoren Virginia Woolf, Jane Austen, Emily Dickinson oder Henry James als ihre literarischen Einflüsse nennen, dabei hatte ich als sehr junge Frau vor allem das Gefühl, gegen sie anzuschreiben. Lesen war für mich eine genussvolle Erfahrung, auf die ich mich komplett einlassen konnte, nur nicht, als ich für die Schule Woolfs *Fahrt zum Leuchtturm* lesen musste. Heute bin auch ich Fan, aber es hat gedauert, bis ich wieder eins ihrer Bücher, etwa *Orlando* oder *Mrs Dalloway*, in die Hand nahm, nachdem ich als Teenager so instinktiv abwehrend darauf reagiert hatte.

Als sehr junge Frau waren es Schwarze Schriftstellerinnen, die ich lesen musste, und in Großbritannien fand ich damals keine, die hier geboren oder aufgewachsen wären und unsere Geschichten aus dieser Perspektive erzählt hätten. Meine Inspiration kam von den Afroamerikanerinnen: Audre Lorde, Toni Morrison, Gloria Naylor und Alice Walker standen dabei an erster Stelle, aber natürlich auch Ntozake Shange, außerdem die jamaikanisch-amerikanische Schriftstellerin Michelle Cliff und die nigerianische Romanautorin Buchi Emecheta, die 1962 als Erwachsene nach Großbritannien gekommen war und hauptsächlich über Nigeria schrieb.

Diese Autorinnen stellten das Leben Schwarzer Frauen in den Vordergrund und erteilten mir damit die Erlaubnis, auch selbst zu schreiben. Tatsächlich haben sie mir durch ihr Vorbild sogar das Schreiben beigebracht, nachdem ich mich von der Bürde ihrer Großartigkeit freigemacht hatte, die mein Selbstvertrauen eine Zeit lang ziemlich beeinträchtigte. Es dauerte, die hartnäckige Stimme im Kopf zu überwinden, die mir sagte, ich könne doch niemals so gut sein wie sie. Ich musste lernen, dass ich nie so schreiben würde wie Menschen, die einer anderen Generation angehörten, eine andere Kultur, einen anderen Hintergrund hatten. Ich musste bloß wie ein einziger Mensch schreiben, und das war ich selbst – wobei das natürlich sehr viel leichter gesagt ist als getan.

Auf der Suche nach meinem jüngeren Ich habe ich auch meine Schulzeugnisse bemüht, die ich teilweise seit fünfundfünfzig Jahren nicht mehr angeschaut habe. Sie sind höchst aufschlussreich. Als ich mit sechs auf die Klosterschule kam, schrieb meine Klassenlehrerin: »Bernardine liest sehr gern, ist aber ein wenig unsorgfältig, was das Schreiben betrifft [...] und hat zudem die Neigung, zu viel zu reden. Das Einmaleins muss sie wiederholen.« Was für ein wunderbarer Beleg, dass ich mich damals schon zur Literatur hin orientierte und dass ich von vornherein hoffnungslos schlecht in Mathe war. Von der Grundschule an und noch auf der weiterführenden

Schule waren Mathe und Naturwissenschaften für mich ein Buch mit sieben Siegeln, und ich wählte alles ab, sobald es ging. Meine Lehrerinnen gaben zu Protokoll, ich würde unter meinen Möglichkeiten bleiben, aber mir kam es einfach vor, als wäre mein Gehirn nicht für Mathematik oder Naturwissenschaften ausgelegt, und ich hasste diese Stunden.

An der Eltham Hill befand meine Englischlehrerin, meine Aufsätze seien »immer lebhaft und originell, obwohl sie sich mitunter etwas umständlich ausdrückt«. Auch das finde ich wunderbar – Talent vorhanden, aber es bleibt noch viel Arbeit! Außerdem schrieb sie: »Bernadines [sic!] Aufsätze zeugen von ihrem Interesse, und wenn sie weiter so viel Einsatz zeigt, kann sie gute Leistungen erzielen.« Mangelnde Sorgfalt bleibt allerdings ein wiederkehrendes Thema, was nicht weiter wundert, denn Details interessierten mich nicht. Mein Geschichtslehrer schrieb: »Bernadine [sic!] muss sich klarmachen, dass ihr Interesse an diesem Fach durch eingehendes Lernen ergänzt werden muss«; und in der Beurteilung für »Griechische Klassiker in Übersetzung« hieß es: »Bernardine hat das ganze Schuljahr über Fortschritte gemacht. Ihre Aufsätze sind gut geschrieben, lassen aber oft wichtige Fakten vermissen.«

Das trifft mich haargenau, bis heute, wenn auch nicht mehr im selben Maß. Darum bin ich ja Autorin geworden und schreibe Theaterstücke und Romane, für die ich mir meine eigenen Fakten ausdenken kann.

Bestimmt habe ich mich sehr geschmeichelt gefühlt, als die Direktorin ein Zeugnis, das ich mit fünfzehn bekam, mit den Worten beendete: »Bernadine [sic!] hat eine angenehm reife Persönlichkeit entwickelt.« In dem Jahr war ich anscheinend sogar Kapitänin der Sportmannschaft, woran ich mich überhaupt nicht erinnern kann. Während der Abschlussklasse jedenfalls notierte die Sportlehrerin nur knapp: »Bernadine [sic!] hat im vergangenen Trimester an keiner Sportstunde teilgenommen.«

Bei der Durchsicht meiner alten Schulzeugnisse tritt eins für mich sehr klar zutage – dass meine Lehrerinnen und Lehrer nämlich größtenteils nicht in der Lage waren, meinen Vornamen richtig zu schreiben, und das zweite »r« vergaßen, ein Ärgernis, das mich bis heute begleitet. Das gibt ein dickes, fettes »Ungenügend« im Buchstabieren. *(Gebt euch gefälligst mehr Mühe!)*

Selbst erinnere ich mich aus der Schulzeit vor allem daran, dass ich tagträumend aus dem jeweiligen Klassenzimmerfenster in den Himmel blickte. Ich mochte weder das Uniformierte noch die Tatsache, dass man uns Vorschriften machte, benahm mich aber im Großen und Ganzen gut, so wie wir alle – wir waren brave Mädchen. Die größte Unartigkeit, die ich mir mit vierzehn leistete, bestand darin, mir zwei Luftballons unter den Pulli zu schieben und vor unserem Chemielehrer auf und ab zu tänzeln, der solche Angst vor uns hatte, dass wir ihn erbarmungslos veräppelten. Er herrschte mich an, ich solle mich wieder hinsetzen. Das tat ich, und damit hatte sich die Sache.

Zutiefst stolz bin ich darauf, mir schlechte Noten in Handarbeit und Hauswirtschaft (Kochen) verdient zu haben, die während der ersten zwei Jahre an der weiterführenden Schule Pflichtfächer waren und an Jungenschulen nicht unterrichtet wurden. In den Siebzigern, als die feministische Revolution angeblich längst im Gang war, lernten Mädchen in der Schule die Kunst der Haushaltsarbeit, und Jungs lernten technisches Zeichnen und Werken mit Holz und Metall. Mädchen spielten Hockey und Lacrosse, Jungs Fußball und Rugby. Meine Schule inspirierte mich nicht zu Höchstleistungen. Es gab dort keine Miss Jean Brodie, die uns erklärt hätte, wir seien die »Crème de la Crème«. Niemand ermutigte uns, große Pläne zu schmieden und unsere Träume in die Tat umzusetzen. Und es gab sogar eine Art Sekretariatsbüro für Mädchen, die kein besonderes schulisches Talent zeigten und daher auf ein Leben als Sekretärin vorbereitet wurden, obwohl es sich um eine Grammar School handelte.

Mit achtzehn ging ich mit elf bestandenen O-Levels von der Schule ab, darunter zwei, die eigentlich in den Sand gesetzte A-Level-Prüfungen waren und daher nur als O-Levels gewertet wurden. Meine beste Note war ein »Gut«, danach wurde es sukzessive schlechter, sogar in Fächern, die mir eigentlich Spaß gemacht hatten. Anders als beim Theaterspielen gab ich mir einfach keine große Mühe, und es war mir auch nicht wichtig, weil die Schauspielschulen damals kaum Qualifikationen verlangten. Heute sind auch das alles echte Studiengänge, damals zählte nur die Aufnahmeprüfung, denn schulische Leistungen sind kein Maßstab für schauspielerische Qualitäten. Natürlich braucht man intellektuelle und emotionale Intelligenz, aber dass man Prüfungen bestehen und Aufsätze schreiben kann, heißt noch lange nicht, dass man auch gut spielen kann.

Aus meiner heutigen Sicht als Lehrende würde ich mein jüngeres Ich allerdings doch ermuntern, sich mehr anzustrengen, auch wenn die Schulnoten für den Beruf, den ich anstrebte, nicht relevant waren. Ich würde mir erklären, dass Lernen gut fürs Gehirn ist und Wissen einen besser durchs Leben bringt, und dass es immer wichtig ist, sich der Aufgabe ganz zu widmen, die gerade ansteht, um Disziplin und Hingabe zu lernen. (Dass ich nicht auf mich gehört hätte, ist ja klar.)

Sobald ich als Autorin meinen Rhythmus gefunden hatte, entwickelte ich eine eindrucksvolle Arbeitsethik. Ich arbeite ständig, die Werktage verschwimmen mit den Wochenenden, die Tage mit den Abenden, und Urlaub mache ich nie. Ich könnte natürlich, tue es aber nicht, weil einfach immer zu viel Arbeit da ist. Und weil ich meine Arbeit liebe, habe ich auch nie das Gefühl, irgendetwas zu verpassen.

Mit Mitte vierzig fing ich an, in Abendkursen am Birkbeck College Englische Literaturwissenschaft zu studieren. Ich schrieb schon seit Längerem Essays für verschiedenste Publikationen, aber mein Hunger nach strukturierterer intellektueller Nahrung wuchs. Ich wollte noch einmal Studentin sein. Die angebotenen Seminare waren meinem Schulunterricht pädagogisch haushoch überlegen, und ich verfolgte mein Studium nicht nur mit großer Begeisterung, sondern hatte auch genug Erfahrung, dass mir das akademische Arbeiten nicht weiter schwerfiel; nur die detailgenaue Zitierpraxis fand ich etwas ermüdend. So sehr hatte ich mich in den zurückliegenden Jahrzehnten dann doch nicht verändert. Es machte mir Freude, endlich eine Studentin mit Bestnoten zu sein, und ich hängte noch eine halb wissenschaftliche, halb kreative Promotion in Creative Writing an der Goldsmiths University of London an, eine weitere Herausforderung an meine akademischen Fähigkeiten, weil ich dafür eine ausführliche wissenschaftliche These entwickeln musste. Aber ich genoss die Recherchearbeit und das Schreiben trotz allem sehr.

Hätte mich mit sechzehn jemand gefragt, welche meiner Mitschülerinnen einmal beruflichen Erfolg haben würden, hätte ich die Überfliegerinnen genannt. Und doch lernen wir alle irgendwann, dass das Leben uns sehr viel mehr abverlangt als die Fähigkeit, gute Schulnoten einzuheimsen. Wenn wir schon früh im Leben kämpfen und Enttäuschungen überwinden müssen, kann uns das mit einer Stärke und Entschlossenheit ausstatten, die wir andernfalls nie besessen hätten. Junge Menschen glauben oft, sie hätten ihre Zukunft verspielt, wenn sie in der Schule nicht zu den Besten gehören, aber ich weiß von vielen, die in der Schule hervorragend waren, beruflich dann aber schon früh stagnierten oder sogar scheiterten, genauso wie von Menschen, die sich von schlechteren Leistungen in der Schule nicht abhalten ließen, später im Beruf großen Erfolg zu haben, vielleicht gerade *weil* es in ihrer Kindheit und Jugend nicht einfach für sie war. So ist das auch mit der Kunst – man braucht die frühen Rückschläge, um überhaupt die Resilienz zu entwickeln, die einen später unaufhaltsam macht. Das Leben hält Hürden für uns bereit. Es ist für niemanden ein völlig ruhiger Ritt, und auch, wenn natürlich kein Mensch Kämpfe ausfechten will, ist das doch der einzige Weg, Resilienz aufzubauen.

SIEBEN

Das Ich, Ehrgeiz, Wandlung, Aktivismus

seven (Englisch)
seofon (Altenglisch)
meje (Yoruba)
a seacht (Irisch)
sete (Brasilianisch)

Dem Wunsch nach einem Universitätsstudium, den ich mit Mitte vierzig nach und nach umgesetzt habe, ging der Wunsch nach einer anderen Art des Lernens voraus – die Entwicklung meiner Persönlichkeit, die ich mit etwa dreißig in Angriff nahm. Wie bereits erwähnt, hatte ich das Theater hinter mir gelassen und verfolgte eine Karriere als Buchautorin, ein gewaltiger Schritt ins Ungewisse, denn ich wusste ja nicht einmal, ob ich das nötige Talent dafür hatte. Aber ich hatte meine Möglichkeiten nüchtern betrachtet und war zu dem Schluss gekommen, dass es nichts gab, was ich lieber tat als Schreiben – warum es dann also nicht einfach machen? Ich weiß noch, wie ich mir dachte, dass ich im Leben nichts bereuen, kein »Was wäre wenn«- oder »Hätte ich nur«-Mensch werden wollte, der nie etwas riskiert hat, um die eigenen Träume zu verwirklichen.

Natürlich wartete niemand auf meine Manuskripte, die Agenturen waren nicht ständig auf der Suche nach neuen Schwarzen Stimmen, so wie heute auf den Social-Media-Kanälen. Die Vorstellung von Schwarzem britischem Schreiben war nicht bloß ein Randphänomen, sie tauchte nicht einmal auf dem Radar einer Literaturbranche auf, die noch nicht begriffen hatte, dass eine solche Bevölkerungsgruppe überhaupt existierte oder es sich lohnen könnte, sie zu veröffentlichen. Als Schwarze Autorin bekam man aus den Lektoraten zu hören, es gebe für die eigene Stimme keinen Markt, ein guter Beleg für unsere Randstellung. Diejenigen, die die Inspiration für ihr Schreiben aus ihren Herkunftsländern, den einstigen Kolonien, zogen, schlugen sich gelegentlich ganz gut, aber die Erfahrungen in Großbritannien geborener Schwarzer Menschen galten als unbedeutend.

Damals hatte ich das Gefühl, ins Leere hineinzuschreiben, hoffte aber trotzdem, dass jemand meine Werke als veröffentlichungswert befinden würde. *Island of Abraham* machte gerade die Runde bei den Verlagen, ich schrieb derweil an *Lara*. Ich wusste, wenn ich veröffentlicht würde, könnte ich meinen eigenen kleinen Teil dazu beitragen, die Literaturszene inklusiver zu machen. Mein Hauptmotiv war persönlicher Ehrgeiz, aber ich zog auch die breiteren Fragestellungen rund um Schwarzes Kunstschaffen, Schwarze Literaturen und Communitys in Betracht. Ich sah es als meine Pflicht, meine ganz persönlichen Zweifel und Schwächen zu überwinden, um das mit dem Schreiben hinzukriegen, denn mit welchem Recht beklagte ich mich über unsere Zwangslage, wenn ich selbst nichts auf die Reihe bekam?

Um mir Unterstützung für meine Mission zu holen, besuchte ich Motivationskurse und las Bücher zur Persönlichkeitsentwicklung, die mir den Mut gaben, in größeren Kategorien zu denken als jemals zuvor. Abends im Bett hörte ich mir Kassetten an und ließ die motivierenden Worte (»Spür die Angst und tu es trotzdem« oder »Glaub daran, dass du es kannst! Den halben Weg hast du schon geschafft«) in meine Gehirnwindungen dringen und sie umprogrammieren, während ich schlief. Ich lernte, aus meiner Ambition eine Vision zu machen, mir scheinbar unerreichbare Ziele zu setzen, weil ich begriffen hatte, dass leicht zu erreichende Ziele gar keine Visionen sind, sondern nur die nächste Stufe, ein winzigkleiner Schritt.

Die wichtigste Lektion, die ich damals lernte, bestand in der Kunst des positiven Selbstgesprächs im Kampf gegen die Selbstzweifel, ergänzt durch freudige »Affirmationen«, die ich mir auf Karteikarten schrieb und mehrmals täglich laut vorsagte. Affirmationen sind kurze, leidenschaftlich positive, persönliche Aussagesätze im Präsens, die beschreiben, was man erreichen will, aber so formuliert sind, als *hätte man dieses Ziel bereits erreicht*. Also keine Sehnsüchte oder Hoffnungen, dass etwas geschehen könnte, sondern die Feststellung, dass es tatsächlich geschehen ist – eine Möglichkeit, das Ersehnte in die Realität umzusetzen, und zwar nicht durch irgendwelchen Hokuspokus, sondern durch die nötigen Schritte hin zu diesem Ziel. Bis heute nutze ich Affirmationen, um mich mit Selbstbewusstsein zu stählen und mich dazu zu verpflichten, aus allem das Beste herauszuholen – privat wie beruflich.

Das Formulieren einer positiven Affirmation ist genau das Gegenteil davon, mit dem eigenen Scheitern zu rechnen. Es trainiert den Geist darauf, immer mit dem besten Ergebnis zu rechnen, so wie es auch die kreative Visualisierung tut – ein weiteres Werkzeug aus meinem Persönlichkeitsentwicklungs-Baukasten, bei dem man sich für das, was man gerade erreichen möchte, das bestmögliche Szenario ausmalt. Inzwischen lautet der gängige Begriff für diese Praxis »Manifestation«. Die eigentliche Arbeit muss man natürlich trotzdem tun, das versteht sich von selbst. Wünsche verwirklichen sich nicht einfach von selbst. Ein Ex-Freund aus den USA, den ich einmal in einem Club kennenlernte, stellte sich mir als Autor vor. Ich war beeindruckt, obwohl ich bald erfuhr, dass er bisher nur ein paar wenige Seiten eines Drehbuchs geschafft hatte. Trotzdem gefiel mir seine amerikanische Chuzpe, bis mir im Lauf von insgesamt achtzehn Monaten klar wurde, dass sein Schreiben nie über diese paar Seiten hinauskam. Keine Manifestation wirkt, wenn man die Arbeit nicht tut.

Und wenn man sie tut, sich das gewünschte Ergebnis aber trotzdem nicht einstellt, verdaut man die Enttäuschung, steht wieder auf, ackert einfach weiter und bleibt positiv dabei. In den letzten paar Jahren habe ich das Konzept des Wiederaufstehens sogar noch weiterentwickelt und sage meinen Studierenden jetzt, sie sollten »noch im Fallen wieder aufstehen«, damit es erst gar keinen Aufprall gibt. Mir hat das gute Dienste geleistet. Ich rede mich selbst schon wieder aus der Enttäuschung heraus, noch während ich sie erlebe, sodass ich gar nicht erst in die Abwärtsspirale des Selbstmitleids gerate.

Wenn ich ein neues Buch anfange, notiere ich mir auch jetzt noch jedes Mal eine Affirmation, dass es großartig ist – bevor ich auch nur ein Wort geschrieben habe. Das soll keineswegs heißen, dass ich verblendet oder blöd wäre. Es heißt vielmehr, dass ich mich mit Energie und positiver Einstellung auffülle und das bestmögliche Ergebnis von meiner Kreativität erwarte, anstatt mich voller Angst an die Arbeit zu machen und mir bereits all ihre zwangsläufigen Schwächen vor Augen zu führen.

Mit der Zeit habe ich gelernt, das Konzept des Scheiterns insgesamt abzulehnen, obwohl es ja das Gegenstück zum Erfolg ist; wenn ich also an das eine glaube, warum nicht auch an das andere? Vermutlich, weil das Konzept des Scheiterns so eine negative Endgültigkeit mit sich bringt. Als »Positivitätspropagandistin«, wie mich neulich jemand nannte, bin ich überzeugt, dass wir auf unserem Weg durchs Leben immer nur auf die nächste Stufe gelangen, wenn etwas einmal nicht so läuft, wie wir es haben wollen, und dann weiter auf die nächste. Im Wesentlichen, kann man sagen, finde ich die Idee des Scheiterns demotivierend.

Als *Lara* erschien, schrieb ich mir die Affirmation, dass ich den Booker Prize gewonnen hätte – eine wilde Fantasterei, schließlich war ich von diesem Preis so weit entfernt, wie man es als Autorin nur sein kann. Aber ich hatte schon oft erlebt, wie er schriftstellerische Karrieren aufwerten und Büchern zu kommerzieller Aufmerksamkeit verhelfen konnte, und weil ich in großen Kategorien dachte, schien es mir ganz folgerichtig, zu visualisieren, dass ich ihn bekam. Natürlich versuchte ich in den folgenden Jahren nicht, mein Schreiben so zu gestalten, dass ich damit den Booker Prize gewinnen könnte, das hätte ja gegen jede kreative Integrität verstoßen und wäre ohnehin unmöglich vorauszusagen gewesen, da die Jury jährlich wechselt. Ich wollte ihn einfach nur im Blick behalten. Wie eine Schauspielerin, die es sich zum Anliegen macht, in jeder ihrer Rollen so gut zu sein, wie sie nur kann, und dabei immer weiter davon träumt beziehungsweise visualisiert, eines Tages den Oscar zu erhalten.

Durch mein positives Denken habe ich mich nie unterkriegen lassen, wenn es beim Schreiben oder im Beruf generell Probleme gab. Selbst wenn sich wirklich alles gegen mich verschworen hatte, gelang es mir noch irgendwie zu glauben, dass mir eines Tages der Durchbruch gelingen würde. Das heißt nicht, dass man alles Negative ringsum ausblenden oder die eigenen Selbstzweifel komplett beseitigen könnte, aber es ist doch ein hervorragendes Mittel, um sich nicht allzu sehr herunterziehen zu lassen.

Im Lauf der Jahrzehnte wuchs meine Entschlossenheit, und ich war niemals bereit, mich mit weniger zu begnügen als dem, was ich wollte. Eine andere Autorin hat mir einmal erklärt, dass Wasser sich seinen Pegelstand immer selbst suche, und sie habe ihren gefunden, was faktisch hieß, dass sie nie mit hohen Buchverkäufen rechnete und das als ihr Schicksal angenommen hatte. Mit so etwas würde ich mich niemals abfinden. Ich hatte meinen Geist darauf trainiert, stets das Beste zu erwarten, was in diesem Beruf möglich war, selbst wenn es nicht eintrat. Meine Bücher verkauften sich über viele Jahre hinweg so schlecht, dass ich mir die halbjährlichen Tantiemenabrechnungen gar nicht mehr ansah, wenn sie kamen. Gute Kritiken reichten nicht aus, um eine nennenswerte Anzahl von Exemplaren abzusetzen. Ich konnte aber auch nicht einfach den Kurs ändern und anstelle von »hochliterarischen« sogenannte »kommerzielle« Bücher schreiben, wie mir einmal jemand riet, weil die kommerziellen Bücher schließlich die Bestsellerlisten beherrschten. Ich musste meinen ureigenen künstlerischen Impulsen treu bleiben, wollte aber trotzdem noch ein breites Lesepublikum für meine Bücher. Ich war stur und scheinbar unrealistisch, bis die Vision schließlich Wirklichkeit wurde, als ich den Booker Prize bekam und sich alles änderte: Mein radikaler, experimenteller, hochliterarischer Roman fand vierundvierzig Wochen lang seine Heimat in den Top Ten der Hitparade.

Muss ich noch hinzufügen, dass es absolut entscheidend ist, die eigenen Träume für sich zu behalten? Sobald man sich nämlich auf »visionäres« Terrain begibt, werden zahllose Menschen einem ihre jeweiligen Begrenztheiten aufbürden, da ist es besser, ihnen gar nicht erst die Gelegenheit zu geben. Vor den Miesmachern müssen wir uns schützen.

Wer heute schreibt, ist cleverer, als ich es zu der Zeit war, in der meine ersten Bücher erschienen. Inzwischen kann man so viel im Internet nachlesen oder über Literaturorganisationen erfahren, die angehende Autorinnen und Autoren unterstützen und die Branche für Außenstehende entmystifizieren wollen, beispielsweise Spread the Word. Als ich anfing, schien die Verlagswelt undurchdringlich, wenn man nicht gerade über Insiderwissen verfügte oder Kontakte zu einem etablierten literarischen Netzwerk hatte.

Für meine ersten beiden Bücher erhielt ich keinen Vorschuss, ich war einfach nur erleichtert, überhaupt einen Verlag gefunden zu haben. Ich hatte keine Ahnung von der Branche, und mir war nicht klar, dass ein Buch es schwerer hat, sich gut zu verkaufen, wenn es bei einem kleinen, unbekannten Verlag erscheint, der sich selbst außerhalb des etablierten literarischen Ökosystems durchschlägt. Als *Island of Abraham* erschien, erkundigte sich mein Lover, der Banker, was ich denn dafür bekäme. Und erklärte mich für verrückt, als ich ihm antwortete, ich bekäme nichts. (Statt eines Vorschusses waren in den Verträgen für diese Bücher nur Beteiligungen vereinbart.) Danach fragte er mich nichts weiter zu dem Buch und machte sich auch nicht die Mühe, hineinzuschauen. Das erinnerte mich daran, wie ich einmal auf einem Campingplatz in der Türkei einen wahren Ziegelstein von Roman las. Eine Bäuerin, die in der Nähe auf einem Feld arbeitete, fragte mich, ob sie ihn mal sehen dürfe. Ich reichte ihr das Buch, sie wog es in den Händen, spürte sein Gewicht und befand im Brustton der Überzeugung: »Gutes Buch!«

Meine Studierenden erzählen mir manchmal, sie wollen Bücher schreiben, um reich und berühmt zu werden. Nicht gerade die beste Motivation für einen Beruf im künstlerischen Bereich; natürlich ist an keinem dieser beiden Erfolgsmarker etwas auszusetzen, aber die Realität bleibt doch, dass man, um ein Leben lang schriftstellerisch zu arbeiten, eine tiefergehende Verbindung zum eigenen Handwerk braucht.

Da meine beiden ersten Verlage so klein und ihre Budgets für Werbemaßnahmen überschaubar waren, nahm ich es selbst in die Hand, meine Bücher in die Welt zu tragen, weil mir die Verantwortung klar war, die ich übernommen hatte, indem ich sie veröffentlichen ließ und damit meine Karriere vorantrieb. Und weil ich nun mal auf einem Positivitätstrip war, legte ich den alten Spruch, dass nicht entscheidend ist, was man weiß, sondern wen man kennt, nicht als Kritik am Status Quo, sondern als wertvollen Ratschlag aus und fing an, mich mit anderen Autorinnen und Autoren zu vernetzen, um den Abstand zwischen mir und der Branche zu verringern. Obwohl ich von *Island of Abraham* nicht mehr viel hielt, als es endlich erschienen war, strengte ich mich doch gehörig an, es in Umlauf zu bringen, und mit *Lara* verfuhr ich genauso, diesmal mit mehr Begeisterung. Ich hatte immer ein paar Exemplare dabei und drückte das Buch auf den literarischen Empfängen, die ich gewissenhaft besuchte, um meine Kontakte weiter auszubauen, allen Rezensenten in die Hand.

Nach dem Erscheinen von *Lara* legte ich mich mit meinen Anstrengungen noch mehr ins Zeug. Ich ließ mehrere tausend Werbezettel drucken und über die Verteiler von Kunst- und Literatureinrichtungen verschicken, die sich diesen Service natürlich bezahlen ließen. Außerdem stellte ich eine Liste sämtlicher literaturwissenschaftlicher Institute an britischen Universitäten zusammen und schickte ihnen das Buch mit einem persönlichen Anschreiben, um eventuell zu einem Vortrag eingeladen zu werden und es vielleicht auch auf die ein oder andere Seminarleseliste zu schaffen. Viel brachten diese Vorstöße nicht, aber ich hatte es wenigstens versucht. Ich wusste, wenn ich meine ganze Energie in die Vermarktung des Buches steckte, würde zumindest etwas dabei herausspringen, aber wenn ich nichts tat, würde auch nichts passieren.

Ich machte jede Lesung, zu der ich eingeladen wurde, im Allgemeinen ohne Honorar. Als ich mitbekam, dass die Literaturabteilung des British Council Lesereisen ins Ausland organisierte, beschloss ich, nicht abzuwarten, bis sie irgendwann eventuell auf mich aufmerksam würden, sondern schickte ihnen mein Buch direkt und vereinbarte einen Termin, für den ich selbstverständlich ein positives Ergebnis visualisierte. Es klappte, die Tür öffnete sich. Danach war ich jahrelang in großem Stil für sie im Einsatz, fuhr zu großen, gut bezahlten Literatur-Events, auf Lesereisen und zu Schreibaufenthalten. Diese Zeit war ein Highlight meiner Karriere, für das ich zutiefst dankbar bin. Einladungen zu Auftritten bei einem der diversen Literaturfestivals in Großbritannien blieben allerdings trotz all meiner Bemühungen bis heute aus.

Meine ersten beiden Bücher wurden in den überregionalen Tageszeitungen nicht besprochen, bis auf eine Nennung in der »*Book of the Year*«-Rubrik des *Daily Telegraph* von der Romanautorin Maggie Gee, die meine Bücher mochte und zur frühen Verfechterin meiner Arbeit wurde. Gegenstand der ausführlichen Porträts und Reportagen in den Feuilletons, die als Zeichen ernsthaften Interesses an einer Autorin oder einem Autor gewertet wurden, war ich nie. Ich selbst fand meine Arbeit durchaus spannend und mich ebenfalls, aber es war mir nie vergönnt. In jeder Wochenendzeitung, die ich aufschlug, standen andere Autorinnen und Autoren im Fokus. Es kostete mich einige Mühe, mein positives Denken aufrechtzuerhalten, obwohl ich nie dabei war.

Ewig dankbar bin ich denen, die meine Bücher einer ernsthaften literaturwissenschaftlichen Beschäftigung würdig fanden und sie in Zeitschriften wie *Wasafiri* ausführlich rezensierten. Die Postcolonial Studies waren die ersten, die sich für meine Bücher engagierten; ihnen kann ich gar nicht genug danken, obwohl ich mich eigentlich immer eher als britische Autorin gesehen habe, nicht als postkoloniale. Aber auch wenn ich mit den Begrifflichkeiten nicht ganz einverstanden war, wurden meine Bücher von ihnen doch aufmerksam gelesen.

Die Lektürelisten der Anglistik- und Creative-Writing-Studiengänge waren damals, mit wenigen Alibi-Ausnahmen, größtenteils weiß und männlich dominiert. Ich halte mich an dem Eindruck fest, dass sich das neuerdings ändert, denn was für eine Zukunft hätte die Schwarze Literatur, wenn tatsächlich eine stillschweigende Übereinkunft bestünde, sie den Denkenden, Profis und Führungspersönlichkeiten von morgen gar nicht erst nahezubringen? Seit einiger Zeit schon nehmen verschiedene Kampagnen zur Ausweitung von Lehr- und Studienplänen die imperialistischen Vorurteile unserer Bildungssysteme aufs Korn und wenden sich gegen die eingefleischten Widerstände derjenigen, die noch daran glauben, dass manche Bevölkerungsgruppen anderen überlegen sind: die Weißen den Schwarzen, die Männer den Frauen, die Middle Class der Working Class, die Hetero- den Homosexuellen.

Während ich weiter Bücher veröffentlichte, tauchten in der Literaturszene immer wieder jüngere Autorinnen und Autoren auf, die häufig an mir vorbei hinauf an den Sternenhimmel schossen, während ich mich angestrengt gegen das Gefühl wehrte, ich stünde allein am Rand eines matschigen Feldes. Durch mein Persönlichkeitstraining hatte ich gelernt, wie selbstzerstörerisch Vergleiche sind, und ich arbeitete hart daran, mich nur auf meine ureigene Umlaufbahn zu konzentrieren und mir jegliche Missgunst aus dem Herzen zu spülen. Ich sah ja, wie andere daran zerbrachen, verbittert wurden, sich beklagten, sich in Schuldzuweisungen ergingen und dabei häufig eine kreative Lähmung erlitten. So wollte ich auf keinen Fall werden, und ich wollte auch keine Zeit mit Menschen verbringen, die so viel Negatives ausstrahlten. Wenn man auf dem Positivitätstrip ist, wird die Negativitätsfalle zum Sumpf, den es tunlichst zu meiden gilt. Ich versuchte, die ersten Anzeichen der Eifersucht in großzügige Gefühle und sogar Taten umzumünzen – mich am Erfolg anderer Schreibender zu freuen und sie darin zu unterstützen, auch wenn ihre Leistungen und die Lobeshymnen, die sie bekamen, meine in den Schatten stellten. Leicht war das nicht, aber ich war entschlossen, mir das Blut nicht von Eifersucht vergiften zu lassen. Gleichzeitig war ich weiterhin ehrgeizig und konnte, *wollte* mich nicht mit dem zufrieden geben, was ich hatte, denn das, was ich hatte, war nicht genug – zumindest nicht für mich, auch wenn gewisse Anzeichen dafür sprachen, dass ich immer erfolgreicher wurde.

Wer heute als Schwarze Person oder mit asiatischer Herkunft ein literarisches Debüt veröffentlicht, findet sich in einem deutlich breiteren, multikulturelleren Kontext wieder. Zusammen mit vielen anderen setze ich mich schon seit Langem für genau diese Entwicklung ein, auf allen Kanälen, die uns in den herkömmlichen und den Sozialen Medien offen stehen. Bereits in den Achtzigern gab es die Kampagne *Greater Access to Publishing*, die von der Verlegerin Margaret Busby mitbegründet wurde und sich zum Ziel gesetzt hatte, die Branche diverser zu machen, und ihr folgten weitere Kampagnen. Hier lohnt sich der Hinweis, dass es in der Zeit, als der aktivistische Gedanke noch nicht im Mainstream angekommen war, was ja noch gar nicht so lang zurückliegt, diejenigen, die den

Mund aufmachten, oft teuer zu stehen kam, weil sie zur Persona non grata wurden. Aber wenn niemand den Mund aufmacht, ändert sich auch nichts.

Meine womöglich durchschlagendste Initiative war das Lyrik-Mentoringprogramm *The Complete Works* (2007–2017), das eingerichtet wurde, um Lyrikerinnen und Lyriker of Colour in der britischen Verlagslandschaft sichtbar zu machen. Seinen Ursprung nahm das Programm bereits 2004, als ich in der Jury für die renommierte Liste *Next Generation Poets* war, die alle zehn Jahre die zwanzig besten Lyrikerinnen und Lyriker auszeichnet, deren Debüt im vorangegangenen Jahrzehnt erschienen ist. Unter den hundertzwanzig Einreichungen war niemand mit Schwarzen oder asiatischen Wurzeln, und ich bat das Organisationskomitee höflich, noch fünf weitere Personen einzuladen, von denen ich wusste, dass sie in Frage kamen. Das Komitee weigerte sich zunächst und lenkte erst ein, als ich ruhig damit drohte, aus der Jury auszuscheiden. Am Ende schaffte es eine Dichterin of Colour auf die Liste, was immerhin ein klein wenig besser war als keine.

Dieser Vorgang war der Auslöser für meinen nächsten Schritt. Ich wandte mich an Spread the Word und den Arts Council England mit der Bitte, der Sache nachzugehen, was sie auch taten. Das Ergebnis war der *Free Verse Report*. Er deckte auf, dass weniger als ein Prozent der in Großbritannien veröffentlichten Lyrikbände von People of Colour stammten. Nach der Veröffentlichung des Berichts war ich fest entschlossen, ihn nicht dem gleichen Schicksal zu überlassen wie ähnliche Erhebungen, die abgeheftet und vergessen wurden. Zusammmen mit Spread the Word und Dr. Nathalie Teitler brachte ich deshalb *The Complete Works* auf den Weg. Finanziert vom Arts Council, wurden dreißig Dichterinnen und Dichter über einen Zeitraum von ein bis zwei Jahren betreut. Und ich kann mit Freuden berichten, dass sie alle inzwischen zu den führenden Lyrikerinnen und Lyrikern Großbritanniens zählen, etliche Gedichtbände veröffentlicht haben und Preise einheimsen. Seit 2015 sind mit Raymond Antrobus, Jay Bernard und Sarah Howe allein drei Ehemalige von der *Sunday Times* zu *Young Writers of the Year* gekürt worden.

Mit dem jährlich verliehenen Brunel International African Poetry Prize, den ich 2012 gegründet habe, um Lyrik aus Afrika voranzubringen, die einen gewissen Schub brauchte, war es ganz ähnlich. Ich hatte in dem Jahr den Juryvorsitz beim *Caine Prize for African Writing*, der seit seiner Einführung 1999 die Geschicke afrikanischer Prosa revolutioniert hat. Da fragte ich mich, ob ich das Gleiche nicht für Lyrik erreichen könnte. Ich unterhielt mich mit meinem Chef an der Brunel University darüber, und er bot an, ein Preisgeld von dreitausend Pfund zu finanzieren, wodurch der Preis erstaunlicherweise zum höchstdotierten für afrikanische Dichtung weltweit wurde. Ich sorgte für eine Website, forderte ein paar Gefälligkeiten von schreibenden Freundinnen und Freunden ein, die die Einreichungen sichten sollten, und bewarb das Ganze in den Sozialen Medien. Bis heute vermeide ich alle Komitees und sonstige Bürokratie, indem ich diesen Preis komplett selbst betreue. Manchmal ist das einfach die effizienteste Art, Dinge zu erledigen.

Die erste Gewinnerin war Warsan Shire, die später mit Beyoncé für deren Album *Lemonade* zusammenarbeitete. Manchmal gewinnt nur eine Person, manchmal sind es drei. Weil der ganze Sinn des Preises darin besteht, Lyrik vom afrikanischen Kontinent zu fördern, freue ich mich immer, wenn er sich ein bisschen breiter verteilt. Wie so oft zählt auch hier vor allem die Gemeinschaft, und so arbeite ich seit der Gründung eng mit Kwame Dawes zusammen, einem langjährigen Freund, der den African Poetry Book

Fund (APBF) leitet und alle zugehörigen Publikationen und Preise in den USA. Von den Dichterinnen und Dichtern, die den Brunel Prize gewonnen haben oder auf der Shortlist standen, haben inzwischen alle Bücher veröffentlicht, teilweise beim APBF. Heute erscheinen afrikanische Gedichte in großer Zahl und haben in der internationalen Lyriklandschaft große Wirkkraft entfaltet.

Zu den weiteren Initiativen zur Förderung von Diversität gehörte auch die erste große Tagung zum Schwarzen und asiatischen Theater Großbritanniens, *Future Histories*, die 1995 stattfand, zu einer Zeit, als die meisten in den Achtzigern gegründeten Schwarzen und asiatischen Theatertruppen längst aufgegeben hatten. 1997 habe ich außerdem die erste große Schwarze Literaturkonferenz in Großbritannien organisiert, *Tracing Paper*, mit dem Ziel einer ersten Bestandsaufnahme der neuen Generation im Land geborener Autorinnen und Autoren, die damals deutlich zahlreicher veröffentlicht wurden als zuvor. Konferenzen sind wichtige Anlässe, bei denen Communitys zusammenkommen und konkrete Fragestellungen und Interessensgebiete diskutieren können, und es war ganz entscheidend, den Raum dafür zu schaffen, Vergangenes zu bewerten und Künftiges zu planen.

Mein neuestes Projekt ist die Arbeit als Herausgeberin der Reihe *Black Britain: Writing Back*, die mein Verlag Hamish Hamilton bei Penguin UK gestartet hat; wir wollen damit Bücher wieder in Umlauf bringen, die zu früheren Zeiten übersehen wurden und ein neues Publikum verdient haben. Die ersten sechs Titel, allesamt Romane, sind 2021 erschienen, darunter auch *Minty Alley* von C. L. R. James von 1936. 2022 werden sechs Sachbücher folgen.

Mein Aktivismus war insofern sehr konkret, als er, um mir einen Begriff aus dem Projektmanagement auszuborgen, »Deliverables« hervorbrachte. Meine vermittelnde Tätigkeit in der britischen und afrikanischen Lyrikszene begann damit, dass ich Verantwortung dafür übernommen habe, etwas zu ermöglichen. So konnte ich die Werkzeuge zur Persönlichkeitsentwicklung, die ich mir in den Neunzigern angeeignet hatte, um meine eigene Karriere zu fördern, auch für das Allgemeinwohl einsetzen. Um all die Projekte überhaupt auf den Weg zu bringen, war mein Rolodex voller Branchenkontakte unerlässlich, denn so konnte ich Partnerschaften eingehen und mir Unterstützung sichern. Durch die Erfahrungen in der Kulturverwaltung, die ich beim Theatre of Black Women sammeln konnte, hatte ich mir das nötige Organisationstalent angeeignet, um meine Projekte auch umzusetzen; vor allem aber hatten meine aktiven Eltern den politischen Wunsch in mir geweckt, das auch zu tun, indem sie schon vor so vielen Jahren für gesellschaftliche Veränderung gekämpft haben.

Vor gar nicht langer Zeit hat eine im Kunstbereich hoch angesehene Person einmal mit Blick auf meine aktivistische Arbeit zu mir gesagt, ich solle doch »endlich aufhören, mich wie eine Sozialarbeiterin aufzuführen« und mich darauf konzentrieren, mit meinen eigenen Büchern erfolgreicher zu werden. Es war das, wonach es klang: eine Abwertung. Und doch war mein beruflicher Ehrgeiz, erst im Theater, dann in der Literatur, immer schon eng mit Visionen für meine verschiedenen Communitys verknüpft: als Frau, als Person of Colour, als Kind der Working Class beziehungsweise der Brown Immigrant Class und neuerdings auch als ältere Frau. Obwohl ich für meine Communitys eintrete, stand meine eigene Karriere doch immer im Vordergrund. Ich bin wahrhaftig kein aufopferungsvoller Engel, immerhin bringt es auch eine ganze Menge

Freude mit sich, die nächste Generation zu fördern. Das ist schließlich keine undankbare Plackerei. Durch den Booker Prize hat sich mein kulturelles Kapital noch einmal vergrößert, sodass ich jetzt ein erheblich breiteres Publikum erreiche, wenn ich etwas zu sagen habe.

Meine Kunst und mein Aktivismus entspringen aus derselben tatkräftigen Quelle, und in gewisser Weise verkörpert meine Kunst auch meinen Aktivismus. Ich habe tatsächlich nur ein Problem damit, als Aktivistin bekannt zu sein: dass diese Tätigkeit zeitweise mehr Interesse weckt als mein Schreiben. Viel zu oft werde ich in Interviews, die sich eigentlich um meine Bücher drehen sollten, gefragt, wie man den Mangel an Diversität in der Literaturbranche beheben könne. Inzwischen rate ich dann immer dazu, das doch lieber diejenigen zu fragen, die die Weichen stellen. Sie bewachen schließlich die Türen, sie haben den Schlüssel. Ich glaube, das kriegen sie auch ohne meine Hilfe hin.

Der Mord an George Floyd im Mai 2020 und das flächendeckende Wiedererstarken der Black-Lives-Matter-Proteste, die sich durchaus auch gegen Verlage richteten, haben die Branche im Kern erschüttert und dazu geführt, dass struktureller Rassismus erstmals richtig ernst genommen wird. Es sind viele Pläne zur Öffnung in Vorbereitung. Wir leben in aufregenden Zeiten.

Als Autorin war es immer mein Projekt, die afrikanische Diaspora – die vergangene und gegenwärtige, die echte und die erdachte – multiperspektivisch zu beleuchten. Die Bezeichnung »Schwarze Autorin« trage ich mit Stolz, denn in einer rassifizierten Gesellschaft ist es meines Erachtens notwendig, sich auf diese Erzählungen zu konzentrieren. Trotzdem bin ich allen Ernstes gefragt worden, wann ich denn wohl darüber hinaus sei, über Schwarze Menschen zu schreiben, als wäre das nur eine Phase, die man auf dem Weg zur nächsten Ebene menschlicher Erleuchtung nun mal durchläuft. (Umgekehrt werden Weiße, in deren Büchern keine Figuren of Colour vorkommen, obwohl sich ihre Romane mit unseren heutigen multikulturellen Gesellschaften befassen, nie nach dieser Auslassung gefragt.)

Nehmen wir mal an, ich würde in meinen Romanen nur über Menschen aus Nigeria schreiben, dann hätte ich allein eine Bevölkerung von 190 Millionen zur Verfügung – dreimal so viele Einwohnerinnen und Einwohner wie im Vereinigten Königreich. Berücksichtigen wir dann noch, dass Menschen mit brauner Haut weltweit die Mehrheit ausmachen, schöpft man also, wenn man aus dieser Perspektive schreibt, aus den unendlichen, kreativen, historischen, fantastischen, generations- und bevölkerungsgruppenübergreifenden Möglichkeiten unseres Lebens. Nicht gerade eine Einschränkung.

Absurderweise sind für manche Menschen nur Erzählungen über Weiße in der Lage, das Universelle in der Fiktion auszuloten. Das mag zu den unausgesprochenen Gründen gehören, warum Schwarzes Schreiben es so schwer hat, in Großbritannien veröffentlicht zu werden. Ich habe schon viele komplett aussichtslose Gespräche dieser Art mit Leuten geführt, die Schwarzsein im Grunde als einen der angeblichen Allgemeingültigkeit des Weißseins unterlegenen Zustand betrachten, Schreibende of Colour dafür bewundern, wenn sie Erzählungen mit weißen Hauptfiguren verfassen, und diese dann uns anderen, die wir nicht von unserer Hautfarbe »wegkommen«, als leuchtende Vorbilder präsentieren. Natürlich will ich damit niemanden für seine oder ihre Entscheidung beim

Erzählen der eigenen Geschichten kritisieren – wir müssen alle die Freiheit haben zu schreiben, was wir wollen.

Tatsache bleibt aber, dass uns gute Literatur anhand der Besonderheiten bestimmter Bevölkerungsgruppen und auch darüber hinaus ein tieferes, universelles Verständnis verschafft, was aber noch lange nicht heißt, dass wir diese Besonderheiten bestimmter Bevölkerungsgruppen auch alle in unserem Schreiben abbilden müssen.

Außerdem hält sich die Annahme, dass Autorinnen und Autoren of Colour in mehrheitlich weißen Ländern, die sich in ihren Erzählungen auf das Leben Schwarzer oder braunhäutiger Menschen fokussieren, zwangsläufig über Rassismus schreiben. Dabei schreiben die wenigsten Schwarzen Menschen, die in Großbritannien Romane oder Lyrik verfassen, direkt über Rassismus; sie lenken ihre Kreativität in alles, was wir Angehörigen der *human race* so erleben. Jede andere Vermutung zeugt von Faulheit im Denken. Was meine eigene Arbeit betrifft, so ist Rassismus manchmal ein roter Faden, der sich durch das Leben meiner Figuren zieht – weil das nun mal der Lebensrealität entspricht. Aber mit Ausnahme von *Blonde Roots* bildet er nur selten den Kern meines Schreibens.

Eine weitere gängige Vermutung geht dahin, dass sich alles, was wir schreiben, automatisch um Identität dreht. Auch das ist nicht nur falsch, sondern außerdem herablassend. Die Unterstellung lautet, dass wir Schwarzen ständig versuchen, durch unser Schreiben zu uns selbst zu finden – eine Aussage, die praktisch über jedes meiner Bücher getroffen wurde. Ja, manchmal schreiben People of Colour ganz direkt über Identität, aber nie ausschließlich. In meinen Büchern, selbst in der halb autobiographischen *Lara*, erkunde ich vielfältige Themen. Vielleicht hält sich das »Identitätsetikett« ja deshalb so hartnäckig, weil diejenigen, die unsere Geschichten nicht gewohnt sind, das Gefühl haben, darin selbst einiges über unsere sogenannte »Identität« zu erfahren, und ihre Wahrnehmung unserer Kreativität dadurch verzerrt wird. Es ist ein Leichtes, Literatur durch die Identitätsbrille zu analysieren und dann Belege dafür zu finden, aber in den seltensten Fällen ist das alles, was ein Buch ausmacht.

Ich habe auch schon zu hören bekommen, ich schriebe in allem, was ich veröffentliche, eigentlich immer nur über mich. Verrückt, ich weiß. Als wäre ich gleichzeitig ein afro-römisches Mädchen, das vor achtzehnhundert Jahren gelebt hat, ein über siebzigjähriger schwuler Mann aus der Karibik, ein vierzehnjähriger Schuljunge aus einer Sozialsiedlung und eine weiße versklavte Frau aus einem Paralleluniversum! In einem Radiointerview wurde ich gefragt, ob alle zwölf Figuren aus *Mädchen, Frau etc.* Versionen meiner selbst seien. Ernsthaft? Eine Einwanderin aus Nigeria, die als Putzfrau arbeitet, und eine dreiundneunzigjährige Bäuerin aus dem Norden? Meine Bücher handeln nur insofern von mir, als man von jedem fiktiven Werk behaupten kann, dass sich darin die Dinge niederschlagen, die seine Autorin gerade beschäftigen. Als komplette fiktive Version meiner selbst kann unter all meinen Figuren nur die titelgebende Lara gelten, und selbst da habe ich noch viel hinzuerfunden. Wie wir Romanautorinnen das eben so tun.

Als schreibende Kreative sind wir stolz darauf, unsere eigene Fantasie kuratieren zu können; wir hegen und pflegen unsere Fähigkeit, Ideen zu entwickeln und spannende Wege zu finden, um sie auszudrücken. Ich lasse mir selbst die komplette künstlerische Freiheit, aus vielen unterschiedlichen Perspektiven zu schreiben und über alle vermeintlichen Grenzen von Race, Kultur, Gender, Alter und sexueller Orientierung hinweg verschiedene Kulturen zu bewohnen. Ich bin eine ungemein rebellische Autorin, eine freiheitsliebende Regelmissachterin, darum staune ich auch immer wieder über das Konzept des kulturellen Eigentums, das in Diskussionen über künstlerische Freiheit regelmäßig zur Sprache kommt. Wie könnte irgendwer eine Kultur besitzen, wo sich Kulturen doch in einem dauernden Zustand der Bewegung und Wandlung befinden, durchlässig sind und auf weltweite Einflüsse reagieren?

Und welche Moral steht dahinter, die Fantasie des Mitglieds einer Gesellschaft kontrollieren zu wollen, wenn es eine andere fiktiv erforscht? Sicher schreiben wir mit größerer Autorität über bestimmte Bevölkerungsgruppen, wenn wir das Gefühl haben, zu einer konkreten Kultur zu gehören, aber heißt das denn, dass andere sich nicht aufgrund ihrer eigenen Recherchen, Interessen, Erkenntnisse und Ideen an einer Fiktionalisierung versuchen dürfen, so, wie ich es selbst in all meinen Büchern getan habe? Möglich, dass wir mit unseren Werken Anstoß erregen, wenn wir den Rahmen verlassen, der von uns erwartet wird, möglich, dass wir uns dann mit den Konsequenzen auseinandersetzen müssen, aber ist es wirklich klug, Vorschriften zu erzwingen – eine Art Kulturtrennung in der Literatur, ob nun in rassifizierter oder sonstiger Hinsicht? Und wenn wir das Konzept des kulturellen Eigentums auf die Literatur anwenden, müssen wir es dann nicht auch auf andere Gebiete übertragen – einschließlich Film, Tanz, Architektur, Design und Musik? Man stelle sich nur mal vor, was dabei herauskäme. Was ist überhaupt eine authentische Kultur? Manche werten die Tradition des Morris Dance und die des Maitanzes als Ausdruck unverdorbener britischer Kultur. Und doch hieß der Morris Dance ursprünglich Moriskentanz und stammt von den nordafrikanischen Mauren, und das Umtanzen eines Maibaums ist offenbar ein altes germanisch-heidnisches Ritual. Jeder Versuch, Kulturen auf Vorstellungen von Authentizität zu reduzieren, hat immer nur den gegenteiligen Effekt und offenbart die vielen Verbindungen zwischen unseren Kulturen.

Mit diesem Kapitel wollte ich nachvollziehen, wie meine Strategien zur Persönlichkeitsentwicklung mich zur Visualisierung positiver Ergebnisse und damit zum Weitermachen geführt haben und wie ich meinen politischen Aktivismus in meine künstlerische Karriere integriert habe; dazu sollten noch ein paar größere Fragen rund um den mitunter einschränkenden kritischen Blick zur Sprache kommen, der unsere Arbeit ständig umgibt.

SCHLUSSBEMERKUNG

Es war ein langer Weg seit meiner Kindheit in den Sechzigern, als meine Familie zur Zielscheibe rassistischer Übergriffe wurde, die mit einem Haus voll kleiner Kinder verfuhren, als handelte es sich um ein feindliches Lager im Kriegsgebiet.

Seither habe ich erhebliche gesellschaftliche Veränderungen durchlebt und kann ganz kategorisch behaupten, dass dieses Land nicht mehr das meiner Jugend ist, als diskriminierende Hand lungen noch nicht zur Anklage gebracht werden konnten und das Establishment wie eine uneinnehmbare Festung schien. Viele der Rollen, die ich im Lauf meines Berufslebens übernommen habe, wären zum Zeitpunkt meiner Geburt noch undenkbar gewesen, und ich hätte sie mir als junge Frau niemals ausmalen können; das betrifft nicht nur das Bücherschreiben, sondern auch Gremien-mitgliedschaften, herausgeberische Tätigkeiten, Juryvorsitze und eine Professur. (Wobei da noch einiges an Arbeit vor uns liegt, denn Frauen afrikanischer Herkunft bekleiden im Vereinigten Königreich nur etwa 0,15 Prozent der Lehrstühle.)

Der Mensch, der ich heute bin, schleudert keine Steine mehr an die Mauern der Festung. Ich sitze drinnen in den Gemächern und führe höfliche, eindringliche und beharrliche Gespräche darüber, wie sich überholte Infrastrukturen am besten verändern lassen, um diejenigen einzubeziehen, die bisher ungerechterweise ausgeschlossen wurden. Die Rebellin im Außen ist zur Vermittlerin im Innen geworden und hat begriffen, dass wir mit an dem Tisch sitzen müssen, an dem die Entscheidungen getroffen werden, und dass es letztlich sehr viel wirkungsvoller ist, die Leute in Gespräche zu verwickeln, als sie anzubrüllen (auch wenn das mitunter sehr befriedigend sein kann).

Vor allem ist mir klar geworden, dass es Ungerechtigkeiten auf die ein oder andere Art immer geben wird, weil die Menschheit, die *human race*, nun einmal in Gruppen, hierarchisch und aus ihrer Geschichte heraus vorwiegend patriarchal organisiert ist, und wenn wir uns schon dazu entschließen, uns für gesellschaftliche Veränderungen einzusetzen, können wir auch dafür sorgen, dass wir an diesem Kampf Spaß haben. Ich empfinde die aktivistische Tätigkeit als belebend, produktiv und lohnend, ganz im Gegensatz dazu, über gesellschaftliches Unrecht zu jammern und ansonsten darauf zu warten, dass sich endlich etwas ändert, denn damit verstetigt man bloß eine innere Haltung der Hilflosigkeit.

Auch wenn ich mich inzwischen mitunter in elitären Kreisen bewege, heißt das nicht, dass ich gegen offenen Rassismus immun wäre, der ganz klar vorhanden ist. Vor Kurzem erst habe ich auf dem Oberdeck eines Busses zwei aufmüpfige Jungs zusammengestaucht, die mich daraufhin als »Wollkopf« bezeichneten. Meine neunjährige Verwandte, die neben mir saß, war entsetzt, dass sie es wagten, mich so zu beleidigen, weil ich doch erstens erwachsen war und folglich mit Respekt behandelt zu werden hatte, und zweitens Buchautorin – wovon diese Jungs natürlich nichts ahnten. Ich amüsierte mich sehr über ihre einfallslose Beleidigung und die süße, unschuldige Reaktion der Neunjährigen.

2015 wurde mir ein prestigereiches Fellowship an einer amerikanischen Elite-Universität zugesprochen, das mit einem schicken Haus in einem reichen weißen Viertel einherging. Als ich einmal am Samstagnachmittag vom Einkaufen kam und mich gerade ins Wohnzimmer setzen wollte, hörte ich hinter mir ein Geräusch. Ich fuhr herum und sah in der Zimmertür einen Polizisten stehen. Dass sie in der Gegend Streife fuhren und einen Schlüssel zum Haus hatten, wusste ich, aber die Uni hatte sie natürlich benachrichtigt, dass dort jetzt wieder eine Autorin wohnte. Offenbar war ich gemeldet worden. (Eine Schwarze Frau, die mit Hilfe eines Schlüssels ein Haus betritt – da muss natürlich ein Verbrechen vorliegen.) Ich war so empört, dass ich ihn anbrüllte, ohne einen Gedanken daran zu verschwenden, dass ich einen *bewaffneten* amerikanischen Polizisten vor mir hatte. Zum Glück zeigte es Wirkung, und er verzog sich. Vielleicht hatte ja mein britischer Akzent schon genügt, ihm zu beweisen, dass ich keine Einbrecherin war.

Durch solche Begegnungen mit offenem Rassismus bleibe ich auf Zack, sie ergänzen mein Wissen um und meine Beobachtung von zahllosen Arten, in denen sich struktureller Rassismus sonst noch niederschlägt und die unbedingt verfolgt und identifiziert werden müssen, um ihn erfolgreich auszumerzen. Erst recht in einem Land, in dem Leugnen nach wie vor hässliche Gewohnheit ist.

Jedes Hindernis, das ich im Leben überwunden habe, ob nun in der Kindheit, auf Wohnungssuche oder in Beziehungen, während meiner Theaterzeit oder bei der Strukturierung meiner Romane, hat mich resilienter werden lassen und noch entschlossener, immer weiterzumachen.

Kämpfe, positives Denken, Visionen, Aktivismus und der Glaube an mich selbst – all das hat dazu beigetragen, mich unaufhaltsam zu machen. Und mein Verständnis für das Leben, für das Kämpfen, für mich selbst, bereichert auch weiterhin mein Wissen über die menschliche Natur – ein unerlässlicher Bestandteil bei der Charakterisierung fiktiver Figuren. Heute weiß ich sehr viel mehr über die Menschheit, als ich es mit Anfang zwanzig, als junge Theatermacherin, tat.

Ich habe den Booker Prize mit sechzig bekommen, für mich das perfekte Alter dafür, auch wenn es mich immer noch verblüfft, dass es überhaupt passiert ist. In dieser Phase meines Lebens habe ich mir nicht nur längst eine eindrucksvolle Arbeitsethik zugelegt, sondern bin mir auch sicher, dass ich mich nicht auf meinen Lorbeeren ausruhen werde. Ich weiß Bescheid über den Lauf der Welt, und mein Charakter ist gefestigt und unerschütterlich.

Ich schätze mich glücklich, viele Eigenschaften von meinen Vorfahren geerbt zu haben, die selbst nie aufgegeben haben: von meiner Mutter, die nicht von dem Mann lassen wollte, den sie liebte, nur weil ihre Familie nicht mit ihm einverstanden war; von meinem Vater, der sich mitten ins rassistische Feuer von Großbritannien begeben und sich dafür eingesetzt hat, die Lebensbedingungen für Menschen jeder Hautfarbe aus der Working Class zu verbessern; von Nana, deren Träume für ihre einzige Tochter zerfallen sind, als diese einen Schwarzen heiratete, die ihre Enkelkinder aber trotz allem geliebt hat, auch wenn sie keine Liebe für unseren Hautton empfand; von meinem Großvater Gregorio, der aus der noch von den Nachwehen der Sklaverei gekennzeichneten Kultur Brasiliens entflohen ist, um im Land der Yoruba eine neue Heimat zu finden und Zollbeamter zu werden; von meinen irischen Ahnen, die der Armut und gesellschaftlichen Ablehnung in Irland entflohen sind, um sich in London neu zu erfinden; von meinem Ururgroßvater Louis, der den Missernten im Deutschland des 19. Jahrhunderts entflohen ist, um sich in London niederzulassen und erfolgreicher

Kaufmann zu werden; und von all den anderen Ahnen, die immer weitermachten, wenn die Lebensumstände unmöglich wurden – als Teil einer Auswanderungsbewegung Meere überquerten oder vom Land in die Stadt aufbrachen, vom Großstadtzentrum in die Vororte, von ihrem Zuhause in ein feindseliges Land, vom Bekannten ins Unbekannte –, um sich ein neues und besseres Leben aufzubauen.

Ich konnte gar kein Mensch werden, der Niederlagen akzeptiert, der einfach aufgibt. Ich ging ja auf dem Boden, den sie über viele Generationen hinweg für mich bereitet hatten.

Zuallererst bin ich immer Autorin; ich verarbeite alles über das geschriebene Wort – mich selbst, das Leben, die Gesellschaft, die Geschichte, die Politik. Das ist mehr als bloß ein Job oder eine Leidenschaft, es ist das Herzstück meines Seins in dieser Welt, und ich bin süchtig nach dem Abenteuer des Geschichtenerzählens als meinem wirkmächtigsten Kommunikationsmittel.

Um noch einmal Zuleika aus *The Emperor's Babe* zu zitieren dies ist mein Vermächtnis: »Ein Wispern von mir in der Welt zu lassen. / Meinen Geist, die Magna Opera der Worte.«

EVARISTOS MANIFESTO

In jeder und jedem von uns steckt ein Manifest, das im Lauf unseres Lebens zutage tritt, sich durch unsere Erfahrungen verändert & neu ordnet. Dies ist meines.

Alle Menschen müssen die Möglichkeit haben, Geschichten zu erschaffen, zu teilen & in sich aufzunehmen, Geschichten, die ihre Kultur & ihre Community abbilden, damit wir alle im gleichen Maß Bestätigung erfahren.

Wer Geschichten erzählt, muss alle inneren & äußeren Hürden überwinden und der Hingabe an Ehrgeiz, harte Arbeit, Handwerk, Originalität & Unaufhaltsamkeit immer den Vorrang geben.

Die Kreativität kreist frei durch unsere Fantasie, sie wartet nur darauf, dass wir sie anzapfen. Nie darf sie durch Vorschriften oder Zensur in Fesseln gelegt werden, wir müssen ihren gesellschaftspolitischen Kontext aber stets im Blick behalten.

Sei wild, ungehorsam & kühn in deiner Kreativität, nimm Risiken auf dich, anstatt vorhersehbaren Wegen zu folgen; wer auf Nummer sicher geht, bringt weder unsere Kultur noch unsere Zivilisation voran.

Weise Menschen suchen Partnerschaften, die sie in ihrer Kreativität unterstützen, & entledigen sich derer, die sie untergraben, sabotieren oder sogar zerstören.

Persönlicher Erfolg ist dann besonders sinnstiftend, wenn du ihn dafür einsetzt, Communitys Auftrieb zu geben, die andernfalls abgehängt würden. Wir sind alle miteinander verbunden & müssen füreinander sorgen.

Gesellschaften funktionieren über mächtige & oft undurchdringliche Netzwerke, die ihre Gruppenhierarchien hochhalten; ihnen müssen wir unsere eigenen Systeme entgegensetzen.

Was wir wissen, müssen wir an die nächste Generation weitergeben, & denen, die uns helfen, müssen wir unseren Dank aussprechen – kein Mensch kommt je allein ans Ziel.

Und hinter uns schwanken schweigend die Ahnen, die toten Seelen der einst Verblichenen, die der Grund dafür sind, dass es uns gibt – an sie müssen wir immer denken.

DANKSAGUNG

Dank an meinen Lektor, Simon Prosser, und sein Team bei Hamish Hamilton und Penguin, das unermüdlich hinter den Kulissen schuftet, um unsere Manuskripte durch jede Phase vom Lektorat bis zur Veröffentlichung zu geleiten, in den Buchhandel und darüber hinaus. Ganz besonders an Anna Ridley, Hannah Chukwu, Hermione Thompson, Rosie Safaty, Alexia Thomaidis, Tineke Mollemans, Trevor Horwood, Natalie Wall, Richard Bravery und Annie Underwood.

Dank an meine Agentin Emma Paterson und an das Team, das bei Aitken Alexander mit mir zusammenarbeitet: Lisa Baker, Anna Hall, Monica MacSwan, Laura Otal und Lesley Thorne.

Dank an meinen US-Verleger Peter Blackstock und an John Mark Boling und Deb Seager bei Grove Atlantic. Dank an Anya Buckland und das Team bei Blueflower Arts.

Dank an das Greenwich Young People's Theatre (das heutige Tramshed), vor allem an John Baraldi, und an das gesamte theaterpädagogische Team bei Bowsprit, damals in den Siebzigern, vor allem an Tim Webb.

Dank an Peter Cook, den Lehrer, der den Theaterclub an der Eltham Hill Girls' Grammar School wiederbelebt und mir dadurch ermöglicht hat, mich als Musenjüngerin zu fühlen.

Dank an das Rose Bruford College of Theatre and Performance, an all die inspirierenden Dozentinnen und Dozenten, Theaterleute und Gastregisseure und -regisseurinnen, die meine Schauspielfähigkeiten, meine Fantasie, meinen rebellischen und meinen kritischen Geist erweitert haben: Jude Alderson, Leah Bartal (RIP), Stuart Bennett (RIP), Yvonne Brewster, Hazel Carey, Sue Colville, Jess Curtis, Lyn Darnley, Anna Furse, Bernie Goss (RIP), Sara Hardy, Colin Hicks, Libby Mason, Dave Pammenter, Sue Parrish, Robin Samson, Colin Sell and David Sulkin. (Falls ich jemanden vergessen haben sollte, entschuldige ich mich.)

Dank an Patricia St Hilaire und Paulette Randall, die zusammen mit mir das Theatre of Black Women ausgeheckt haben, und an die vielen Frauen, die uns in den Anfängen unterstützt haben, als das bitter nötig war: Jules Baxter, Val Bickford, Tricia Bohn, Kate Crutchley (RIP), Vanessa Galvin, Rosa Jones und Sarah Morrison.

Dank an das British Council Literature Department über viele Jahre hinweg, an das Museum of London, an *Wasafiri*, an die Arvon Foundation, an meine Kolleginnen und Kollegen an der Brunel University London, insbesondere Professor William Leahy, der mich dorthin geholt hat, an die Teams bei der Royal Society of Literature, bei Sky Arts und der *South Bank Show* sowie an die Dokumentationsreihe *Imagine* der BBC.

Dank an Jack Black und Mindstore, an das Birkbeck College und die Goldsmiths.

Dank an Renaissance One, Speaking Volumes und all die anderen Organisationen und Einzelpersonen, die mich im Lauf der Jahre beruflich unterstützt haben.

Dank an meine Familie, vor allem an meine Eltern, und an alle Freundinnen und Freunde – vergangene & gegenwärtige. Ihr wisst, wer ihr seid.

Big-up an meinen Partner in Liebe und Ehe, im Gespräch, im Schreiben, beim Wandern, Radfahren und Lachen – *»Him Indoors«* alias David der Große!

EDITORISCHE NOTIZ

Da für bestimmte Begriffe, wie *mixed-race* oder *of colour,* bislang keine nicht rassistisch konnotierten deutschen Entsprechungen existieren, wurden sie im Text belassen und teilweise kursiv markiert. Der Begriff *Race* wurde immer dann unübersetzt übernommen und großgeschrieben, wenn er in einem rassismuskritischen Kontext steht. Sollte aber die rassistische Aufladung des Wortes deutlich werden, wurde es übersetzt und in Anführungszeichen gesetzt; das Gleiche gilt für andere negativ konnotierte Begriffe.

Schwarz wurde als Selbstbezeichnung und Beschreibung eines Erfahrungshorizonts durchgängig großgeschrieben.

Bernardine Evaristo

Mädchen, Frau, etc.

Roman

560 Seiten, btb 77187
Deutsch von Tanja Handels

In ihrem preisgekrönten Roman »Mädchen, Frau etc.« verwebt
Bernardine Evaristo die Geschichten schwarzer Frauen über ein
Jahrhundert zu einem einzigartigen und vielstimmigen Panorama
unserer Zeit. Ein beeindruckender Roman über Herkunft und
Identität, der daran erinnert, was uns zusammenhält.
Ausgezeichnet mit dem Booker Prize.

»Ein großartiges Gesellschafts-Kaleidoskop.«
titel thesen temperamente

»Ein Buch, wie man es so noch nicht gelesen hat.«
DIE ZEIT

btb